新文科・博雅书系

国韵潮起

国潮品牌建设策略的理论与实践

叶巍岭 著

The Rise of National Charm
Theories and Practices in Building Guochao Brands

上海财经大学出版社

上海学术・经济学出版中心

图书在版编目（CIP）数据

国韵潮起：国潮品牌建设策略的理论与实践 / 叶巍岭著. -- 上海：上海财经大学出版社，2024.8.
（新文科·博雅书系）. -- ISBN 978-7-5642-4437-8
Ⅰ. F272.3
中国国家版本馆 CIP 数据核字第 2024PR9246 号

□ 特邀编辑　刘冬晴
□ 责任编辑　王　芳
□ 封面设计　张克瑶

国韵潮起
国潮品牌建设策略的理论与实践

叶巍岭　著

上海财经大学出版社出版发行
（上海市中山北一路 369 号　邮编 200083）
网　　址：http://www.sufep.com
电子邮箱：webmaster @ sufep.com
全国新华书店经销
上海华业装潢印刷厂有限公司印刷装订
2024 年 8 月第 1 版　2024 年 11 月第 2 次印刷

710 mm×1000 mm　1/16　14.5 印张（插页：2）　237 千字
定价：78.00 元

前言
FOREWORD

自从有写专著的打算,我就确定了专著的大主题,叫"消费与幸福感"。幸福感在心理学领域是个比较成熟的课题,在以心理学成果为主要理论依据的消费者行为研究领域已有不少研究成果,但当我做完有关消费与幸福感的综述后,却一直没有找到令自己满意的研究主题,直到2018年夏天。

2018年8月,我在哈佛商学院参加一个全球商学院的教学交流项目。最后一天,距离乘飞机离开波士顿,仅剩余半天,我说服中国人民大学的丁老师跟我一起搭乘Uber去40公里之外的迪美博物馆(Peabody Essex Museum)。她问我去看什么?我承诺她去了一定不会后悔!

走进迪美博物馆现代化建筑的玻璃门,我站在服务台还没开口,里面的服务员就笑着问我"Chinese house?",我笑了,她递给我们两张荫余堂的门票。

绕过一堵矮墙,穿过徽派青瓦白墙下敞开的木门,站在200年历史的小院子石板地上,我抬头看长方形的天空,身上冒起鸡皮疙瘩。我明白自己正浸润在一种难得的复杂情绪——敬畏感(awe)之中,这是我当时正在研究的消费者情绪。荫余堂会引发我敬畏,是因为我在异国他乡领略到了中华文化遗产超越时空的永恒感。

荫余堂有200年历史,虽然只是中国历史的一小段,但这几乎已经和美国的历史一样长了。这是在海外唯一的一座完全复原的中国古建筑。荫余堂的输出是我国正式的文化交流项目,整体迁往美国的工作始于1997年。整个院子拆成2 700块木件、8 500块砖瓦以及500石件,装上19个40呎的货柜运往美国。在中美工匠的共同努力下,历时6年完成复原,于2003年6月21日正式对外开放。

离开荫余堂,我们匆匆赶回哈佛商学院乘坐免费大巴去搭乘回国的飞机,坐在大巴车里,我的心里满满幸福感。这是种熟悉的幸福感,1993年夏天,我在莫高窟第一次感受,后来又体验过无数次。

敬畏感为什么能让人觉得幸福?我在当时的研究中引用了施奈德(2015)的观点,敬畏感激励人们去品味不确定性中的坚定,激励人去欣赏自我克制的美妙;敬畏感可以鼓励害怕的人去探索,鼓励自大的人去听从;敬畏感帮助人们把绝望变成深思,在单调无聊中看到意义。

在回国的飞机上,我决定把这件事情写下来。基于当时的研究成果,我写了一篇关于商品能不能引发敬畏感,以及唤起个体的敬畏感有什么好处的科普文章。但是,我觉得这远远不够。作为一个商学院市场营销系的学者,我要找到一个主题把中华传统文化的力量表达出来。

这一年(2018年),在网络上被称为"国潮元年",也是我们在本书中分割国潮发展期和蓬勃期的时间点。

回国后不久,我在复旦管理学院认识了到MBA课堂做分享的郭秀玲女士。听了她的分享,我想写个案例,关于一家优秀的OEM立志创建中国精品品牌的二次创业故事,也是一位中国女性创业者将中国工匠精神带向欧洲市场的故事。

2019年,我到秀玲姐位于上海外滩的旗舰店拜访她,表达了自己的想法,她当即表示愿意配合,我们约定先从视频课开始做。随后三年里,我和秀玲姐在上海财经大学商学院的支持下做了有关中国精品品牌的视频案例课,她又作为课题提供方支持了上海财经大学商学院的MBA整合实践项目,这个实践项目的目标就是为本书案例找到作为教学案例的理论支撑。

这期间,书稿迟迟没有开工,因为我有段时间特别害怕被时代淘汰,热衷于向业界学习数字技术在营销中的应用。2021年春节,我因研究数字媒体变迁,已经成为抖音重度用户。2月12日晚上,我刷到了河南卫视春晚中的一档舞蹈节目《唐宫夜宴》,其中"唐朝少女的博物馆奇妙夜之旅"的表演深深吸引了我。第二天,这个节目在我的朋友圈霸屏,我因此关注了河南卫视的抖音号。

前　言

2021年端午节，我又刷到了河南卫视"端午节奇妙游"的出圈舞蹈节目——洛神水赋，鸡皮疙瘩再一次冒了出来。这个节目在第二天引发了比上一次更大的社会反响，人们称其为国潮舞蹈的天花板。出于仰慕之情，我很想认识这些将中华传统文化创造性地呈现为国潮文化产品的团队。

相较于河南卫视文综节目"出圈"后的盛名远扬，我更关心的问题是"为什么他们会有今天的成就"。我的团队搜索整理了河南卫视文综节目发展的所有资料，准备了一个图书馆案例（用二手资料编辑而成的案例）。

在案例准备的过程中，我关注到"国潮"一词虽为业界热议，但是学术研究数量极少，在营销领域的实证研究几乎没有。没有丝毫犹豫，我决心从案例入手进行探索，并将这个主题确定为未来十年想做的研究。

2023年夏天，因缘成熟，经我的学生翟起的引荐，我带着我们整理的图书馆案例来到河南郑州，见到了河南卫视全媒体一体化运营团队品牌总监，也是"中国节日"系列节目总导演之一的徐娜女士。听说我的专业是市场营销，娜总把我介绍给了由她担任总经理的IP运营公司——唐宫文创的副总经理崔松旺先生。就这样，我的仰慕之情最终落地为一段中华传统文化爱好者之间的友谊。

徐娜女士和崔松旺先生（协同负责第三章）亲自撰写了河南卫视讲好中国故事的IP打造和运营案例，他们在案例中详述了成功的路径，也坦承了当下的挑战。

本书凝结的是集体的智慧与汗水。我的团队为写作过程中的资料整理和初稿拟写作出了极大的贡献，他们是：博士研究生张沐崃（协同负责第二章），徐苏博士（协同负责第一章和第二章），硕博生朱昊宇（协同负责第一章），本科生刘艺雯（协同负责第三章），已经毕业20年的学生翟起（协同负责第三章）以及刚刚毕业的杨淳博士（协同负责第一章），MBA学生殷媛媛对书稿校对亦有贡献。在最早的构思过程中，我的同事田鼎老师和硕士生张晓雨同学给过我们无私的帮助；在案例的采写过程中，唐宫文创的张阳阳先生、郭秀玲女士的两任助理，以及两家企业的多位员工也给了我们全力支持。《中国广告》的黄升任老师听说我正起步在做有关国潮的研究，指导我把初步的想法写成稿件和读者分享；我所有的家人朋友，都鼓励我把这个研究担当起来，去做一件让自己感觉快乐又有意义的事。

这本书的诞生,铺垫已久,是众人愿力使然。它一是源于我们对中华传统文化所具备的力量的信心,二是源于我们对中国现代商业实践者们的创造力与执行力的敬仰,三是源于我们对品牌创造美好生活这个理念的执着。

这本书是我的研究团队有关国潮的研究工作的起点,定有许多欠缺。希望读者朋友们不吝赐教,任何的批评指正都能帮助我们把这个研究做好!

叶巍岭

2024年7月20日,上海

致谢
ACKNOWLEDGEMENTS

艺术羊绒品牌"Sandriver 沙涓"案例能够完整地呈现，要感谢参与 2021 年上海财经大学 MBA 第七届整合实践"Sandriver 沙涓的精品品牌策略"这一项目的团队成员，他们是：陈莹、陈丹宇、王盛奕、刘大朋、熊林蔓。团队成员们通过学习相关文献、洞察行业、运用理论知识并结合企业特色与价值理念，为"Sandriver 沙涓"品牌"出海"提出了非常宝贵的建议，最终项目的成果《东方美学沙涓羊绒：构建品牌共鸣金字塔中的跨文化混搭策略》作为重要参考，对本篇案例的写作起到了非常大的帮助。再次感谢以上团队成员对本案例提供的支持与贡献！

最后，特别感谢在全书撰写的过程中，我亲爱的家人和朋友们给我的支持。他们中的一些人扮演了最好的倾听者和陪伴者，一些人给我们整个团队提供了静谧舒适的集体工作场所。这些亲情和友谊，将永远是我前进的动力。

目录

第一章 国潮的发展历程 / 1

一、国潮的萌芽期 / 5

（一）文化产业迎来百花齐放 / 5

（二）韩流来袭引发业界跟进 / 8

（三）华语乐坛提振国风崛起 / 14

二、国潮的发展期 / 16

（一）因韩流而陷入复刻国风的迷思 / 16

（二）影视和文学成为文化复兴先锋 / 22

（三）中华文化多载体复苏繁荣重现 / 31

三、国潮的蓬勃期 / 38

（一）新式茶饮与食品行业——国潮美食别有风味 / 39

（二）文旅与文创——大国文化集结国潮 IP / 42

（三）美妆行业——国潮赋能东方之美 / 48

（四）服装服饰行业——国潮引领中国时尚 / 50

（五）互联网行业——国潮成为流量密码 / 54

四、国潮的争议期 / 57

（一）业界眼中的国潮 / 58

（二）国产就是国潮吗？ / 59

（三）缺乏创新力成为批评焦点 / 60

（四）国潮品牌溢价惹争议 / 64

（五）对文化泛娱乐化的担忧 / 65

本章结语 / 67

参考文献 / 68

第二章 国潮的理论研究 / 78

一、国潮相关研究的综述 / 82
   （一）国潮定义的研究概况 / 83
   （二）"国产"与"国潮"的概念辨析 / 91
   （三）国潮概念的综述小结 / 93

二、"国潮感"的内涵维度构建 / 94
   （一）原子属性一：感知典型性（typicality）/ 95
   （二）原子属性二：感知潮流性（trendiness）/ 101
   （三）双原子属性共存的同一性（unity）/ 104

三、国潮感对消费者的影响及机制 / 106
   （一）国潮感对消费者认知的影响 / 106
   （二）国潮感对消费者情感的影响 / 114

四、国潮品牌持续发展问题研究 / 130
   （一）国潮品牌延伸 / 130
   （二）国潮品牌持续创新 / 131
   （三）国潮品牌的国际化 / 132

本章结语 / 135

参考文献 / 135

第三章 国潮的实践案例 / 163

一、中华传统文化精髓助力现代羊绒时尚——艺术羊绒品牌"Sandriver 沙涓"的故事 / 163
   （一）品牌初心：中国羊绒的艺术精品 / 164
   （二）品牌起航：中华传统文化资源凝结成品牌原型 / 166
   （三）品牌出海：艺术羊绒精品走向国际 / 178
   （四）品牌未来：传统手艺十年复兴计划 / 185

二、从文综 IP 打造到文创 IP 的商业化——河南卫视,让躺在中原大地上的
　　文化"活起来" / 191
　　(一)河南卫视引爆国潮:文综 IP 出圈 / 192
　　(二)文综 IP 破圈背后:20 年的初心与坚守 / 197
　　(三)从文综到文创:国潮 IP 的商业化探索 / 201
　　(四)道阻且长,唐宫文创面临的挑战 / 216

本章结语 / 218

参考文献 / 218

第一章
国潮的发展历程

20世纪90年代以来,中国的消费品市场以中国经济的高速增长为背景,以深不可测和瞬息万变为其一贯特点,巨大的潜力和充分的活力吸引着全球品牌的关注与投资。随着那些经验丰富的全球知名品牌开始拓展中国市场,中国的消费品市场在制造、分销、传播等各个方面的能力也获得迅速提升。

中国营销人经历近30年的成长,与强大的中国制造一起助力中国消费品市场的品牌竞争精彩纷呈。

2018年左右,人们开始注意到中国消费品市场上有一股潮流——"国潮"正在蓬勃兴起。《百度2021国潮骄傲搜索大数据》报告数据显示,国潮在过去十年关注度上涨528%。除了关注度,国潮相关市场的价值也在不断上升。来自《中国国潮行业发展深度分析与投资前景预测报告(2022—2029年)》的数据显示,2021年国潮行业市场规模约为12 541亿元,同比增长23.13%。国潮行业的这个万亿级市场规模相当于1 700亿美元,这是什么概念呢?给大家两个参考:一是根据国际货币基金组织发布的2021年世界国家和地区的GDP总量数据,排在第57位的卡塔尔GDP是1 795.71亿美元,第58位的阿尔及利亚GDP是1 645.64亿美元。也就是说,同期中国国潮行业的市场规模可以与GDP排名全球第58位的国家相比。[①] 二是根据《2022年中国连锁餐饮行业报告》的数据,2021年国内餐饮市场的规模是47 000亿元,国潮行业大概是"民以食为天"的四分之一。

2018年开始的5年间,带有"国潮"概念的品牌和产品在中国市场的火爆可以用"风靡全国"来形容。根据《京东2023中国品牌发展趋势报告》,从产品

---

① 数据来源:https://xueqiu.com/5296061618/217621846.

端来看,2019年到2022年,以国潮为设计理念的产品增长了231%,生产和销售国潮产品的品牌数量增加了223%。从产品品类来看,国潮从原本的服饰、美妆、数码家电、食品四大产品类别(艾瑞咨询,2022)扩展到其他品类。根据《京东2023中国品牌发展趋势报告》,自2019年到2022年,国潮品牌数量增长已超两倍。不仅是本土品牌,越来越多的国际知名品牌也开始关注并纷纷以国潮感的概念打造,支撑其产品在中国市场的竞争力。

促成国潮蓬勃发展的消费者中,年轻人无疑是主力。一部分对中国传统文化有兴趣的年轻人,开始重新认知和重视中国传统文化,追求和主张一种更加本土化的生活方式(刘琪等,2022)。在国潮发展的萌芽期,最有意思的现象是随着日韩文化潮流的衰退,中国传统文化所展开的复兴历程。年轻人("80后"和"90后")对于融入中国传统文学与传统乐器的"中国风"类型的流行音乐展现出了强烈的兴趣和热情,如周杰伦的《青花瓷》《发如雪》等曲目开始得到当时年轻人(20岁至30岁)的追捧,并迅速影响了各个年龄段的消费者喜好(常立瑛,2022)。

国潮在中国的年轻人中流行的现象迅速从音乐拓展到其他融入中国传统元素的商业产品。服饰类产品出现带有蓝色的"青花瓷"图案等传统绘画元素的衣服(王文中,2022);还有一些融入中国传统文化元素的文化产品,如包含中国传统文化元素的书籍、音乐、绘画作品等,拥有这些文化产品成为他们展现自己文化品位的方式之一,又进一步让更多年轻人更加了解和热爱中国传统文化(薛菲,2022;周舟等,2023)。

研究者们认为"国潮"的兴起是中国消费者文化自信的标志。"国潮"时代,中国消费者表现出来的对中国传统文化的重新认知和重视,是一种对本土文化的自信、追求和热爱(金琼如等,2023)。在过去几年中,国潮从一个小众市场逐渐发展成一种普及化的流行文化现象。所谓流行,指的是在一定的时间和地域范围内,某种文化元素、行为方式或观念在社会中迅速传播、普及并被大众所接受和追随的现象(周晓虹,1994;王凡,1995)。国潮在国内各个行业和区域的兴起与流行,正是中国传统文化的新表达与新形式正在被中国主流人群所接受以及追捧的有力证明(路梓桐,2021)。全球化的背景下,中国年轻一代面临着文化冲击和认同危机,中国市场上国潮现象的兴起和普及让他们开始重新审视和认同自己的文化根源(章玲,2023)。而国潮作为一种融合传统和现代的文化表达形式,满足了年轻人对于文化认同和自我表达的需求(邢海燕,2021),展现了年轻人对于国家的强烈自豪感与自信风貌(姚林青,2019)。国潮品牌和国潮产品的打造成为中国消费市场上有中国特色的商业实践,国潮相关现象的研究值得业界和学界持续关注(侯海燕等,2023;刘嘉,2023)。

总结国潮兴起的动因,首先与中国特色社会主义经济发展的显著成果密不可分。自改革开放以来,中国市场逐渐从物资紧缺发展到商品丰富。随着市场开放程度不断加大,全球品牌进入中国市场虽然对国内本土品牌造成了冲击,但也在客观上推动了中国市场的快速成熟,一方面是推高了中国消费者对商品质量的追求,另一方面是中国本土品牌的综合能力迅速提升(周中之,2007)。2008年11月5日,为了面对由美国次贷危机引发的国际金融危机,国务院常务会议决定实施积极的财政政策和适度宽松的货币政策,确定了进一步扩大内需,促进经济平稳较快增长的十项措施。中国经济模式开始由出口扩张战略转向刺激内需政策(刘淑萍,2009)。这一经济发展模式的转型迎来了新一轮的经济发展,我国经济实力大为增强。

第一,新的经济发展模式带来的经济实力提升了国民的消费能力。人们的收入水平提高,消费能力增强。通过实施积极的财政政策和适度宽松的货币政策,政府鼓励投资和消费,新的增长模式提升了人们的收入来源(程莉和滕祥河,2016)。人们有更多的可支配收入,能够购买更多的商品和服务,满足自身的物质需求。

第二,这一轮经济增长推动了消费结构的升级和转变。传统上,中国经济依赖出口扩张,消费主要以低价低质的商品为主。然而,随着经济模式的转变,人们开始追求更高品质的商品和服务。政府鼓励人们购买高品质、高附加值的产品,推动了消费结构的升级和转变。人们开始注重商品的品质、设计和创新,追求更好的消费体验(杨继军和张二震,2013)。

第三,文化和创意产业在经济实力支持下获得了极大发展。政府鼓励和支持本土文化创意产业的发展,推动了文化产品和创意设计的兴起(郭文等,2010)。人们开始关注具有独特文化内涵的商品和服务,追求精神价值和情感共鸣(江小涓,2021)。他们更加注重商品的文化内涵、艺术性和情感共鸣,从而提高了消费的文化品位和审美追求。

同时,国潮兴起的强大动力来自大量与中国经济发展模式适配的政策。2014年5月10日,习近平总书记在河南考察中铁工程装备集团时提出了"三个转变",即"推动中国制造向中国创造转变、中国速度向中国质量转变、中国产品向中国品牌转变",为推动我国产业结构转型升级、打造中国品牌指明了方向。2015年,国务院发布了《中国制造2025》的战略规划,旨在推动中国制造业的升级和转型(张志强,2023)。在制造业的升级和转型的过程中,除了产品技术提升,许多企业开始注重产品的文化内涵和精神价值,逐步尝试将中国传统文化元素融入产品中,并取得了良好的业绩(高长春,2017;孙天垚,2018)。不仅是产业政策,2017年4月24日,国务院印发《国务院关于同意设立"中国品牌日"的批复》,同意自2017年起,将每年5月10日设立为"中国品牌日"。这一批复,直接针对品牌建设而出,中国品牌日为国内品牌提供了一个展示自身实力和品牌形象的平台,有助于提高品牌的知名度和影响力,为国潮品牌的发展提供了一个良好的政策环境(张紫阳等,2022;晏晨,2023)。

在以经济实力为支撑、政策落地为动力的前提下,国潮兴起的第三个利好环境因素当然是互联网的迅速普及、网络平台创新与社交媒体的发展。互联网的普及为国潮概念所附带的中国传统文化的普及提供了一个广阔的传播平台,让更多的人了解到了国潮文化(林琼绎,2022)。社交媒体的普及是一个全球现象,越来越多的年轻人开始通过社交媒体分享自己的生活和文化体验(阿维纳什·阿卡哈尔,2023)。这些分享看上去是一种个人行为,但是汇聚在一起的中国传统文化年轻爱好者成为推动国潮文化发展的重要力量。年轻人通过社交媒体打卡,分享自己购买的国潮产品、参与的国潮文化活动……推动了国潮文化的普及和传播(彭子滔和王苑丞,2022)。国潮品牌也纷纷在社交媒体上设立账号与年轻人建立联系,了解年轻人的需求和喜好,推出更加符合市场需求的产品和活动,在提升品牌的竞争力和市场占有率方面收到了良好效果(侯海燕等,2023)。

最后,中国国潮是极具创造力的商业现象,必须归功于商业实践者的努力,这些推动国潮发展的人们不仅包括中国企业家和营销人,而且包括大量艺术家和设计师群体。在中国产业升级的大背景下,众多以给国外产品进行代加工的国内OEM(original equipment manufacture)厂商开始走上自主创新与独立发展的道路(杨桂菊,2010),他们中的许多成长为ODM(original design manufacture)、OBM(original brand manufacture),甚至是IBM(international brand manufacture)。在这个过程中,大量中国本土品牌以积极开放的心态与国际设计师合作,同时培养了大量有全球视野的本土设计师,国产品牌的产品设计水平助力其品牌独特性不断提升(高文谦,2023)。不仅如此,越来越多的本土品牌开始进军国际市场,他们当中有一些以国潮感为品牌(产品)形象的企业通过挖掘本土文化内涵、创新设计和高品质的产品赢得了海外消费者的青睐（许黎雯，2022）。其中最广为人知的莫过于2018年的李宁公司。中国李宁以"悟道"为主题，坚持国人"自省、自悟、自创"的精神内涵，从运动的视角表达对中国传统文化和现代潮流时尚的理解，在美国纽约时装周上向全世界展现了中国李宁原创态度和时尚影响力以及中国传统文化的魅力（杜若衡，2022）。可以说，国潮品牌的兴起与中国品牌的国际市场形象改变几乎齐头并进。越来越多的中国品牌开始注重结合传统文化、创新设计和高品质的产品，逐渐摆脱了"低端品牌"的形象，在本土市场和国际市场上与国际品牌直接交锋（程志宇等，2023）。

总结而言，国潮品牌的兴起伴随着中国消费品市场的重大转变：中国消费品市场（尤其是中高端市场）由国际品牌主导的阶段已经成为过去，中国品牌以一流制造能力为基础带着中国传统文化元素强势进入国际消费品市场。国潮的发展经历萌芽期、发展期、蓬勃期以及争议期四个阶段，中国经济的发展与制造实力进步是其物质基础（金文恺，2020），我们称之为"支撑力"；与中国经济发展模式适配的政策，我们称之为"动力"，如图1-1所示。

本章的任务是介绍"国潮"这一概念的相关实践在中国市场上的发展历程。研究团队通过文献检索和整理，详述每个发展阶段的政策与现象，探讨国潮作为一种商业现象的本质、动力与持续发展可能性。在最后的"争议期"，集中描述了截至2023年9月，实业界和学术界对国潮与国潮品牌策略相关问题所给出的一些思考与建议，为后续章节相关理论观点的提出和经典案例呈现做好铺陈。

一、国潮的萌芽期

（一）文化产业迎来百花齐放

中国是一个历史悠久、文化底蕴深厚的国家，作为世界四大文明古国中唯一延续至今的文明，拥有丰富的文化遗产和传统文化（张时来等，2023）。文化是人类社会的精神财富，包括语言、宗教、艺术、传统等（张荷瑶，2023）。中华文化资源包括诗歌、书法、绘画、音乐、舞蹈、戏曲、传统医学、哲学等，它们都是中华文化的瑰宝，为中国人民提供了无穷的灵感和创造力（谢雁冰，2017）。这些

图 1-1 国潮发展的四个阶段

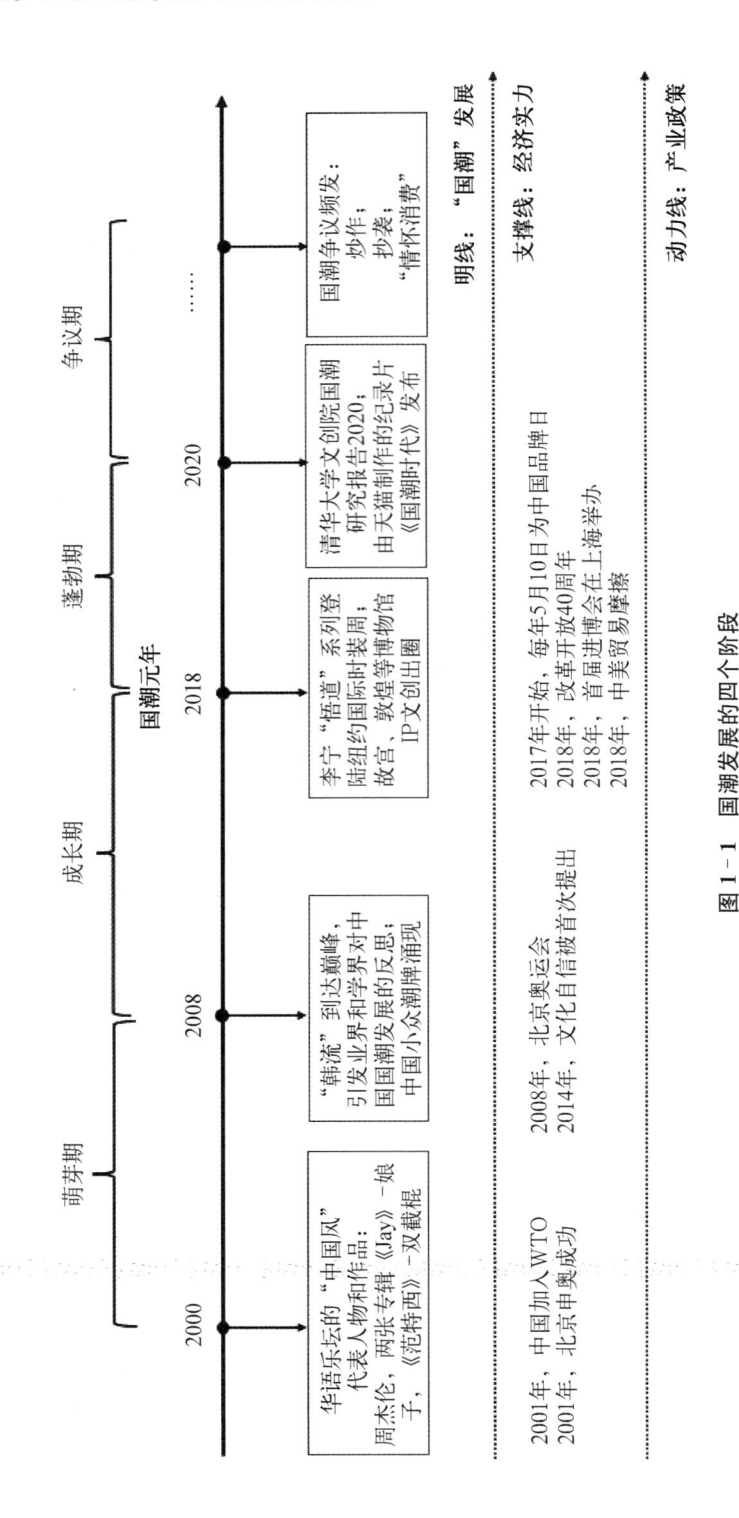

时间轴阶段：萌芽期 — 2000 | 成长期 — 2008 | 蓬勃期 — 2018（国潮元年）| 争议期 — 2020

明线："国潮"发展

- 2000（萌芽期）：华语乐坛的"中国风"代表人物和作品：周杰伦，两张专辑《Jay》-娘子、《范特西》-双截棍
- 2008（成长期）："韩流"到达巅峰，引发业界和学界对中国国潮发展的反思；中国小众潮牌涌现
- 2018（蓬勃期）：李宁"悟道"系列登陆纽约国际时装周；故宫、敦煌等博物馆IP文创出圈
- 2020（争议期）：清华大学文创院国潮研究报告2020；由天猫制作的纪录片《国潮时代》发布
- 争议期：国潮争议频发：炒作；抄袭；"情怀消费"

支撑线：经济实力

- 2001年，中国加入WTO
- 2001年，北京申奥成功
- 2008年，北京奥运会
- 2014年，文化自信被首次提出
- 2017年开始，每年5月10日为中国品牌日
- 2018年，改革开放40周年
- 2018年，首届进博会在上海举办
- 2018年，中美贸易摩擦

动力线：产业政策

文化资源确立了中国人民朴素的道德价值观,如中国的传统文化强调"仁爱""和谐""礼义廉耻"等价值观念(安春会,2022)。同时,文化资源也支撑了中国人民的自信和自豪感(吴玉华等,2021)。这种文化自信和自豪感不仅是中国人民的精神支柱,而且为中国人民在国际舞台上展现国家形象提供强大支持(梁润文,2017)。

辉煌的中国传统文化资源为中国商业带来了巨大赋能(刘倩,2023)。一方面,独特的中华文化元素可以为商业提供丰富的灵感和创意,帮助企业开发出更具吸引力和独特性的产品和服务(瞿志刚,2013;刘倩,2023)。例如,一些服装品牌会从不同的文化中汲取灵感,将其融入设计中,创造出具有不同文化特色的服装,以此吸引更多的消费者。再如,广大"老字号"企业通过品牌传记的文化传播方式来增强品牌形象和认知度,以此提升消费者的忠诚度和信任度(蔡洁,2023)。

反过来看,活跃的商业也推进了中华传统文化的传承和发展。文化作为一种非物质的遗产,需要不断地传承和发展,才能保持其生命力和价值。商业可以为文化提供技术、资金、渠道和平台,推广文化产品和服务,使其更加广泛地传播和被接受(蔡洁,2023)。例如,电影、音乐、艺术等文化产品的推广,获得市场认可后,可以帮助传统文化润物无声地融入现代社会,与时俱进地获得发展和创新。

为了研究国潮背后的文化发展背景,我们将时间追溯到改革开放。1978年中国共产党十一届三中全会后,中国进入改革开放的历史新时期。伴随着经济体制改革,政治、文化和社会事业改革也不断向前推进。1979年10月,邓小平代表党中央在中国文学艺术工作者第四次代表大会上的讲话,提出了新时期我国文学艺术事业发展的一系列指导方针。1979年10月30日,邓小平在中国文学艺术工作者第四次代表大会上指出,"要在建设高度物质文明的同时,提高全民族的科学文化水平,发展高尚的丰富多彩的文化生活,建设高度的社会主义精神文明"。1982年12月,党的十二大报告指出,"我们在建设高度物质文明的同时,一定要努力建设高度的社会主义精神文明。这是建设社会主义的一个战略方针问题"。

伴随着文化改革的一系列方针政策的提出,中国的文化产业得以发展。在改革开放的初期,电影业、出版业、广播电视业、音像制品业等产业的发展为中国文化的复苏和繁荣提供了重要的支持(田君,2007)。其中,以中国电影业的发展最为显著,如《黄土地》《红高粱》等电影在国际上获得了高度评价(胡智锋等,2023;张春等,2023)。与此同时,中国的电影院如雨后春笋般兴起。在文学作品上,以短篇小说《班主任》、话剧《曙光》、报告文学《哥德巴赫猜想》为代表的作品,预告了新时期春天的来临。还有韩少功的《黄金时代》、余华的《活着》、王安忆的《长恨歌》等(刘霞云等,2022)。在艺术领域,有"星星画展""八五美术运动"等,这些活动推动了中国美术的现代化和多元化(陈劲松,2008)。同时,一些著名的画家如吴冠中、朱德群、徐悲鸿等也开始重新活跃于艺术创作和教育领域。

改革开放初期,"老字号"企业作为中国传统商业文化的传承者,纷纷启动复兴之路(张秋英,2018)。"老字号"企业的第一步是开展商标恢复行动,"全聚德""便宜坊""吴裕泰""内联升""王麻子"等众多老字号品牌纷纷在1978年前后重新立起牌坊(刘仲华,2012)。1989年,"同仁堂"被国家工商行政管理局商标局授予了全国第一个"中国驰名商标"称号;此外,"同仁堂"还是中国"首批马德里商标注册"的国际商标,也是大陆第一个在台湾地区申请注册的商标(张星星等,2021)。这些"老字号"企业的复兴,代表着中国传统文化的精髓和传承,不仅在中国经济发展历程中扮演着重要的角色,而且为中国传统文化的发展与传播提供了物质基础(廖巍,2023)。

开放的社会环境为传统文化的复兴和繁荣提供了机遇,同时也为中国的现代商业借助传统文化进行复兴的道路铺陈了坚实的文化土壤(陈海良,2019)。随着中国改革开放的深入,中国与世界不断接轨,越来越开放的中国市场吸引大量国外资本进入,同时带来了附着在商品之上的异文化,在消费和文化两个层面同时强烈冲击了中国本土市场(白烨等,2009)。

(二)韩流来袭引发业界跟进

"韩流"是指韩国流行文化在全球范围内的影响力和传播现象,包括韩国音乐、电视剧、电影、时尚、美妆等各个领域的文化产品和艺术表现形式(蒙象飞,2014)。韩流诞生于20世纪末,是东亚乃至世界范围内跨文化传播中的一个独特现象(王晓玲等,2022)。1999年末,我国汉语词典中正式添加了"韩流"这个专用词(张磊等,2020)。2005年,一部现象级的韩国热播电视剧《大长今》在中国走红,"韩流"成为中国流行文化中的重要现象(魏华欧,2016)。

研究者们认为,韩流在全球发展的动因来源于20世纪末韩国的"文化立国"战略。韩国的"文化立国"政策是指韩国政府在1998年提出的一项战略,旨在将文化产业作为国家经济发展的战略性支柱产业来培育。该政策的起源可以追溯到当时刚上任的韩国总统金大中在1998年提出的理念。当时,亚洲正值金融危机,韩国作为受影响最为严重的国家之一,经济陷入困境(穆宝江,2012)。面对这一挑战,金大中总统认识到传统的经济模式和依赖出口的发展模式将不再可行。因此,他提出了韩国的立国之本应该是高新技术和文化产业(赵婵娟和杨威,2021)。

韩国政府于1998年正式提出"文化立国"的战略口号,将文化产业作为21世纪发展韩国国家经济的战略性支柱产业来培育(向勇和权基永,2013)。该政策的目标是通过发展文化产业,提高韩国的国际竞争力,促进经济增长和就业机会的创造。为了实现这一目标,韩国政府采取了一系列措施。首先,政府加大了对文化产业的投资和支持,包括设立了韩国文化艺术振兴院等机构,提供资金和资源支持(金兑炫,2010;孟丽荣和孟保芹,2019)。其次,政府制定了相关的政策和法规,如《国民政府的新文化政策》,为文化产业的发展提供了有利的环境和条件(孟丽荣和孟保芹,2019)。此外,政府还积极推动韩国文化产品的国际交流和推广,通过文化外交等手段提升韩国的国际形象和影响力(金兑炫,2010)。

韩国"文化立国"政策的实施很快取得了一系列成果。2005年11月,韩国申报的"江陵端午祭"正式被联合国教科文组织确定为"人类口头和非物质文化遗产代表作",这源于韩国长时间以来对文化发展的注重,早在1967年,"江陵端午祭"就被韩国政府确立为国家级第十三号"重要无形文化遗产",每年都会吸引大量的游客浏览观光。在后来的"文化立国"战略中,"江陵端午祭"也得到了重点发展。"江陵端午祭"申遗成功一事在中国国内发酵,一时间群情激愤,唏嘘不已。实际上,"江陵端午祭"虽然源于中国,但已与国内的端午节有了比较大的区别,2009年,我国的端午节被联合国列入世界非物质文化遗产名录。2014年10月6日,广州日报在《端午怎会是"韩国特产"?》一文中也指出:"中韩'端午',其实可'共存'。韩国的'江陵端午祭'有一套完整的、与中国端午节既有关联性又有差异性的民俗活动。事实上,经过创新发展的'江陵端午祭',与中国传统端午节已大不相同,活动从酿制神酒开始,民俗活动包括官奴假面舞剧、农乐竞赛、鹤山奥道戴歌谣、拔河、摔跤、荡秋千、汉诗创作比赛、射箭、投壶等,多为民众娱乐活动;而中国端午节主要以纪念伟大诗人屈原为主,民俗活动有吃粽子、赛龙舟、挂菖蒲、艾叶、熏苍术、白芷、喝雄黄酒等,意在驱毒辟邪。"

韩国文化产业的快速发展,迅速在音乐、电视剧、电影、时尚、化妆品等众多领域得到体现。韩国的音乐、电视剧、电影等文化产品在亚洲和全球范围内受到了广泛的欢迎和关注,形成了的"韩流"现象(金兑炫,2010)。"韩流"作为一种消费现象,更作为一种文化现象,对中国市场产生了极大的影响。

在韩流产品各大类中,如果以对年轻人的影响力来排序,首推韩国流行音乐(K-pop)和游戏(金兑炫,2010)。韩国的音乐团体和歌手,如 BTS、EXO、BLACKPINK 等,拥有庞大的中国粉丝群体。这些音乐作品以其多样化的曲风、精美的舞蹈和时尚的形象吸引了许多中国青年(朱兆一,2023),年轻的中国消费者通过购买音乐专辑、参加演唱会等方式支持自己喜爱的韩国艺人(田帅和张晛,2023)。此外,来自韩国的电子游戏也在中国受到众多青年的喜爱。《穿越火线》《剑灵》等游戏通过腾讯公司的代理进入中国大陆市场,中国年轻人成为这些韩国游戏产品全球玩家的一分子。游戏产品让消费者在倾情投入游戏情节的同时了解和接触韩国文化,实现了韩国文化的国际传播(朱兆一,2023)。表 1-1 总结了当时知名的韩国文娱公司信息。

表 1-1 韩国知名文娱公司及其代表作品或艺人团队

文娱公司名称	代表作品或艺人团队	创立时间
CJ 娱乐集团	CJMedia 拥有 MnetKmTv 等 9 个电视频道,SGWannaBe,SeeYa 等娱乐公司	1953
S. M. Entertainment 娱乐集团	东方神起、Super Junior、少女时代、EXO 等	1989
YG 娱乐公司	BIGBANG、2NE1、winner、PSY 等	1996
JYP 娱乐公司	裴秀智、林振英、Wonder Girls、2PM、Miss A 等	1997
SidusHQ 娱乐公司	车太贤、全智贤、宋慧乔、宋钟基、赵寅成、金宇彬、张赫、金宥真、朴宰范、李侑菲等	1999
Nexon 游戏公司	《天堂》《永恒之塔》等	1997
Neowiz 游戏公司	FIFA ONLINE、R2Beat、RAY CITY、《穿越火线》等	1997
NC Soft 游戏公司	《永恒纪元》《剑灵》《激战》《天堂》《魔法飞球》等	1997

数据来源:朱兆一.平台世界主义视域下的"韩流"国际化机制——基于韩剧的示例[J].现代传播(中国传媒大学学报),2023,45(2):120-127.

其次,韩国电视剧也是对中国年轻人产生极大影响的韩流典型产品。韩国的电视剧以其精良的制作和引人入胜的剧情吸引了大量观众(孔祥静,2017)。许多中国青年通过电视、网络平台或购买正版DVD等方式观看韩剧。这些剧集往往涉及浪漫爱情、友情、家庭等主题,与中国观众的情感需求相契合(陈薇薇,2014;孔祥静,2017)。韩剧中的时尚、婚恋观念等也对中国青年的审美观和价值观产生了一定影响(陈薇薇,2014;孔祥静,2017)。

韩流的影响很快便拓展到服装服饰和美妆行业,开始对中国青年的时尚审美产生影响。韩国的时尚产业以"韩式着装"为依托,在中国市场迅速发展,许多韩国品牌如Jenny House、Chuu、Etude House等在中国年轻人中大受欢迎(刘薇,2022)。随着中国青年更加注重个人形象和时尚品位,他们对韩国品牌的服装、化妆品等产品表现出了强烈的偏好(刘薇,2022),韩国明星的穿搭风格和造型成为中国青年模仿的对象(计春一,2019;刘薇,2022)。

最后,依托于韩剧所展现的生活方式,韩流渗透进了中国的食品和餐饮行业。随着《大长今》《来自星星的你》等韩国影视剧在中国的流行,中国餐饮市场掀起了一阵韩式美食的热潮(陈曦,2014;朴商道,2014)。电视剧《大长今》复原了韩国古代的宫廷美食,带火了韩式炒年糕、韩式拌饭、紫菜包饭、大酱汤等韩国传统美食(魏华欧,2016);《来自星星的你》这部备受年轻人喜欢的爱情剧带火了"炸鸡配啤酒"等现代青年的韩式饮食喜好(朴商道,2014),也带火了韩式美女的妆容特点。饮食的渗透对中国市场产生了持续的影响,以至于如今中国各级城市的大街小巷随处可见"韩式炸鸡""韩式烤肉"的招牌。我们在企业信息查询网站"天眼查"中查询的结果显示,截至2023年9月,中国有一万多家以"韩国料理"为主题的餐厅,3 000多家韩式美容馆,以及700多家生产韩式时尚的服饰企业,见表1-2。

表1-2 天眼查网站上包含"韩式"关键词的企业数量

领　　域	关　键　词	企业数(单位:家)
餐　　饮	韩式料理	10 614
餐　　饮	韩式烤肉	6 401
餐　　饮	韩式火锅	1 158

续　表

领　域	关　键　词	企　业　数
美容美发	韩式美容	3 325
美容美发	韩式养生	1 674
服　饰	韩式服饰	764

数据来源：研究团队根据天眼查数据整理，https://www.tianyancha.com/。

随着韩流对中国青年的流行消费文化的渗透，中国本土品牌开始跟进这波商业机会。利用韩流时尚作为宣传卖点的公司中，以韩都衣舍在商业上的成功最为典型（段文忠，2017）。韩都衣舍（HSTYLE）是一个以"韩国快时尚"为主题的年轻时尚品牌，这家中国公司成立于 2008 年。截至 2022 年，韩都衣舍旗下有 70 个品牌，其中著名的品牌有 HSTYLE（韩风快时尚女装）、Soneed（韩风优雅时尚女装）、AMH（韩风快时尚男装）、MiniZaru 米妮·哈鲁（韩风快时尚童装）、Nanaday 娜娜日记（韩风甜美少女装）、ForQueens 范·奎恩（韩风快时尚大码女装）、Dequanna 迪葵纳（韩风时尚妈妈装）。

作为中国国内知名的韩流品牌，韩都衣舍的创始人及 CEO 赵迎光是一个地地道道的山东人。赵迎光从山东大学韩语系毕业之后，作为山东国际经济技术合作公司驻韩国支社代表，在韩国工作了 10 年。在韩国工作期间，赵迎光不仅见证了韩国电子商务从起步到成熟的过程，而且感受到了韩国文化立国的政策对于韩流文化在世界尤其是东南亚地区的宣传与推广的加持。在韩流受到广大中国青年喜爱的背景下，2008 年，赵迎光创立了韩都衣舍品牌（Cai 等，2019）。创业之初，赵迎光把网店定位为做"进口韩国商品"的品牌代购生意。但这种业务有四大硬伤：（1）等待时间过长；（2）经常断货、缺货；（3）无法退换货；（4）性价比不高（黄鹏，2018）。赵迎光经过长时间的思考，决定转变发展思路。2009 年，他提出公司要从"商品进口专家"转变为"时尚进口专家"，第一时间引进最新时尚款式，并根据中国顾客的审美习惯，进行二次设计，然后在国内找代工企业生产，以降低成本。与此同时，他开始培养自己的设计师，自主设计服装式样，并与代工企业合作，创造出自主设计、生产、销售的"研产销一体"式链条（黄鹏，2018）。就这样，旨在以"韩风快时尚"为核心，利用流行的韩风元素迎合中国 21 世纪新青年的潮流审美的韩都衣舍逐渐发展壮大

(胡珊珊,2019)。2014年,李冰冰、黄晓明和任泉成立的StarVC将首个投资项目锁定在韩都衣舍。2017年6月,韩都衣舍勇夺天猫女装618冠军,集团交易额突破1.28亿元,同比增长111%。如今,韩都衣舍还以"连续7年全网领先"为骄傲。

研究者们总结了韩都衣舍的成功经验,将其打造"韩风快时尚"的经验归结为三点。一是结合当时流行的韩国电视剧与电影作品推出同款或者类似款式的服饰。韩都衣舍一直密切关注韩国电视剧和电影的流行趋势,将剧中角色的服装风格与现实生活中的时尚需求相结合(胡珊珊,2019)。他们会根据剧中人物的穿着风格和流行元素,设计出同款或者类似款式的服饰,以迎合年轻消费者对于韩流时尚的追求。如在2013年,当韩剧《来自星星的你》在中国国内大火时,韩都衣舍迅速参考剧中男女主角的服饰元素设计出了同款服饰。这种策略不仅能够吸引喜爱韩剧和电影的消费者,而且能够让消费者在现实生活中感受到自己就像剧中的角色一样时尚与潮流(张议云,2022)。

韩都衣舍打造"韩风快时尚"的第二大措施是大量采用韩国设计师并广为宣传自己在设计师队伍上的团队特色。韩都衣舍非常注重与韩国本土设计师合作,通过与他们的合作,将韩国设计师的创意和设计理念融入品牌的产品中(叶琳,2018)。他们会选择那些具有独特创新思维和独特设计风格的韩国设计师,以确保产品的独特性和时尚性。同时,在采用韩国设计师的基础上,韩都衣舍的设计团队里还有相当数量的中国设计师。这让韩都衣舍在设计出原汁原味的韩风服饰的同时,也能对部分中国消费者难以接受的韩风加以中国化的审美改良(段文忠,2017)。

韩都衣舍打造"韩风快时尚"的第三大措施是采用韩国明星作为自己的产品代言人。韩都衣舍与韩国明星签约合作,将他们作为品牌的代言人来推广产品。这些明星通常在韩国甚至全球范围内有很高的知名度和影响力,他们的形象和风格与韩都衣舍的品牌定位和目标消费者相契合。通过与明星的合作,韩都衣舍能够借助明星的影响力和粉丝基础来提升品牌的知名度和销售额(叶琳,2018)。例如,韩都衣舍自2014年起招募了全智贤、朴信惠、池昌旭、尹海英等韩国明星作为自己的品牌代言人(王金锋,2014)。2020年8月17日,韩都衣舍官宣请到韩国知名艺人IU李知恩为韩都衣舍作时尚总结。由于明星的穿着在很大程度上是年轻消费者追寻时尚潮流的参考,这对推动韩都衣舍的市场影响力起到了很大的作用(宋立丰等,2019)。

相比起韩流文化的强势来袭,日本潮流文化对中国市场的影响显得"温和"一些,但是日本潮流文化对国内的影响可以追溯到更早。日本潮流文化对中国的影响主要集中在日本动漫方面。早在20世纪80年代,日本动漫就已经进入了中国市场。1980年,中国从日本引进了动漫《铁臂阿童木》,这是日本动漫首次进入中国市场。除了《铁臂阿童木》,大量耳熟能详的日本动漫在国内播出,如《龙子太郎》《聪明的一休》《机器猫》《花仙子》《足球小将》《北斗神拳》《圣斗士星矢》《龙珠》等。进入90年代后,日本动漫在国内市场持续火爆,出现了《美少女战士》《宇宙英雄奥特曼》《灌篮高手》《名侦探柯南》《樱桃小丸子》《蜡笔小新》等经典动漫。这些经典动漫成为中国"千禧一代(1981—1996年)"的童年记忆的重要组成部分。而进入21世纪后,日本动漫在广播电视载体上的声量逐渐变小,但伴随互联网的发展,日本动漫凭借良好的市场基础得以在各大线上平台火爆。一方面,20世纪末出现的那些日本动漫仍在连载中;另一方面,随着日本动漫行业的发展,更多动漫产品在这一时期出现,如《千与千寻》《进击的巨人》《攻壳机动队》《鬼灭之刃》《刀剑神域》《JOJO奇妙冒险》等,这些日本动漫作品伴随了中国"Z世代(1997—2012年)"的成长,成为他们的记忆之一。

日韩流行文化以各类商品为依托在中国乃至世界市场上的火爆引发了社会各界的思考,同时,以韩都衣舍为代表的利用日韩流行文化获得商业成功的企业也让中国企业开始反思。一些有情怀、有理想的文化界和商业界人士开始认真思考利用中国文化元素获得商业成功的可能,中国社会各界开始探索一条适合中国传统文化的时尚化的道路。

(三)华语乐坛提振国风崛起

我们认为,中国国风的大规模商业化尤其是在青少年市场上的崛起归功于华语乐坛。有网友甚至评论称,兜兜转转,到头来抗韩先锋,还得是周杰伦。[1] 华语流行音乐的影响力,甚至超出了周杰伦本人的想象。2022年7月6日,周杰伦最新的专辑《最伟大的作品》发布。在专辑《最伟大的作品》获得国际唱片业协会IFPI发布的2022年专辑销售榜冠军之后,周杰伦开心地在社交媒体上发布一段获奖感言:"华流从以前到现在,这历史的一刻,有点超出我的想象了,

---

[1] 不八卦掌门人.不要让韩流太嚣张,中文歌才是最酷的,天王周杰伦的抗韩史.https://baijiahao.baidu.com/s?id=1762961529590888366&wfr=spider&for=pc.

谢谢大家,这个第一名证明了歌曲虽然有语言之分,但艺术是没有的。"这确实是"历史的一刻",这不但是 IFPI 发布专辑销售榜以来,华语歌手第一次登顶,也是第一次进入前十。[①]

2000 年 11 月 7 日,周杰伦发布了他的第一张专辑《Jay》。在这张专辑中,有一首说唱类的饶舌歌曲给听众带来了不一样的感觉,这首歌结合了当时欧美流行的说唱风格,但歌词中却使用了大量的中国古诗词及传统生活元素(纪时雨,2023),体现出浓厚的中华传统文化色彩——这首歌名叫《娘子》,方文山作词,周杰伦作曲、编曲、制作并演唱。作为周杰伦最早的中国风歌曲,《娘子》采用了西式的偏爵士风格作出了一首中国风歌曲,这也是一首没有运用任何中国乐器的中国风(李睿,2019)。音乐评论人高晓松说:"华语乐坛共一石,娘子独占八斗,黑色幽默一斗,其余一斗平分。"著名歌手李宗盛说:"这是第一首真正做到中西合璧的流行歌曲,简直就是天才之作。"

自第一张专辑起,周杰伦的"中国风"延续不断,之后的每一张专辑中,都会出现至少一首和词作者方文山合作的包含中国文化元素的作品。2001 年,其第二张专辑《范特西》中的歌曲《双截棍》《龙拳》融合了中国武术元素,一经推出就受到中国青少年的热烈追捧(韩莹莹,2023)。2002 年,其第三张专辑《八度空间》中的歌曲《爷爷泡的茶》融入中国茶文化元素,引用了中国著名茶文化的著作《茶经》,在茶文化推广的音乐教育中做出了贡献(冯浩,2023)。2003 年,周杰伦在第四张专辑《叶惠美》中推出的作品《东风破》,是第一首完完全全符合"三古三新"("三古"指古辞赋、古文化和古旋律,"三新"指新唱法、新编曲和新概念)六大标准的中国风歌曲,至今仍是国内初中音乐教学中的经典音乐案例(王晓燕,2023)。此外,周杰伦还有许多流行甚广的中国风歌曲,如专辑《十一月的萧邦》中的《发如雪》、《依然范特西》中的《千里之外》《本草纲目》、《我很忙》中的《青花瓷》、《魔杰座》里的《兰亭序》、《跨时代》里的《烟花易冷》、《十二新作》里的《红尘客栈》、《哎哟,不错哦》里的《天涯过客》,以及最新的专辑《最伟大的作品》里的《红颜如霜》等。

华语流行音乐的中国风,在彼时韩流文化盛行的背景下,有其特殊的"战斗"意义。很多乐迷记得,2000 年开始,Rain、张娜拉、安在旭、东方神起、鸟叔

[①] 新音乐产业观察. 周杰伦的"历史一刻",华语乐坛的问题仍然无解 https://baijiahao.baidu.com/s?id=1761703883078181411&wfr=spider&for=pc.

等韩国歌星携"韩流"呼啸而至并风靡中国大陆,映衬出中国大陆本土流行音乐的疲软之势(车英兰,2016)。研究者认为"韩流"的起势让华语乐坛受到极大影响,翻唱韩国舞曲蔚然成风,因此才会有对抗"韩流"的意识出现,并出现了"华流"一词(薛美芳,2016)。2006年的全球华语音乐榜中榜颁奖礼上,周杰伦凭借一首《夜曲》一夜拿下了5个大奖,此次颁奖成为华语音乐史上著名的"夜曲五连杀",周杰伦也从此时开始成为华语乐坛"顶流"。周杰伦在获奖感言中说道,现在哈韩哈日很严重,希望大家不再盲目哈韩哈日,不要让韩流越来越嚣张,我们"华流"才是最厉害的。这番话在引发广泛讨论的同时,也正式拉开了"韩流"与"华流"市场主流之争的序幕(梅迪,2015;田雪,2015)。

二、国潮的发展期

2008年北京奥运会的成功举办,标志着中国综合国力日益强大,中国开始逐渐走向世界舞台的中心。中国国民在普遍满足了温饱需求后,开始对文化与时尚拥有了更多的追求,国潮也在2008年之后开启了发展的新篇章。本书将2008年定义为国潮发展期的起始点,综观2008年之后国潮的发展历程,中华文化在与韩流、日流的竞争中后来居上、占据主动,并最终形成国潮的过程,其实质是中华文化在与其他文化竞争中赢得更多关注和认可的过程。

我们将国潮的发展期划定在2008—2018年的十年,为更清楚地描述这个阶段,我们把国潮发展阶段进一步划分为三个部分:因韩流而陷入复刻国风的迷思、影视和文学成为文化复兴先锋以及中华文化多载体复苏繁荣重现。

(一)因韩流而陷入复刻国风的迷思

韩流经过前一时期的铺垫,在2008—2010年的三年里迎来了全面爆发。标志性产品有电视剧《原来是美男啊》、演唱组合SUPER JUNIOR-M以及歌曲《Nobody》,这些娱乐产品在国内市场均取得傲人的成绩。风靡一时的韩流在国内年轻人中掀起一股韩流模仿风,这不禁让中国人唏嘘起来。作为源远流长的文化传统,中华文化拥有丰富的历史底蕴和价值观,五千年发展的历史长河中,淘洗出无数优秀的文化遗产,就戏曲而言,中华曲艺库中有昆曲、京剧、秦腔、黄梅戏等多种文化瑰宝。

如何才能成为潮流呢?研究者的共识是,随着国内经济的高速发展,国民的生活需求更加多元化,对文化产品的需求暴增,但这并不意味着有底蕴的文化必定成为潮流商品,创新性和流行性的缺乏是中华文化复刻迷思的核心问题。这一阶段本土的文化产业创作正处于需要转型的阶段,创新性和流行性存在"瓶颈"。作家余秋雨在其著作《何谓文化》中有一篇标题为《当代的文化隐忧》的文章,他在其中提道:"其实,任何文化的生命力都在于创新,而不是怀古。我们国家也意识到了创新的重要,但是很遗憾,打开电视、报纸、书刊,很少有一个创意思维引起广泛关注,永远在大做文章的还是一千年前的枭雄心计、七百年前的宫门是非,以及古人之夺、古墓之争、老戏重拍。"但是,席卷中国市场的韩流恰恰就是在创新性和流行性两个方面做得相当突出。

现有文献认为,韩流的创新性体现在三个方面:第一,韩国娱乐公司独有的模式和多元化创新。韩国综艺拥有明星,明星与节目制作方互利共存,电视台依靠打明星牌加上多样的创意形式,使其节目具有了相当强的竞争力。而中国明星资源调动存在各种困难,很难出现几十个明星集体出现在综艺节目上的场面。经纪公司没有培养自己艺人的长远规划,更注重快速、高额的经济回报(张颖,2014)。第二,韩流懂得舍短取长,突破资源劣势。韩国历史仅能追溯到公元1319年朝鲜王朝建立,历史底蕴不算深厚,且韩国国土面积不足十万平方千米,如果仅盯着本土市场发展纯"韩国特色"文化资源的话,则韩剧发展的市场规模不足。韩国的电视剧工作者并没有被这些资源上的劣势局限住,他们转而以东方文化圈作为产品的落脚点,扩大市场并获得了成功(王东,2009)。第三,韩剧懂得研究并迎合观众需求。和中国电视剧成片再播的特点不同,大部分韩剧采用边制作边播放的形式,韩国编剧注重观众的体验,会根据论坛上观众的反馈修改剧情走向(王东,2009),这在当时算是一种先进的制作理念。

研究者们认为,韩流在流行性的打造上通过三个方面的措施实现:首先,韩国文娱产业造星能力显著。不管是PD模式(通常是指一种以明星为主题的产品开发,例如由演员、歌手、艺人等明星授权,将其形象、代表作品、经历等元素应用于周边商品上,推出衣服、饰品、文具、家居用品、玩具等相关商品,以吸引粉丝购买),还是集体打造韩娱独创音乐类型K-POP(韩国流行音乐,Korea-Pop),都展示了韩娱极强的造星能力,造星对韩娱来说,已然是一条成熟的产业链。其次,韩剧懂得迎合年轻人的需求。韩剧在中国的受众主要是15岁到35岁的年轻人,这个群体对网络有较为充分的接触和使用,习惯运用网络满足自己的精神文化需求。韩剧通常以喜剧和悲剧为主题,情感表达丰富多样。明星们的俊男美女组合无疑是吸引人的元素,韩剧更以其浪漫曲折的故事情节、清新幽默的表演风格和时尚靓丽的韩国明星,迎合了现代年轻人的审美观(张颖,2014)。再次,韩剧利用明星效应的宣传成果显著。韩剧的热播使得一批韩星爆火,这些明星爆火后的后续作品本身就具有了流行性(王东,2009)。

相较于韩流的火爆,当时的中国文化产业仍处在刚刚起步的阶段。数据显示,2010 年,韩国文化产业产值占全国 GDP 的 15% 以上,同期中国文化产业产值占全国 GDP 的 4%。中韩文化产业发展程度的差异,不仅体现在规模总量上,最主要是体现在每个具体行业的创新性和流行性打造的能力上。

以影视行业为例,21 世纪初的韩国文化产业在影视作品的创新性上具有重大的突破。例如,韩国影视剧《太阳的后裔》以其独特的题材和制作水平引发了广泛的关注。这部剧讲述了一对跨国恋人在战争和爱情的考验中的故事,通过将浪漫爱情与悬疑、动作元素相结合,打破了传统的爱情剧模式(胡荣,2018)。同时,剧中采用了高水准的特效和拍摄技术,使得观众沉浸在剧情中,增强了观看体验。而彼时的中国影视剧中,很少有作品能够在剧情和题材上做出如此大胆的创新。又如,韩国影视剧《信号》以其独特的剧情设置和紧凑的叙事风格获得了广泛赞誉。该剧讲述了一位警察通过无线电信号与过去的警察进行通信,共同解决"冷案"的故事。这种跨时空的叙事方式和紧张刺激的剧情设置使得该剧充满了悬念和惊喜,同时,剧中对社会问题的深入探讨也使得该剧在创新性和思想性上具有突破性,吸引了大量观众的关注(高路和徐雪莱,2022)。此外,韩国影视剧《请回答 1988》以 1988 年为背景,讲述了一群年轻人成长的故事。该剧以真实的历史背景为基础,通过对那个时代的细腻描绘和情感表达,勾勒出了那个时代年轻人的生活和梦想。剧中对细节的处理和对情感的真实表达使得观众产生了强烈的共鸣,同时也展示了韩国文化产业在创新和情感表达方面的突破(闫美璇,2018)。

在流行性打造方面,21 世纪初的韩国影视剧也有可圈可点之处,助力韩剧在中国市场的热度持续不衰。2008—2010 年,国内的古装剧不温不火,热度不及韩剧。电视剧《太极》可以称得上经典,《云南日报》在报道中给予很高的评价:"该剧有很多精彩对打的真实场面,弥补了没有电脑特技而产生的节奏单调的枯燥感,避免让演员飞来飞去的虚假场面,剔除花哨的武打炫技,回归功夫片的原始面貌,把最真实的武术技巧和武术内涵带给大家。"[1]百度指数显示,2010 年"太极"词汇的日均百度指数在 6 000 左右(包含所有关于太极的搜索结果),而韩剧《原来是美男啊》的日均指数在 9 500 左右。研究者们认为,此时的韩流已发展到 2.0 时代,韩国流行音乐 K - POP 在海外市场爆火,初代 K - POP 不断扩展到其他领域,成为跨领域的韩国流行文化(车英兰,2016)。2009 年下半年,韩国偶像剧《原来是美男啊》在网上蹿红,尤其受到少男少女们的热捧。网上一度出现"美男热",电视剧的周边产品也卖得特别火(陈清晓,2023)。

当然,中国的实践者们并非没有创新,例如他们在娱乐综艺领域的创新就有所作为。2008—2010 年,中国的选秀节目正处于起步阶段,《超级女声》成为"草根摇篮"。《超级女声》在理念上强调选拔的草根性,并打出了"想唱就唱,唱得响亮"的口号(白玫佳黛,2021)。《超级女声》一经播出就获得了大量国民的追捧,2008 年,全国各地掀起一股"杀马特风"[2]。不可否认,《超级女声》以其打破女性附属与追求女性独立的观念(闫翠娟,2021)获得了现象级的成功,没有经过专业训练的草根明星及其"杀马特风"很快风靡,吸引了大众的目光和主流社会的关注。但在其后续发展过程中,也因为其颠覆性的审美和抵抗性受到大量的非议,遭到了"文艺青年"们的排斥,被定义为"杂草文化"(陈清晓,2023)。文娱行业的传承与创新就在这样正反观点的碰撞下发展。

聚焦到国潮的发展问题上,我们把当时业界和学界热议的主题归纳为"文化复刻的迷思"。有人认为面对韩流,我们更应该发展中国风的潮流,复刻中国传统文化。如何复刻呢?有人认为,"文化复刻"是对中华文化的传承,是对优秀文化的"复兴",比如各种戏剧表演家一直在坚持的对传统文化的传承;也有人认为,"文化复刻"本质上是一种"复古",老戏重拍也好,传扬旧风尚也罢,"文化复刻"本质上是一种故步自封的做法。

文化复刻的争论集中到了对创新性和流行性的呼唤。正如著名作家余秋雨在其著作《何谓文化》中那篇题为《当代的文化隐忧》的文章中提到,"几年下来,广大民众心中增添了很多历史累赘,却没有提升创新的敏感度,这不是好

---

[1] 《太极》进入后期制作赵文卓与 TVB 擦出火花 http://ent.sina.com.cn/x/2006-06-08/11031114987.html.
[2] 百度百科解释"杀马特风"为:"原始的大部分杀马特留着五颜六色的长发,画着很浓的妆;穿一些很个性的服装,戴着稀奇古怪的首饰;喜欢自拍,在网吧的摄像头前做些奇怪的动作;自称是一个集潮流、视觉、杀马特为一系的群体。"https://baike.baidu.com/item/%E6%9D%80%E9%A9%AC%E7%89%B9/4557227.

事",其最大的隐忧在于"降低了中国文化与世界上其他文化对话和交融的可能"。这意味着,所谓"文化复刻",并非单一的传承,也并非陷入"复古"的怪圈,而是出于对传统文化的认可尊重,取其精华,去其糟粕,创新性地做到"古为今用"。

文化产业创新性和流行性的提升,不仅是为了助力中华文化产业各行业的发展,更重要的是助力中国人建立文化自信。文化自信的建立与提升,与人民对当代文化的感受和体验直接相关。人民的精神文化需求得到满足,从当代文化能感知中华文化的价值和魅力,文化自信才有生成的可能;如果人民对当代文化发展现状失望,对当代文化缺乏认同感,也就难有文化自信的发生(黄晓波,2012)。借鉴韩流异军突起的两大"秘诀":创新性和流行性的打造,文化产业工作者的任务是使作品获得国民的广泛关注和价值认同,在此基础上建立和提升文化自信。具体而言,在加强文化产业的创新性方面,韩国文化产业在全球范围内异军突起,其中一个重要原因就是其不断推陈出新的创新能力。文化产业工作者应该注重创新,不断探索和尝试新的表现形式、创作手法和艺术风格。通过创新,我们可以创造出更具有独特性和吸引力的作品,从而提升人民对当代文化的感受和体验,增强对中华文化的价值认同(高芷若和董翔薇,2023)。在注重打造流行性的作品方面,流行性作品具有广泛的受众基础,能够引起人们的共鸣和关注。文化产业工作者应该关注人民的精神文化需求,深入了解他们的喜好和追求,创作出能够引发共鸣的作品。通过打造流行性作品,我们可以拉近与人民的距离,让他们更加热爱和认同当代文化,从而增强文化自信(李艳丰,2009)。此外,文化产业工作者还应该注重作品的国民关注度和价值认同。只有当作品能够获得人民的广泛关注和认同,才能够真正建立起文化自信。因此,我们应该关注人民的审美需求,创作出能够引发共鸣的作品,让人民在作品中感受到中华文化的价值和魅力(李笑萌和严圣禾,2023)。同时,我们也应该加强对作品的宣传推广,让更多的人民了解和关注我们的文化产业,进一步提升文化自信。

"文化复刻的迷思"对学界和业界产生了极大影响,一是因为"文化复刻"没能改变国民对中华传统文化的认知广度和深度,而韩流的快速席卷本质上是一种文化入侵,放大了国人对传统文化认知不够的窘境。实际上,早在21世纪初就有学者关注到文化入侵的相关现象,学者王宁在其2001年的著作《全球化与文化:西方与中国》中就指出:"经济全球化带来的一个直接后果就是文化上的全球化或趋同化现象,它使得西方(主要是美国)的文化和价值观念渗透到其他国家,在文化上出现趋同的现象,模糊了原有的民族文化的身份和特征。"在该书中,这种现象被认为是文化的全球化,对于中国来说就是其他文化以经济全球化进程中进入中国市场的产品为载体,在中国文化中渗透。王宁也在书中提出了他的担忧:"全球化在文化上的表现同时带给了我们两方面的影响:其积极方面体现在,它使我们的文化生产和学术研究更为直接地受到市场经济规律的制约,从而使得经济建设与文化生产和消费的关系更加密切;而消极的方面则体现在,它也使得精英文化生产,尤其是文学艺术的创作,变得日益困难,如果处理不当,最终有可能导致新的大众/精英文化的等级对立。"

我们在文献里还发现,"文化复刻的迷思"之所以值得重视,是因为这反映出国民对传统文化的理解存在"认同高但认知低"的窘境。2017 年,人民论坛问卷调研中心在全国范围内发起了"中国公众文化自信指数"的调查,结果显示,公众对于传统文化的理解存在"认同高但认知低"的窘境。调研结果发现,提及中华优秀传统文化,公众普遍表现出自豪感。然而在提及具体的文化领域或文化精神时,多数受访者则表示对此缺乏更深入的了解。这种窘境导致公众对于国潮产品的需求和认知存在差距。国潮产品的创新需要基于公众对传统文化的认知和需求,然而,由于公众对传统文化的理解不够深入,因此对国潮产品的需求也就相对有限。此外,国潮产品在初期创新中可能受到国民整体认知偏低的制约。由于国潮产品的创新需要投入大量的研发和设计成本,为了迎合市场的认知和接受度,商家与品牌只愿意在一些粗浅的传统文化元素上进行复刻,从而限制了国潮产品的创新。

韩流促成中国商业实践者和研究者的反思和奋起直追,可能就是这场"文化入侵"的真正意义所在。中国文化产业做好传承工作,使得中华文化在后续几年的发展中得以重现光彩,这是很重要且有意义的;而创新性是文化产业的特性,也是它赖以生存和发展的根本(李雪茹,2009),大众文化的流行性也是文化产业发展过程中不可或缺的一环(刘方,2015)。

自 2008 年开始,国家政策层面迅速对国家文化的传承和创新作出了引导,确立了中国文化产业发展在创新性、市场化等方面的方向和原则。2009 年 7 月 22 日,温家宝总理召开国务院常务会议,会议中第一项便是加快发展文化创意、影视制作、出版发行、印刷复制、广告、演艺娱乐、文化会展、数字内容和动漫等重点文化产业。李长春和刘延东在后续工作中也强调了振兴文化产业的重要意义。李长春指出,在思想文化宣传工作中,需要注重改革创新的重要作用。刘延东指出,在进行文化产业改革时,要坚持面向群众、面向市场。文化建设、文化产业建设逐渐成为重点工作,截至2010年12月31日,蔡武、周强、刘云山也发表后续讲话,强调了文化产业改革、文化建设的重要性(详见表1-3)。在国家政策的指引下,中华文化以文化产业作为第一个载体,开启了复兴的新篇章。

表1-3 2008—2010年文化产业相关文件与讲话

时 间	讲话者	相 关 内 容
2009年	温家宝	加快发展文化创意、影视制作、出版发行、印刷复制、广告、演艺娱乐、文化会展、数字内容和动漫等重点文化产业
2009年	李长春	在思想文化宣传工作中,需要注重改革创新的重要作用
2009年	刘延东	在进行文化产业改革时,要坚持面向群众、面向市场
2009—2010年	蔡武、周强、刘云山	发表后续讲话,强调了文化产业改革、文化建设的重要性

资料来源:研究团队根据中国人民政府网要闻整理。

学界和业界的反思和讨论,以及国家政策的引导,加速了中国文化产业的变革,具体哪个行业的变革最关键呢?我们认为是影视和文学。从"大文娱"的范围来看,影视和娱乐行业是文化产业的重要组成部分,是了解一个国家最直接的方式。通过观看和研究一个国家的影视和娱乐作品,可以深入了解该国的文化特色、社会风貌和经济发展状况,促进文化交流和经济合作(潘怡,2023)。

(二)影视和文学成为文化复兴先锋

在中国政府一系列文化产业改革政策的指引下,中华文化开始以影视剧和电影为载体,焕发出新的生机,展现出中国文化从来都不曾缺少的吸引力,同时在潮流性和创新性上有了重大突破。

2011年末《甄嬛传》首播,标志着国产影视剧市场的繁荣。该剧一经播出,就流行起来,豆瓣上64万人给《甄嬛传》打出了9.4分的高分。不只是普通观众喜欢看,明星、演员们仿佛也开启了追剧模式,刘嘉玲、谢娜、文章、秦海璐等纷纷在自己的社交媒体表达了对《甄嬛传》的赞扬。离《甄嬛传》首播已经过去十年有余,其热度仍不减当年,2022年上半年,《甄嬛传》的网播量增长了6.4亿次。① 相比较之前曾热播过的宫廷剧——《大明宫词》《康熙王朝》《雍正王朝》,《甄嬛传》在创新性和流行性的打造上无疑更加出色。

第一,影视剧能不能在大众中流行,剧本是基础,而剧本的核心是人物。《甄嬛传》改编自同名小说《后宫·甄嬛传》。《后宫·甄嬛传》是2006—2009年全网爆火的网络小说;2007年,《后宫·甄嬛传》获得了腾讯网举办的第二届"作家杯"原创文学大赛冠军;2017年7月12日,"2017猫片·胡润原创文学IP价值榜"发布,《后宫·甄嬛传》名列第六②,这说明该小说拥有良好的大众审美基础。《甄嬛传》的主人公从之前琼瑶剧中的"白莲花"人设,摇身一变成为颇具复杂性且并不完美的甄嬛,打破"白莲花"人设是这部剧的重要创新。更进一步,《甄嬛传》将价值体系重新还原为人与人之间的真情实感,剧中展现了甄嬛对亲人、对朋友、对爱人甚至对陌生人的真挚情感,以及在无奈和悲凉之中对对手也抱有的一丝悲悯(王玉王,2015),这在过往的影视剧中也不多见。

第二,《甄嬛传》对剧情结构的求异之心提升了作品的创新性。在此之前,一些情节雷同、台词雷人、套路固定的古装剧反复挑战着电视观众的审美极限,市场上泛滥着一些古装剧中经典的雷人桥段,诸如一对好姐妹入宫后反目成仇,互相算计;某位妃子千方百计想怀上龙种,不惜勾引侍卫或大臣;皇帝在狩猎场总能射中上山采药的妙龄少女并一见钟情;等等。这些不断重复和毫无意义的俗套情节早应该被摒弃(常民强和常怡明,2015)。《甄嬛传》完全打破了古装剧叙事结构的俗套。颜湘君和姚倩(2015)认为《甄嬛传》在剧情上的创新之处在于它敢于冒险尝试新颖的故事线索和情节发展,剧中的角色关系错综复杂,人物性格丰富多样,剧情紧凑且扣人心弦。这种与众不同的叙事方式为观众带来了新鲜感和惊喜,使得剧集在古装剧领域脱颖而出。

第三,《甄嬛传》充分利用了主演的明星效应来提升流行性(韩毓惠和李继龙,2013)。剧中甄嬛的扮演者(1号女主)是孙俪,《甄嬛传》拍摄播出之际,正值孙俪的当红之年,其有稳定的粉丝群体,新浪娱乐新闻显示,由辽宁卫视、光线传媒和《娱乐现场》主办的"2009真维斯娱乐大典"上,孙俪获得荧屏四大收

---

① 2022重刷率最高经典剧TOP10!《陈情令》《琅琊榜》上榜,《知否》11.53亿 https://www.sohu.com/a/564152871_99913067.

② 百度百科,《后宫甄嬛传》https://baike.baidu.com/item/%E5%90%8E%E5%AE%AB%C2%B7%E7%94%84%E5%AC%9B%E4%BC%A0/1040?fr=ge_ala#6.

23

视女王提名。[①] 剧中男主角雍正皇帝的扮演者陈建斌之前的影视作品备受好评,在《甄嬛传》播出之前,陈建斌(饰曹操)主演的《三国》就大获成功,在2011年第六届首尔电视剧大赏中获得影视剧最佳男主角的奖项,这为《甄嬛传》赚足了口碑,获得了巨大的流量与支持。

第四,精良的制作是《甄嬛传》火爆荧屏,获得良好口碑的关键因素之一(王晓静和黄夜晓,2014)。《甄嬛传》在妆容装束方面精心设计、充满创新。《甄嬛传》中宫妃们的妆容力求符合现代审美,以"现代外观+传统精神"这种类型的表达方式,在传播传统文化的同时,拉近了与观众的认知距离(李冰洁,2015)。同时,剧中的服装不仅展现了清代宫廷的华丽和庄重,而且通过细节的处理展现了每个角色的个性和气质(颜莎莎,2023)。服装设计师在选择面料、剪裁和装饰方面下了很大的功夫,使得每套服装都具有高度的艺术性和观赏性。这种精心设计的服装不仅满足了观众对于美的追求,而且增强了观众对剧情和角色的代入感。此外,《甄嬛传》中的道具和场景设计也是其成功的关键因素之一,布景古典精致,深受观众喜爱(宝儿,2016)。剧组在道具的选择和使用上非常用心,通过精心挑选的道具来展现宫廷的奢华和尊贵,同时也通过道具的细节来展现角色的身份和地位。场景设计方面,剧组通过精心搭建的宫殿和花园,再现了清代宫廷的壮丽和庄严(张宇,2022)。这些精心设计的道具和场景不仅为剧情提供了一个真实的背景,而且为观众提供了身临其境的观看体验。这个现象呼应到当时在商业评论类的文章中频繁出现"眼球经济"一词,意思是想要流行起来,成为流行消费行为的购买对象,首先要引人注目,眼球经济对商品的外在形象提出了较高的要求(齐钢和李培君,2013)。眼球经济这个现象会得到关注的原因是在互联网普及后,尤其是在移动互联网迅速发展之后,消费者面临着海量的商品和信息选择,他们没有足够的时间和精力去深入了解每个商品的内在品质和特点,因此,消费者往往会依赖商品的外在形象来做出判断和选择。《甄嬛传》通过在服装、化妆和道具上的创新与投入,吸引了消费者的眼球,引起他们强烈的兴趣,平添大量消费者讨论,在持续吸引观众注意力方面从众多竞争对手中脱颖而出(齐钢和李培君,2013)。

第五,《甄嬛传》使用多元化的宣发模式打造流行性。安徽卫视不仅为《甄

[①] 《娱乐大典》盘点2009荧屏新四大收视女王诞生,http://ent.sina.com.cn/v/m/2010-04-19/23562935085.shtml?from=nominated.

嬛传》举办了首映礼,而且为《甄嬛传》拍摄了20则短的宣传片,基石为《甄嬛传》推出了推介节目《石破天惊说甄嬛》[①]。因为所处的时代已经是互联网普及率相当高的时代,所以《甄嬛传》也非常注重利用互联网新媒体开展宣发,充分利用新媒体打造有利于电视剧传播的舆论氛围,借助网络微博、贴吧、论坛等营造话语争端,最大限度地放大电视剧的边际效应(齐钢和李培君,2013)。同时,《甄嬛传》在打造商业IP方面颇具新意且有显著的商业成效,他们不仅在网络上宣传自己的"甄嬛体"[②],而且在乐视上做起了《甄嬛传》的相关周边,2022年11月1日,根据天猫潮玩行业品牌四小时成绩单显示,《甄嬛传》官方盲盒手办在开售四小时内销售超过1 000件,成交额位列盲盒系列第11位。

第六,《甄嬛传》作为一个文化商品,努力寻找思想性与商业性的最佳契合点,在剧情含义与价值传播方面有所创新突破。李海丽和张磊(2013)认为,在此之前几年电视荧屏上充斥着宫廷古装剧与穿越剧,大多俊男靓女担当主角,以后宫为背景展开故事,讲述后宫中的尔虞我诈,并伴随着一场风花雪月的爱情故事,在制作上相对比较粗糙,缺乏艺术美感。制造噱头和庸俗的视觉刺激,表现出低俗化的倾向。更进一步,常民强和常怡明(2015)认为《甄嬛传》在精神价值上更有突破,该剧血淋淋地展示了帝王威权统治下封建礼教对女性的摧残与迫害,击碎了近年来受古装偶像穿越剧影响的青年们对权贵生活的误解,从侧面向观众传递出一种主流价值观,加之剧中精致考究的服装道具和典雅优美的诗词歌赋带来的审美价值,在一定程度上满足了当代社会大众多层次的精神文化需求。

令人振奋的是,与《甄嬛传》同年首播的《步步惊心》也获得市场认可,尤其是年轻人的认可。不论是《步步惊心》还是《甄嬛传》,在韩国的流行也十分广泛。有意思的是,韩国影视行业甚至翻拍了《步步惊心》,命名为《步步惊心:丽》,评价却和中国版相去甚远。《步步惊心:丽》同时在中韩两地播出,该剧在韩国的收视率一直处于较低水平,成为韩国三大公共频道同时段收视率最差的

---

① 《石破天惊说甄嬛》是北京卫视《档案》栏目主持人石凉在安徽卫视的一档推介节目,也是继《青盲拍案惊奇》之后的第二档栏目。——百度百科 https://baike.baidu.com/item/%E7%9F%B3%E7%A0%B4%E5%A4%A9%E6%83%8A%E8%AF%B4%E7%94%84%E5%AC%9B/8543219?fr=ge_ala.

② "甄嬛体"是中国一网络模仿文体,始于电视剧《甄嬛传》的热播,剧中的台词也因其"古色古香"、包含古诗风韵而被广大网友效仿,并被称为"甄嬛体",是电视体的一种。——百度百科 https://baike.baidu.com/item/%E7%94%84%E5%AC%9B%E4%BD%93/10644092.

剧集；而在中国，这部翻拍剧也引发了诸多讨论，豆瓣评分为6.2，远低于原版的8.0分。①

2011—2015年，优秀的中国影视作品如雨后春笋般接连出现，诸如《甄嬛传》《步步惊心》《人在囧途》《琅琊榜》《建国大业》《建党伟业》等，其中有很大一部分作品的内容以中华传统文化为依托。2012年4月，新华社发文《基层深化文化体制改革调查》中描述说："2002年，中国电影票房不足10亿元，国产片年产量仅百部左右，全国城市影院银幕也就1 400多块；伴随文化体制改革步步深入，到2011年，中国电影年产量达791部，票房131.15亿元，银幕超过9 000块。"

中国文化产业的复苏还表现在文学领域，长篇小说的兴盛是新世纪中国文学复兴的缩影。2011年，四年一届的茅盾文学奖揭晓，张炜的《你在高原》、刘醒龙的《天行者》、莫言的《蛙》、毕飞宇的《推拿》以及刘震云的《一句顶一万句》最终问鼎。2011年茅盾文学奖颁奖典礼后，人民网的报道称："茅盾文学奖评奖年限虽然规定是最近四年出版的作品，但此次评奖的时间却是有着非同寻常的意义，可以说是中国文学发展到一个阶段的时间窗口。"

这一时期，还有一个不容忽视的行业领域——博物馆，也得到了快速发展。博物馆是中国传统文化的重要载体，博物馆及其文创产品，在国家级博物馆的引领下，在这一阶段的发展令人印象深刻。2008年，北京故宫博物院成立了故宫文化创意中心。2008—2012年，故宫文创历经5年摸索阶段，大部分产品是对故宫文物的简单复刻，总体表现不温不火。2013年，中国台北故宫博物院推出的"朕知道了"胶带在国内受到国民追捧，这仿佛是文创产品成为爆品的转折点，基于中华文化的文创产品对于当代消费者可以有极大的吸引力。北京故宫文创受启发开始了自己的IP创新。2014年，北京故宫的第一个线上IP"雍正：感觉自己萌萌哒"在线上面世，此IP的面世，起因是先前一条雍正在河南巡抚田文镜的奏折上有一段朱批——"朕就是这样汉子！就是这样秉性！就是这样皇帝！尔等大臣若不负朕，朕再不负尔等也。勉之！"——在网上爆红，网民认为这样的语气让雍正有一种"萌萌的"感觉。"萌萌的雍正"这个IP一爆走红，此后，故宫官方公众号及时跟进，在"故宫淘宝"推出了一套《雍正行乐图》的动图，让"萌萌哒"雍正的形象跃然纸上，引起了国民的火热反响。

---

① 中韩两版《步步惊心》究竟谁秒杀了谁？https://www.163.com/dy/article/C0U25IKC0517AR4V.html。

也就是从 2014 年开始，IP 一词大受关注，商业实践者们认为 IP 的"吸金"能力显著。2015 年被认为是"文化 IP 元年"，IP 在网络文学作品和影响作品中持续发力，国潮 IP 也是其中的重要组成部分。根据《艺恩 2018 年白皮书》显示，2018 年上线 60 天播映指数前 20 名的电视剧中，75％来自改编作品，25％来自非 IP 原创作品；2018 年上线 60 天播映指数前 20 名的网络剧中，80％来自改编作品，20％来自非 IP 原创作品。打造 IP 持续火热。

除了影视剧，反映中华传统文化和现代生活形态的纪录片制作水平及市场反应也在这一时期获得突飞猛进。首先是人文历史类纪录片的繁盛，以国产历史纪录片的代表作《河西走廊》为例，2015 年上映后，在豆瓣上的评分一路走高，2024 年仍保持着 9.7 的高分，被网友称为"有生之年必看系列"（如图 1－2 所示）。2012 年，纪录片《舌尖上的中国》第一季播出。这部纪录片不仅在国内收获了一致好评，而且在国外引起了热烈反响，韩国四大电视台之一的文化电视台在每天的黄金档播出《舌尖上的中国》。2012 年，《舌尖上的中国》一举拿下央视纪录片海内外销售额冠军。2012 年不仅韩国、东南亚国家这些和中华文化联系紧密的国家购买了《舌尖上的中国》的转播权，就连日本、英国和德国这些之前鲜有引入中国纪录片的国家，也购买了《舌尖上的中国》的版权。

图 1－2　人文纪录片《河西走廊》和《舌尖上的中国》2024 年 2 月的豆瓣评分

2014 年 6 月，陈宁在发表讲话时指出，要让海外中国文化中心①讲好中国故事。继《舌尖上的中国》，文化作品陆续走出国门，创下佳绩。比如，2015 年 9

---

① 中国文化中心是双边关系进一步深化的重要标志，旨在加强两国文化交流与合作，增进两国人民之间的相互了解和友谊。20 世纪 80 年代，中国开始在海外设立文化中心。截至 2021 年末，在全球设有 45 家海外中国文化中心。——百度百科 https：//baike.baidu.com/item/%E4%B8%AD%E5%9B%BD%E6%96%87%E5%8C%96%E4%B8%AD%E5%BF%83/49983459?fr=aladdin.

月 19 日在北京卫视、东方卫视首播的《琅琊榜》,在韩国的电视剧网站中华 TV 播出后,创下中华 TV 建台 10 年历史最高收视纪录,在 daum(韩国最大门户网站)的日间剧月海外剧搜索量霸榜一个月,热度空前。

总之,经历反思之后,中国文化产业获得显著的发展成果。根据文化和旅游部 2015 发布的《多项政策支持　多个部门协力——"十二五"时期文化产业转型提质升级》的统计,"十二五"开局之年的 2011 年,我国文化及相关产业法人单位增加值为 13 479 亿元,比 2010 年增长 21.96%。文化产业持续快速增长,成为国民经济支柱性产业目标有望顺利实现。

文化产业这一系列发展的背后,是国家政策的强力支持。2011 年党的十七届六中全会首次提出了"建设社会主义文化强国"的战略目标。2011 年 1 月,刘云山在关于提供高质量文化服务的讲话中就提到,除了把人民大众作为文化服务的主题、加强基层设施文化建设,还要加强对创作生产的引导,以更多群众喜闻乐见的文化产品丰富文化服务内容。2011 年 9 月,蔡武在发表关于"十二五"时期文化建设的主要任务的讲话时,也强调了加快文化产业建设的重要性、必要性、紧迫性,并指出培养文化人才同样重要。2011 年 11 月,李长春在中国作协全委会上再次强调了文化创作的重要性。2014 年 1 月 22 日,李克强总理召开国务院常务会议,会议确定了包括鼓励创新、扶持人才、开放市场准入、绿色导向、完善政策服务五大方向的、推进文化创意和设计服务与相关产业融合发展的政策措施,文化产业再次获得国家政策的支持(详见表 1-4)。

表 1-4　2011—2015 年文化产业相关文件与讲话

时间	发言者	相关文件/会议	相关内容
2011 年		党的十七届六中全会	首次提出了"建设社会主义文化强国"的战略目标
2011 年	刘云山	关于提供高质量文化服务的讲话	除了把人民大众作为文化服务的主题、加强基层设施文化建设,还要加强对创作生产的引导,以更多群众喜闻乐见的文化产品丰富文化服务内容
2011 年	蔡　武	"十二五"时期文化建设的主要任务	强调了加快文化产业建设的重要性、必要性、紧迫性,并指出培养文化人才同样重要,要推动中华文化走出去

续　表

时间	发言者	相关文件/会议	相关内容
2009—2010年	李长春	中国作协全委会	强调了文化创作的重要性
2011年		中共中央第十七届中央委员会第六次全体会议	要全面贯彻"二为"方向和"双百"方针,为人民提供更好更多的精神食粮,要创作生产更多无愧于历史、无愧于时代、无愧于人民的优秀作品
2014年	李克强	国务院常务会议	会议确定了包括鼓励创新、扶持人才、开放市场准入、绿色导向、完善政策服务五大方向的、推进文化创意和设计服务与相关产业融合发展的政策措施,文化产业再次获得国家政策的支持。同时,会议确定了推进文化创意和设计服务与相关产业融合发展的政策措施
2014年	文化部	《关于推进文化创意和设计服务与相关产业融合发展的若干意见》《关于深入推进文化金融合作的意见》《关于支持小微文化企业发展的实施意见》	把融合发展作为文化产业升级转型的主旋律

资料来源:研究团队整理。

政府的政策支持为文化产业的发展提供了有力保障,吸引了大量的投资和人才涌入该领域,同时,市场需求的不断增长也推动了中国文化产业的迅速发展(张新新和严思语,2023)。随着中国经济的快速增长和人民生活水平的提高,人们对文化娱乐的需求不断增加。电影、电视剧、音乐、动漫等文化产品成为人们日常生活中不可或缺的一部分。这种市场需求的增长为文化产业提供了广阔的发展空间。此外,技术进步也是中国文化产业迅速发展的重要推动力(徐政杰等,2023)。随着互联网和移动互联网的普及,数字化技术的快速发展,文化产品的传播和消费方式发生了巨大变革。人们可以通过网络和移动设备随时随地获取和分享各种文化内容,这为文化产业的发展提供了新载体和机遇。

值得一提的是,学术界和社会并没有对文化产业的发展表现出一面倒的赞美,思辨仍在进行中。消费者一面表示接受多元的影视作品,一面表现出对影视作品评价的极大分化。事实上,随着中国文化产业的繁荣,市场上涌现了大量的影视作品,其中既有优秀的作品,也有差强人意的作品,甚至还有粗制滥造"赚快钱"的作品。党菁(2022)认为,面临市场需求的急剧增加,一些制作方为了迎合观众口味,牺牲了作品的质量和创新,火眼金睛的消费者对作品做出了犀利评价,因此出现了正面评价和负面评价的分化。于洋(2022)认为原因并非作品的质量不好,而是观众审美需求呈现多样化。随着社会的发展和人们受教育程度的提高,观众对影视作品的审美需求也变得越来越多样化,不同观众对于作品的评价标准和喜好有所不同,这导致观众对于同一部影视作品的评价出现了极大的分化。

文化产品市场虽然多元,但始终在国家政策对文化产品的核心价值观的规制范围内。2011年10月25日,中共中央第十七届中央委员会第六次全体会议决议通过,要全面贯彻"二为"方向和"双百"方针,为人民提供更好更多的精神食粮,要创作生产更多无愧于历史、无愧于时代、无愧于人民的优秀作品。更进一步,国家政策对中华文化走出去做出了相应支持。2011年9月,蔡武在发表关于"十二五"时期文化建设的主要任务的讲话时就明确提出,要推动中华文化走出去。

中华文化迸发出巨大活力。十七届六中全会以后,文化体制改革进入一个新的阶段,改革的任务更艰巨、更复杂、层次更高。文化体制改革领域的学者巫志南指出,让文化产业成为国民经济支柱性产业,让中国文化走出去影响世界,无不需要文化向其他领域进行跨界"融合"。2014年1月22日,李克强总理召开国务院常务会议,会议确定了推进文化创意和设计服务与相关产业融合发展的政策措施。文化部迅速做出回应,连续出台了《关于推进文化创意和设计服务与相关产业融合发展的若干意见》(2014年)、《关于深入推进文化金融合作的意见》(2014年)、《关于支持小微文化企业发展的实施意见》(2014年)等政策,把融合发展作为文化产业升级转型的主旋律(详见表1-4)。

至此,中华文化复苏以影视产业为先导延展至其他产业,从大型剧目和场馆的国潮产品投资延展至小型文化企业投资,可以预见的是,这股风潮很快会蔓延到对社会文化潮流极其敏感的消费品市场。

（三）中华文化多载体复苏繁荣重现

2011—2015 年，文化产品在新时代背景下复苏，也在国民心目中播下国潮品牌和产品的"种子"；2016 年和 2017 年就是中华传统文化相关产品与品牌发展成为时代流行的成长期。从国潮的种子期到成长期，有一个重要的社会背景因素，那就是"文化自信"的提出。

国民的"文化自信"首次作为国家发展的重要目标提出，可以追溯到 2014 年。2014 年 2 月，习近平主席在主持十八届中央政治局第十三次集体学习时首次提出文化自信，强调"要讲清楚中华优秀传统文化的历史渊源、发展脉络、基本走向，讲清楚中华文化的独特创造、价值理念、鲜明特色，增强文化自信和价值观自信"。在后续讲话中，"文化自信"的概念被屡次提及。2016 年 7 月 1 日，在庆祝中国共产党成立 95 周年大会上，习近平总书记强调指出，"文化自信，是更基础、更广泛、更深厚的自信"。

以建立国民的文化自信为目标，文化产业获得进一步发展。根据 2016 年 7 月国家统计局发布的国家文化产业上半年的营收情况，2016 年上半年，文化及相关产业 10 个行业的营业收入均实现增长，文化服务业快速增长。其中，实现两位数以上增长的 5 个行业分别是：以"互联网＋"为主要形式的文化信息传输服务业的营业收入为 2 502 亿元，增长 29.7%；文化艺术服务业的营业收入为 125 亿元，增长 19.8%；文化休闲娱乐服务业的营业收入为 496 亿元，增长 17.8%；广播电影电视服务业的营业收入为 712 亿元，增长 16.4%；文化创意和设计服务业的营业收入为 4 341 亿元，增长 11.1%。2016 年全年文化及相关产业 10 个行业的营业收入均保持增长，文化服务业快速增长。其中，实现两位数以上增长的 3 个行业分别是：以"互联网＋"为主要形式的文化信息传输服务业的营业收入为 5 752 亿元，增长 30.3%；文化艺术服务业的营业收入为 312 亿元，增长 22.8%；文化休闲娱乐服务业的营业收入为 1 242 亿元，增长 19.3%。

总结而言，中国文化产业的成长源于其在创新性与流行性方面做出的突破，体现在以下多个方面：

首先是原创综艺方面的突破。2012—2015 年，中国市场出现一批引人瞩目的娱乐综艺节目，如《奔跑吧》和《极限挑战》。但是，观众们发现这些综艺节目中带有明显的韩国娱乐综艺影子，因此对国内原创综艺的呼声越来越大。2016 年，国内原创娱乐综艺《王牌对王牌》的热播对观众的呼声作出了响应，一经上线便引起了一致好评和广泛讨论。《王牌对王牌》采用了独特的游戏模式，邀请了沈腾、贾玲等综艺大咖，以及王源、欧阳娜娜等新生代流量明星，既保证了节目的质量，又保证了节目的流行性。我们在修改书稿的2023年回看《王牌对王牌》7年的发展史，腾讯视频数据显示，《王牌对王牌》第一季到第八季均进入腾讯热度最高的100部综艺之列，《王牌对王牌》真正做到了既长寿又火热。

娱乐综艺的原创性提升的同时，中国的文化综艺频频创新，佳作不断。典型的例子是2016年在中央电视台首播的《中国诗词大会》和2017年在中央电视台首播的《朗读者》。先是2016年，《中国诗词大会》《见字如面》等文化类电视节目的火爆引发了"文化慢综艺"的热潮（过彤和张庆龙，2017）。到了2017年，《朗读者》把文化类电视节目推向了一个新的高度，一开播便成为新媒体传播的"现象级"节目。《朗读者》当时的微博话题"♯CCTV朗读者♯"的阅读量破4.4亿，首播后就有近20篇微信文章的阅读量超过10万，豆瓣评分最高达9.5（过彤和张庆龙，2017）。《朗读者》的爆火比娱乐综艺的爆火更值得国潮研究者关注，因为在此之前，文化节目的传播力较弱是共识，电视台的文化类节目收视表现弱，大家一致认为文化节目的传播力亟待加强，但是难点在于采取观众喜闻乐见的形式进行文化传播的同时又要保持高雅文化的价值取向，真正做到"雅文化的通俗化"（杨琳和李亦宁，2007）。《朗读者》很好地做到了这一点，杜静芬（2017）认为这档节目保留了文化节目的高雅内核，秉承"值得尊重的生命和值得关注的文字完美结合"的设计理念，促使更多人培养深度阅读和静心思考的习惯。但是，高雅并不是高高在上，《朗读者》又是通俗的，体现在舞台布置、环节设计等诸多方面的创新，将文化之美通过朗读、仪式感和语言符号传递出来，让观众领略到节目所传递出的真挚的情感（李雪怡，2017）。

综艺节目大类还出现了深受年轻人喜爱的选秀综艺创新。2017年的《中国有嘻哈》和2018年的《创造101》分别代表了中国选秀综艺史上的两个"第一次"，《中国有嘻哈》第一次把嘻哈音乐大规模引入中国音乐舞台，《创造101》第一次把韩国的规范化选秀流程带入中国的选秀节目。百度指数显示《中国有嘻哈》的热度是《创造101》的三倍，而《中国有嘻哈》第一季的冠军GAI周延更是与国潮高度相关，因为他被称为中国风说唱的代表人物，当他用饶舌音乐的曲风唱起"一往无前虎山行，拨开云雾见光明。梦里花开牡丹亭，幻象成真歌舞升平"或者"莫听穿林打叶声，何妨吟啸且徐行"的时候，观众仿佛看到中华山川广阔，园林亭台秀美，感受到在现代街头音乐表现手法下中华美学的厚重底蕴。

GAI的作词风格和说唱方式融合了传统中华文化元素,他巧妙地将中国传统文化元素与快节奏的电音相结合,让饶舌音乐传承了中国传统文化的精华(曲蕾,2018)。虽然大众对GAI的负面评价一直存在,他的某些作品令人难以接受(金梦晗,2018),但不可否认,深受观众喜欢的GAI将国风饶舌歌曲带到了一个新的高度。这既归功于GAI在嘻哈艺术上的功底造诣,也深刻体现了中华传统文学作品中所蕴含的审美具备天然冲击力。

以GAI为代表的新生代说唱歌手继周杰伦和林俊杰之后,又掀起了一股新的中国风音乐浪潮。他们不仅有《华夏》《空城计》等新创作的国风歌曲,还将《沧海一声笑》等耳熟能详的歌曲进行改编,在保留国民最熟悉的旋律的同时,融入说唱元素,让歌曲具备典型的中华文化元素的同时兼顾了流行性,曲风脍炙人口,引人内心激荡。

最先发力的原创影视作品在这一阶段继续发力,在技术创新和内容创新方面获得突破。影视行业作为在文化产业最先开始革新的行业,2011—2015年已经取得一些成就,但是被质疑有突破式创新的只局限于古装剧,所以2016—2018年,影视行业着力于打破这个质疑。2017年《战狼2》上映,相较之前的军旅题材影视作品,《战狼2》在主旋律叙事模式上颇有创新,影片以家国情怀为基础,同时融入个人英雄主义、大国担当、民族大义等元素;在叙述模式上,相较于以往的单一模式叙述,呈现出更加丰富多样的视觉效果和情感叙述(刘洋,2022)。《战狼2》最终获得了56亿元票房。有人认为这部电影的业绩是爱国精神的加成,不能充分展现中国电影创作的升级。但是到2018年《我不是药神》上映后,人们的观点又不同了。《我不是药神》在延续新现实主义影片的基础上进行了创新,运用了好莱坞式的叙事方式,将本土化的影像构建与小人物的命运和传统哲学观念完美结合(李赫等,2022)。《我不是药神》不仅拿下了三十多亿元的票房,而且赢得了海外观众的高度评价(王菲,2023),在国内外市场都取得了极大成功。在国产影视行业的创作能力被逐渐认可的同时,人们又对国产科幻片和特效技术的提升提出了要求。事实上,这一时期的电影人正在努力补齐这一短板,于是就有了2019年《流浪地球》的上映。《流浪地球》的成功之处在于,"硬科幻"作品的技术创新与艺术文本达到了有效统一(韩贵东和孙欣敏,2021)。

聚焦到"国潮"这个话题上,原创影视产品的各个品类中,这一时期表现最亮眼的是优秀国产漫画(国漫)的崭露头角。自2016年开始,国漫进入快速发展期。《狐妖小红娘》于 2015 年 6 月首播，这部动漫包含的笑点和泪点丰富，内容充实。2016 年 7 月，《一人之下》动漫版首播，这部片子包含了许多道家文化元素，将道家元素和动漫内容巧妙融合却不刻意。更为大众所知的是 2016 年上映的动漫电影《大鱼海棠》，一经播出便引起了国内外电影行业的广泛关注和一致好评。《大鱼海棠》带给观众的震撼不仅是精致的画面和特效，还有随处可见的中国风，令中国观众陶醉其中。正如豆瓣的一则影评写道："《大鱼海棠》中大量中国风元素的运用，无时无刻不在告诉你，它的故事背景只能是中国。"《大鱼海棠》的国风元素并非随意的堆砌，每一个画面都精心制作，其唯美程度让人赞叹，有人称其"随手一截就是一张壁纸"。中华文化在漫画、动漫行业焕发新的生机，大众重新注意到国产动漫产品，这就让 20 世纪由上海美术电影制片厂等制作的一系列国产优质动画如《大闹天宫》《哪吒闹海》等重新走进大众视野。

中国传统文化符号蕴含着深刻的意义和情感，如果这些元素是典型元素，很容易能让中国消费者仅凭直觉就产生精神上的共鸣。这些元素广泛存在于音乐、语言、图案和人物中，这些符号能直击中华儿女的心灵深处。当传统诗句"远赴人间惊鸿宴，一睹人间盛世颜"出现在中国人面前，人们就能体会到浪漫的心境；当敦煌飞天、盛唐装扮等形象出现在中国人面前，人们对历史文化的向往和自豪感就会油然而生；当古琴、箫笛等乐器响起，人们就会沉浸在一种深邃而宁静的氛围中。

传统文化符号以一种直观而无须解释的方式，触动着中国消费者内心深处的情感共鸣。这种共鸣不仅是对传统中华文化的认同，更是对于个体内心世界的赋能。中国消费者在接触到这些符号时，不需要过多思考，就能够直接感受到其背后蕴含的深层含义，从而与之产生一种精神上的共鸣。这种仅凭直觉产生的精神共鸣，反映了中国传统文化符号的独特魅力和影响力。它们不仅是文化产业的重要组成部分，更是连接过去与现在、传统与现代的纽带。通过传递深刻的情感和价值观，这些符号在当代社会中仍然能创造重要的价值，激发人们对于文化身份认同和情感共鸣的需求（刘芮，2023）。敏感的业界实践者们从已经发生的行业现象中充分认识到传统文化符号的力量，预期到利用中华传统文化元素为消费者提供更加有意义的产品和体验的时代到了。

国风迅速向消费品蔓延，最初的经典表现是以故宫文创为代表的博物馆和旅游景点文创 IP 与消费品品牌开展合作营销。2016 年，一则《穿越故宫来看你》的广告刷爆朋友圈,点击量超过 300 万;同年 1 月在央视播出的纪录片《我在故宫修文物》在完全没有营销的情况下,意外在 B 站收获 6 万条弹幕,200 万点击量。时任故宫博物院院长单霁翔老师表示,《我在故宫修文物》的纪录片播出后,文物修复工作的"人气"暴增,有 1.5 万人报名想到故宫从事这项工作,而故宫一年只招收 20 名相关人才。故宫作为一个大 IP 的火爆,源于故宫文创团队的优质运营,也源于国民日益增长的文化自信,以及对表达中华文化之美的追求。故宫文创打响自己的 IP 之后,积极与消费品品牌开展合作营销。故宫和饮用水品牌农夫山泉合作推出"农夫山泉-朕饿了"的定制包装;和电子产品品牌小米合作推出"小米 MIX3 -故宫特别版"手机;和护肤品牌百雀羚合作推出"雀鸟缠枝美什件"。重要的是,故宫 IP 的合作对象不仅包括本土品牌,而且吸引了众多知名国际品牌加入合作营销。例如,故宫和卡地亚合作举办的"有界之外——卡地亚故宫博物院工艺与修复特展",故宫和 Kindle 合作推出 Kindle Paperwhite X 故宫文化联名礼盒。

中华文化直击内心的独特能力,国民对中华传统文化的追捧,强大国力造就的文化自信,以及中华传统文化在全文化行业的复兴实践,无不传达出一个信息——国潮的崛起成为必然。在这个关键阶段,国家政策又给国潮的繁荣增加了强大的动力。

一方面,国家鼓励优秀文化作品创作。2016 年 1 月,习近平总书记在省部级领导学习十八届五中全会精神研讨班上发表讲话,提出要用创新精神推动文化发展,努力追求内容创新、业态创新、体制创新。"十三五"提出了文化建设的重点在于"一个工程""四大体系",此处的"一个工程"指的便是文化精品创作工程。2017 年 5 月,文化部发布了《"十三五"时期繁荣群众文艺发展规划》,从推出优秀群众文艺作品、广泛开展群众文艺活动、完善群众文艺工作机制、培育和壮大群众文艺力量、加强群众文艺阵地建设管理 5 个方面,提出了繁荣群众文艺的 20 项重点任务,明确了加强组织领导、加强经费支持、加强资源整合、营造良好环境、强化责任落实的 5 项保障措施。

另一方面,国家大力推动文创行业发展。2016 年 3 月 9 日,国家发改委发布了 2016 年文化领域改革发展重点任务,重点任务之一就是推动文化创意和设计服务进一步对外开放,产业做大做强。在"展望十三五"答记者问时,文化部部长雒树刚指出,"十三五"时期推动中华优秀传统文化创新性发展的举措之一就是大力开发文博创意产品;"十三五"时期发展现代文化产业的重要着力点之一就是推动文化产业和其他产业融合发展。2016年4月,国务院办公厅印发《关于深入实施"互联网+流通"行动计划的意见》,指出要增强"老字号"等传统品牌影响力,积极运用互联网,创新生产工艺和商业模式,弘扬民族、技艺等优秀传统文化,开展知名品牌示范区创建工作,线上线下互动传播中国品牌。2016年5月,文化部、国家发展改革委、财政部、国家文物局等部门联合发布了《关于推动文化文物单位文化创意产品开发的若干意见》,大力推动文化单位文创产品的开发。除政策支持外,2016年5月19日,文化部、国家文物局、故宫博物院针对文创作品开发为各文化单位指明了更详细的举措。2016年财政部对文化产业发展专项资金管理模式作出重大调整,着力解决文化企业融资难、融资贵的问题。2017年1月,文化部发布了《文化部"一带一路"文化发展行动计划(2016—2020年)》,重点目标包括,打造"一带一路"文化交流品牌、推动"一带一路"文化产业繁荣发展、促进"一带一路"文化贸易合作。2017年7月,《人民日报》发文,强调了在我国经济发展新常态下,要继续推动文化创意和设计服务与其他相关产业的深度融合,并提出了一系列相关措施。

在这个阶段,中国在国家层面旗帜鲜明地指出了传承中华优秀传统文化是国家发展的重要任务。最有代表性的是2017年,中共中央办公厅和国务院办公厅联合印发了《关于实施中华优秀传统文化传承发展工程的意见》,再次阐明了传承和传播中华文化的重要意义。全国政协委员许钦松在接受采访时指出,传统文化在传播形式上要重视与其他文化创意行业的结合,增加传统文化的娱乐性和吸引力,并提及了诸多根据传统文化改编的电影和动漫作品、具有中国风的流行音乐、植入传统中国画元素的时尚衍生品。表1-5列举了2016—2018年文化产业相关的主要文件与讲话。

表1-5 2016—2018年文化产业相关的主要文件与讲话

时间	发言者	相关文件/会议	相关内容
2016年	习近平	省部级领导学习十八届五中全会精神研讨班	要用创新精神推动文化发展,努力追求内容创新、业态创新、体制创新
2016年		"十三五"规划	文化建设的重点在于"一个工程""四大体系",此处的一个工程指的便是文化精品创作工程

续 表

时间	发言者	相关文件/会议	相 关 内 容
2016年	国家发改委	2016年文化领域改革发展重点任务	重点任务之一就是推动文化创意和设计服务进一步对外开放,产业做大做强
2016年	雒树刚	"展望十三五"答记者问	"十三五"时期推动中华优秀传统文化创新性发展的举措之一就是大力开发文博创意产品;"十三五"时期发展现代文化产业重要着力点之一就是推动文化产业和其他产业融合发展
2016年	文化部、国家发展改革委、财政部、国家文物局等部门	《关于推动文化文物单位文化创意产品开发的若干意见》	大力推动文化单位文创产品的开发
2016年	财政部		对文化产业发展专项资金管理模式作出重大调整,着力解决文化企业融资难、融资贵的问题
2017年	文化部	《"十三五"时期繁荣群众文艺发展规划》	从推出优秀群众文艺作品、广泛开展群众文艺活动、完善群众文艺工作机制、培育和壮大群众文艺力量、加强群众文艺阵地建设管理5个方面,提出了繁荣群众文艺的20项重点任务,明确了加强组织领导、加强经费支持、加强资源整合、营造良好环境、强化责任落实5项保障措施
2017年	文化部	《文化部"一带一路"文化发展行动计划(2016—2020年)》	重点目标包括,打造"一带一路"文化交流品牌、推动"一带一路"文化产业繁荣发展、促进"一带一路"文化贸易合作
2017年	中共中央办公厅、国务院办公厅	《关于实施中华优秀传统文化传承发展工程的意见》	再次阐明了传承和传播中华文化的重要意义,全国政协委员许钦松在接受采访时指出,传统文化在传播形式上要重视与其他文化创意行业的结合,增加传统文化的娱乐性和吸引力,并提及了诸多根据传统文化改编的电影和动漫作品、具有中国风的流行音乐、植入传统中国画元素的时尚衍生品

在韩流中反思的国风复刻,经历了创新性与流行性两个维度的巨大进步,中华传统文化精华成功赋能各个行业,经典又潮流的国潮产品和品牌的繁荣景象,预示着席卷整个市场的"国潮元年"的到来。

三、国潮的蓬勃期

中华文化从不缺乏历史底蕴,其语言、图案和声音都有直击中华儿女心灵深处的能力。只是随着时代变迁,那些包含着人类理想的反映集体意识的高雅文化被生活在快节奏里颇感社会压力而无助的人们所疏离(郑宁,2007)。这种疏离使得以中国古典诗词为代表的中华文化被归入高雅文化,与大众流行文化形成某种对立,泾渭分明(张海明,2007)。

在以影视、文娱和博物馆为先锋的各个文化行业的努力下,中华文化的优美意境重新进入中国人的生活。人们逐渐具备体验中华传统审美的能力,在"最是人间留不住,朱颜辞镜花辞树"中表达对时光飞逝的无奈;用"莫听穿林打叶声,何妨吟啸且徐行"来表达对生活坎坷的乐观豁达;品"举头望明月,低头思故乡"中饱含的千年不变的浓浓乡情。

要让曾经被认为是高雅文化的中华文化重新进入大众视野,需要消除其和大众流行文化之间的鸿沟,做到"雅俗共赏"(桑迪欢和涂苏琴,2005)。中华传统文化借助品牌和产品表达时应注重创新性和流行性,一是产品本身的原创性,二是要注重在传播文化时对媒介的选择(隋岩,2015),这正是国潮发展期(2008—2017年)所有文化产业工作者应努力做到的。

国潮的发展伴随着中国公众的文化自信的提升。《2017中国公众文化自信指数调查》结果显示,中国公民2017年文化自信指数为82.26,相比2016年的75.63显著提升(人民论坛课题组,2017)。正是国民对中华文化越来越强的文化自信和文化认同,为国潮的进一步发展提供了优质土壤。

2018年,"国潮"爆红为网络热词,进入蓬勃发展期。一时间,国潮在各个行业全面开花,其热度和商业成效不分伯仲,所以本节不再按照时间段叙事,而是分不同行业进行综述,旨在客观反映国潮作为商业现象在消费领域各个行业内的典型表现。

（一）新式茶饮与食品行业——国潮美食别有风味

1. 国潮助力现制茶饮发展

现制茶饮是由新鲜的茶叶和其他原料现场制作而成的茶饮,主要的代表品牌有茶颜悦色、霸王茶姬、书亦烧仙草等品牌,也被称为新茶饮。《中国新茶饮供应链白皮书(2022)》中指出,当代国人对于"国潮"文化的追求,推动了新式茶饮不断在产品概念上进行创新,从而驱动了新式茶饮品牌的产品创新。白领们不再只喝"星爸爸(星巴克)",转而品味国内各大国潮新式茶饮。得益于国潮概念的全面流行,新式茶饮行业增长迅速。观潮研究院发布的《2022国潮品牌发展洞察报告》显示,中国新式茶饮行业市场规模从2018年的1 357亿元到2019年的2 044.8亿元,一年中数据增长高达50.70%。而这一年中,我国居民人均可支配收入也只是从2.82万元增长到3.07万元,增幅为8.7%。

行业业绩的背后,是个体消费者对国潮概念融入现制茶饮的偏爱。根据"36Kr"和"奈雪的茶"联合发布的《2019新式茶饮消费白皮书》中的数据,49%的受访消费者喜爱"中国风"茶饮包装风格;欧睿信息咨询与伊利乳品共同发布的《2022中国现制茶饮渠道消费者与行业趋势报告》中调研数据显示,有20%的受访人群对茶饮"国潮"宣传感兴趣。该报告也指出,消费者不再单纯为高端买单,而是青睐健康、创新、年轻新潮且具有社会责任感的品牌,有26%的受访人群表示"国风"可以增加对茶饮品牌形象的好感(欧睿信息咨询,2022)。

2. 茶颜悦色与霸王茶姬

茶颜悦色成立于2014年,在品牌风格、包装设计和产品创新上,都赋予了浓厚的中国风,旨在通过强"文化属性"区别于其他茶饮品牌,形成差异化市场定位。茶颜悦色发源于湖南长沙,通过强区域性品牌IP的塑造,不断提升品牌神秘度与市场热度,把自身打造成具有长沙本土特色的城市品牌名片。

茶颜悦色的成功,与中国文化元素密不可分。金柚网研究院在《千亿优质赛道之新茶饮行业研究》报告中将茶颜悦色定义为"中国风"茶饮领导者。国风元素的大面积使用使得茶颜悦色在众多茶饮品牌中独树一帜,其初创时以国风仕女图作为品牌标识,品牌LOGO由团扇、佳人、八角窗等传统中式符号构成。中国传统文化审美风格延展到茶颜悦色的线下门店场景中。门店设计采用中式风格,融入了《桃源记》和《海错图》等经典古文中的概念作为设计元素。雀巢发布的《2021茶饮消费新趋势》中提到,茶颜悦色的文创门店"车马慢""活字印刷""少年时""别有洞天"等主题店面,并非单纯的概念营销,而是实实在在的有与主题相匹配的产品和服务。在产品包装上,茶颜悦色以中国茶文化作为设计元素,极力突出满满的"中国风味",研发了一系列独具国风的茶饮产品。

在长沙立足之后的茶颜悦色还花费大价钱,先后买下清代宫廷画手郎世宁以及其他名画的版权,以故宫博物院名画 IP 搭配优美文案的形式来表现品牌独特的整体营销视觉效果,让消费者形成独特记忆点。在产品的命名上,茶颜悦色融入很多中国古代诗歌元素,将绿茶命名为"浣纱绿",将红茶命名为"红颜",将各式坚果称为"豆蔻"等;茶饮单品名称也极具中国画的意境,如"人间烟火""烟花易冷"和"筝筝纸鸢"等。

茶颜悦色的发展相当快。易观分析在《国潮品牌发展洞察分析(2021年)》中指出,全面中国风的茶颜悦色不断引发抢购热潮,于 2018 年进入爆发期,开始了品牌的快速扩张。2021 年进入深圳,排队预约人数一度突破 5 万。茶颜悦色除了茶饮店之外,还创立了零售品牌"知乎茶也",文创产品近一百个 SKU(观潮研究院,2021)。

国潮新式茶饮的另一个代表是霸王茶姬。在品牌 VI 和品牌文化的发展上,霸王茶姬延展了"霸王别姬"这一典故的知名度,价值观传承了"茶马古道"精神,综合了戏曲人物形象、中国红等设计元素在其品牌 VI 和产品包装上。霸王茶姬的产品口味围绕"中国风"展开。产品以国风口味为主,其热卖产品"伯牙绝弦"将花茶搭配木本茶作为茶底,具有较强的传统茶口感,每年卖出超1 000 万杯,一度成为网红潮茶的代表产品。新产品开发的核心是将草本茶和木本茶融合,走出独特的产品口味研发路线。

霸王茶姬同样将中华传统文化元素用在店面空间的设计上。门店先后经历了多次升级改造,2022 年的店面版本大量融入传统文化元素,营造国风感的社交空间,具有新中式茶馆的文化特征(观潮研究院,2022)。

易观分析的《国潮品牌发展洞察分析(2021 年)》认为国潮不是短期热点现象而是长期消费趋势,国潮中国红品牌可以分为新国货、新国归、新国风、新国粹和新文化五个类别。茶颜悦色属于"新国粹"品牌,书亦烧仙草等属于"新文化"品牌,该分析认为"新国粹"品牌是基于中国传统文化认同,"新文化"品牌是基于中国当代文化认同,这两个类别的品牌 IP 与另外几个相比,未来增长将更为强劲。艾媒咨询的《2021 年中国国潮品牌崛起研究》中的网民调查数据显示,六成网民认同国粹的发展有助于传统文化的传播。

除了茶颜悦色和霸王茶姬,其他本土现制茶饮品牌的发展也令人瞩目,如奈雪的茶和喜茶等,他们在深耕中国市场的同时也积极走向世界。第一财经商业数据中心联合奈雪的茶发布的《数字化进阶——2020新式茶饮白皮书》显示,2018年,奈雪的茶和喜茶陆续在海外开设了门店,中国茶文化依托这些小小的门店尝试走向世界市场。

3. 国潮美食IP李子柒

提到国潮在食品领域的发展,我们不得不讨论一个现象级IP人物李子柒。李子柒原名李佳佳,1990年生于四川省绵阳市,是一个美食类的短视频博主。"红纱遮面,眉心红印",是李子柒在短视频中给粉丝留下的深刻印记。她的短视频内容以中华民族引以为傲的传统美食文化作为主线,围绕中国乡村的衣食住行展开,视频非常接地气。李子柒在视频中的每一个故事都从乡村生活的琐事切入,拍摄风格古朴且极具国风,形象温柔坚定,唤醒了现代生活压力下人们对于田园生活的憧憬。李子柒的视频内容在精神价值上与当时普遍的短视频拉开了很大的差距(单燕萍和刘宣妤,2023)。

2019年,自媒体博主"雷斯林"的文章《李子柒怎么就不是文化输出了》在网络上引发热议,同时《人民日报》上《因为李子柒,数百万外国人爱上中国》的文章,推动李子柒成为现象级网络事件。截至2023年8月,李子柒抖音平台粉丝4902万、微博平台粉丝2598万、Youtube平台订阅量1770万、天猫网店订阅量691万。

李子柒选择国风特色的生活方式作为短视频作品的主题,能够吸引海内外公众的关注,这说明了中国传统文化对异文化消费者同样具有影响力。李子柒发布的视频内容是自己在中国乡村生活的画面,她和观众分享自己制作中华传统美食的过程,通过镜头呈现中国特有的人与自然的关系以及人与人的关系。李子柒所展现的生活方式不仅打动了中国人,而且获得了全球普通人的共鸣,她的账号是首个在Youtube平台粉丝数量突破千万的中文创造者(王大玮,2023)。2021年2月吉尼斯世界纪录发文宣布,李子柒以1419万订阅量刷新了由其自己创下的Youtube中文频道最多订阅量的吉尼斯世界纪录。

李子柒所推动的国潮,是一种非常成功的商业现象和文化现象,让更多的人对中国文化有了更深入的认识和了解,推动了中国传统文化的传承和发展。李子柒的视频内容和风格符合典型的中华传统文化,例如,视频中展现的传统的中国饮食文化——注重手工制作,追求自然简约(陈道志和程婷,2021);视频中展示的传统手工艺品、传统食品以及乡村生活等元素,都承载着中国人的核心价值观(全小娅,2023)。通过她的视频,更多人开始关注中国传统文化的一些细节,更深入和全面地了解和认识中华传统文化的价值和魅力(张超,2020)。尤其重要的是,她在 YouTube 上的视频受到了全球观众的喜爱和追捧,这也为国潮文化在全球范围内传播的可能性提供了有力的证据。毫无疑问,李子柒的成功不仅有助于中华传统文化的传承和发展,而且增强了中国人的文化自信和民族自豪感。

李子柒成功的个人 IP,迅速发展成为食品品牌。2018 年,李子柒上线同名网店,主要售卖中国食品,以传统食品为主,业务范围包括豆沙、谷类制品、以谷物为主的零食小吃、冰激凌、咖啡、茶饮料、甜食(糖果)、蜂蜜、龟苓膏、饼干等。这些食品获得良好的市场反馈,其中,李子柒秋梨枇杷膏、海鸭蛋黄酱、贵州糟辣酱、柒乐桃桃蒸米糕、水果藜麦脆五款产品入选第三届 iSEE 创新力百强榜单。[①] 李子柒品牌的产品在其包装方面也处处体现古风元素,将中国书法艺术融入其中,产品包装和传统审美相匹配(张丽洁,2020;张睿,2023)。同时,由于其 IP 所拥有的粉丝量巨大,网店开业后即刻被点爆,2019 年店庆期间销售额超过两千万元,代表产品是传统小吃螺蛳粉,月销量超过 150 万份,成为淘宝方便速食大赏的第一名(中指研究院,2021)。在李子柒的带动下,由老字号和新品牌组成的中华美食品牌阵营崛起。

(二)文旅与文创——大国文化集结国潮 IP

1. 文化旅游的国风潮流

我国《"十四五"文化产业发展规划》中提出坚持以企业为主体、市场为导向,培育一批具有国际竞争力的外向型文化企业,鼓励企业开发具有中国特色、中国风格、中国气派并受国际市场欢迎的文化产品和服务,打造一批有国际影响力的中国文化品牌。在中国从文化大国走向文化强国的路上,在故宫 IP 营销的示范效应之下,一众承载着中华传统文化的旅游目的地品牌迅速起步。

自 2018 年国潮元年以来,中国文化类旅游目的地,如艺术类、历史类、博物馆等景点深受大众欢迎,去博物馆打卡成为年轻一代的新潮流。2021 年国庆

---

① 内容来自百度百科 https://baike.baidu.com/item/%E6%9D%8E%E5%AD%90%E6%9F%92/22352326。

假期,博物馆、非遗、文旅融合类的旅游产品在电商平台上订单量暴增,环比增幅达 15 倍(时尚集团,2021)。在三星堆的考古成果发布后,游客参观博物馆的热情达到了新高,2021 年国庆假期期间三星堆博物馆接待游客人次较 2020 年同期增长 167%(时尚集团,2021)。

"红色旅游"成为新的国内旅行热点,使游客在旅途中感受国家的情怀与文化的魅力。文化和旅游部数据中心的测算显示,2004—2019 年,参加"红色旅游"的人数由 1.4 亿人次增长到 14.1 亿人次,2019 年旅游收入超过 4 000 亿元。2021 年中国共产党迎来了百年华诞,越来越多的年轻人开始真真切切地体验"红色之旅",走进革命文化、学习革命历史成为新的潮流。马蜂窝旅游发布的《旅游新国潮》数据显示,有 66.1% 的受访者表示,他们希望通过"红色旅游"去收获不曾了解到的历史知识。"红色旅游"的发展不仅给予年轻一代拥抱革命传统的文化体验,而且真实带动了革命老区的经济发展。

2. 文化 IP 成为国潮主角

文化创意产业的首次定义来自 1998 年《英国创意产业路径文件》,该文件将文化创意产业定义为,"发源于个人创造力、技能和天分,能够通过应用知识产权创造财富和就业机会的产业"。文化创意产业的源头是创新性,基础是知识产权,其发展离不开 IP 打造。

第一财经商业数据中心在《影视文学 IP 消费图鉴》中指出了影视 IP 驱动消费的五大方式,分别是主角同款穿搭形成潮流促进消费,借助影视场景风格开展营销活动促进消费,提高明星热度从而提高其商业价值,出圈 IP 打造反哺本体,以及 IP 联名。由此可见,成功 IP 的打造甚至可以带动一条价值链上多个商业体的价值提高。

《2018 中国文化 IP 产业发展报告》将文化 IP 产业链划分为内容层、变现层、延伸层和支撑层四个层次,并对每个层次进行了发展现状分析。IP 打造在内容层表现出多样化:在主流 IP 方面,文学 IP 和网络文学 IP 已经比较成熟,漫画 IP 高速发展;在非主流 IP 方面,明星 IP 和音乐 IP 也开始崭露头角。在变现层方面,IP 变现能力优秀,2018 年 1—6 月中国游戏市场实际销售收入为 1 050 亿元,同比增长仅为 5.2%。另外,文化 IP 改编游戏正成为游戏市场仅有的亮点。伽马数据显示,2017 年我国移动游戏销售收入为 1 161.2 亿元,同比增长 41.7%。在延伸层方面,国内 IP 衍生品增速明显,2017 年我国衍生授权商品零售额达到 747 亿元,增长率全球最高。在支撑层方面,精细化运作推动了支撑层的发展，IP版权价值挖掘更多的是通过大数据、人工智能等技术实现，IP设计制作通过对IP原有内容的创新设计，为IP提供更高的附加价值。

正如本章前一节中提到的，国潮爆发的重要时代背景是建立中国人的"文化自信"。国潮发展的持续动力是国民对中国传统文化的自信和关注，尤其是在互联网上相当活跃的年轻国民的关注与兴趣，提升了国潮的传播广度与速度，获得了极其广泛的共鸣与热爱。同时，文创IP的出现，作为具象的传播内容更好地将中华传统文化带进了大众的日常生活，从故宫博物院这一现象级IP到河南卫视火爆的唐宫小姐姐(唐小妹)IP，都顺理成章地与消费品进行了合作营销，以日常用具为载体走进了大众的生活，这使观众不再将传统文化看作阳春白雪，大大缩短了传统文化和当代大众潮流文化之间的距离(陈莫莹，2022)。

值得注意的是，文化旅游成为"Z世代"消费新宠，相关的文化IP产品也成为这些年轻人的消费热点。《2018中国文化IP产业发展报告》认为，高价值文化IP应该具有高辨识度、好玩有趣、有态度有观点有价值观的特征。文创IP基于中华文化，以其千年量级的历史底蕴，天然具备了高辨识度的特征(张波，2021)，如果能够在表现手法上有所创新，就能获得市场认可。例如，故宫藏品历来给人的印象是严肃、文化底蕴浑厚，但故宫文创发布了以雍正朱批"朕就是这样的汉子！"为代表的衍生品，其反差萌给人形成了好玩有趣、耳目一新的感觉，故宫IP正是文创IP通过创造力打造好玩有趣IP的典范。此外，文创IP大多基于历史故事，这些历史故事能够广为流传，就代表其在大众中的流行性基础，也体现其所代表的思想和价值观为大众所接受，如《木兰辞》背后代表的是勇敢无畏、忠孝节义的中国英雄精神为国人所共识，这使得文创IP能够顺利向公众传递态度和价值观(张立朝，2021；向勇，2021)。由于得到年轻人的青睐，因此文创IP成为国潮蓬勃期的主力。

3. 国潮文化IP持续创新

观潮研究院2022的报告显示：与传统的旅游纪念品和地方土特产相比，新颖的文创产品更能俘获年轻群体的心。以创新力为特色的三星堆文创产品在2022年的销售收入高达1 800万元。作为最具代表性的博物馆IP之一，三星堆的商业化构建了从文创开发、品牌营销到IP授权等全链条产业链，带动了全域文旅融合。三星堆博物馆在文创产品开发中致力于形式、内容和营销方式的多方面创新，推出了各类文创IP糖果和盲盒，研发出可穿戴的MR数字文创内容,推出《三星堆荣耀觉醒》动画片,还跨界与金典、吉利、VIVO、剑南春等品牌联名发布产品等。

营销方式的创新支持国潮IP持续发力。国潮消费是与场景消费深度融合的(北京京和文旅发展研究院,2022)。2022年的北京冬奥会吉祥物冰墩墩的成功出圈,是中国文化IP走向世界的一个重要标志事件。作为国潮走向世界的文化顶流IP,北京冬奥会期间在开幕式7天时间内,冰墩墩的网络搜索热度上升近30倍,线上纪念品月销售高达140万件。在国外网站上,冰墩墩的二手商品被炒至高价,"一墩难求"现象使冰墩墩成为2022年度热点文创IP。

"国风"与文创产业结合的目的是弘扬中华传统文化,融合历史价值与审美价值,这种珠联璧合的结合可以让文创产业持续成为受关注的热点(北京市文化娱乐法学会品牌保护与IP授权法律专业委员会,2021)。冬奥会期间,中国传统文化的经典元素——景泰蓝、宫灯、泥塑等非遗主题展览相继亮相,给世界各国游客留下深刻印象(中国旅游研究院等,2022)。年轻消费群体竞相追捧毛猴、泥塑和捏面人等民间手艺"国潮",带动年轻旅行消费者前往京张地区亲身体验各种非遗传承文化,促进了当地旅游业的发展。北京市计划采用"文化＋商业"的融合发展模式去推动商业空间和业态升级(北京市国有文化资产管理中心等,2022),例如在前门大栅栏商圈改造提升五年行动计划中,就明确以打造"老字号＋国潮"特色传统文化消费圈为指导思想,重点吸引更多的年轻消费者。

国潮的创新力还离不开现代科技与文旅项目的结合。我国文旅产业正处于消费者对新国潮、中华文化增强自信的一个关键的窗口期,从文化的使命来看,高端科技赋能是未来文旅产业顶层设计的起点(上海市创意产业协会,2023)。将国潮IP与数字化技术相结合,可以更有效地将景区IP的价值呈现出来,已有区块链平台如"奇驴数藏"发行了国潮IP,让景区IP以数字化的形式呈现,游客可以在元宇宙中畅游传统文化景点。另有X.META开发了全球首个国潮元宇宙主题乐园,可通过VR电影的形式实景体验传统文化场景,有很强的互动感,代表作品有《风起洛阳》等。魔珐科技与次世文化联合打造了首个国风虚拟人翎Ling,该虚拟意见领袖凭借与众不同的国风形象与文化内容输出,得到年轻一代群体的喜爱(ELLE等,2021)。

国潮吸引了年轻一代,年轻人又因为消费国潮而对传统文化有了更多的了解。中国旅游研究院(文化和旅游部数据中心)在《游戏IP赋能文旅实践报告

(2023年)》中对"Z世代"的抽样调查显示,分别有15%和13.2%的受访者认为,传统美食与国潮漫画是最受欢迎的两大国潮文化符号。腾讯音乐的大部分用户是"95后"年轻人,这个群体最积极"买单"的一类音频产品是国风漫画改编的广播剧(ELLE等,2021)。

4. 博物馆国潮全面开花

故宫博物院作为中国最著名的博物馆之一,其丰富的文化内涵、独特的建筑风格以及珍贵的文物藏品,吸引了众多年轻人的关注和喜爱。随着国潮文化的兴起,故宫博物院成为国潮文化的重要代表。故宫博物院的文物藏品丰富多样,包括了许多珍贵的历史文物和艺术品。这些文物不仅代表了中国古代文明的成就,而且反映了中国人民的历史记忆和文化遗产。在国潮文化的影响下,越来越多的人开始有兴趣深入了解这些文物,将其视为重要的文化资源和精神财富。

近年来,故宫文创IP逐渐成为中国文化产业的一张名片。许多故宫文创产品在国内外市场上取得了良好的口碑和销售业绩,为传承和弘扬中华优秀传统文化做出了积极贡献。同时,故宫文创也为越来越多的年轻人所喜爱,成为他们了解和接触传统文化的途径。2008年,故宫博物院通过授权合作的模式,开设了故宫淘宝旗舰店。2018年,故宫推出首款彩妆"故宫口红",引发热议,销量喜人。同年《上新了,故宫》影视节目第一季受到观众欢迎,随后在2019年和2020年推出了《上新了,故宫》第二季及第三季。

在故宫博物院IP化转型成功之后,其他知名博物馆迅速跟进开始打造自己的IP。

2016年,敦煌博物馆开始着力打造自己的IP。敦煌博物馆从自身特点出发,确立了IP打造的思路是将中华文化和西方文化结合,将现代文化和传统文化结合,旨在让更多年轻人喜爱并了解包容醇厚的敦煌文化(薛帅,2021)。受IP热潮中众多经验启发,敦煌博物馆在IP打造手法上做足了功夫。2020年,敦煌博物馆与热门综艺节目《这就是街舞3》开展跨界合作;同时,与腾讯合作制作了纪录片《新国货》,该节目播放后,收看量超过2亿次,话题讨论量更是达到了6亿次(薛帅,2021);敦煌博物馆还与李宁公司合作,联合天猫在中国历史文化名城敦煌雅丹魔鬼城举办了一场以"天空做衬,自然为衣"的时尚大秀,将丝路审美和丝路精神融合,带给观众全新的看秀体验(陶然,2021)。随后,敦煌博物馆在几年时间内广泛与众多品牌如良品铺子、天猫、拼多多等开展合作,给这些品牌和产品带去市场注意力和喜爱度的同时,提高了敦煌自身的知名度(杨玉雪和董黎明,2021)。

陕西博物馆结合大唐文化的历史背景以及核心内容,融合唐代风格创造出动漫IP形象,并开展了后续的故事创造、动漫设计和衍生品制作(肖爽,2021)。其IP代言人"唐妞",以馆藏文物中的"粉彩女立俑"为灵感,创作出具有独特辨识度的妆容、发饰等传统历史形象。该创作将国画的绘画特色与年轻人喜欢的动漫二次元表现形式相融合,一经面世就得到了广大消费者的喜爱(李聪,2020)。

2017年,甘肃博物馆推出文创品牌"东方密语",将河西走廊的壁画元素作为该品牌的核心元素,在视觉上选择更加贴近佛教文化的元素,以黑、白、红、黄、绿、蓝等作为色彩的主基调,同时点缀金色作为装饰(杨陈茹晗和徐蓉,2020),通过提炼和美化,使其产品在色彩上既尊重原作,又增强色彩的时代感,具有极强的视觉效果和美感(明政,2022)。

2021年,坚持"文化河南"二十多年的河南卫视一夜成名。原因是河南卫视春晚上演的舞蹈作品《唐宫夜宴》,因其可爱灵动的造型一夜爆火,这成为河南博物院系列IP的开端。在《唐宫夜宴》爆火之后,河南博物院继续深挖"唐宫小姐姐"这一IP,通过展示"唐宫小姐姐"的形象,重新展现了河南博物院馆藏文物"绘彩陶坐姿伎乐女俑",使观众感受到每个隋唐侍女都是具有活力和灵动性的独特个体,仕女乐队成为河南博物院独特的文化符号(孙敏,2022)。在侍女乐队IP形象成功打造之后,河南博物院又推出了国内首套"唐宫夜宴版仕女乐队系列盲盒",而盲盒系列正是当下"Z世代"消费的宠儿。仅仅是线上预售阶段,这一系列盲盒就获得了出色的销售成绩(孟晓辉,2022)。同时,河南博物院也将盲盒这一产品形式和博物院中其他有代表性的藏品进行结合,开展文创作品设计。2020年,河南博物院文创办推出了一系列考古体验盲盒。这些盲盒将馆藏青铜器等珍贵文物迷你化,并特别加入了"洛阳铲"这一独特元素,消费者可以在挖掘微缩文物的过程中,感受到考古和寻宝的乐趣,同时领略中原文化之美(赵卿汝,2022)。

全国各大博物馆成为国潮IP和产品的创意来源,原因在于其深厚的文化内涵、独特的建筑风格以及丰富的文物藏品,这些馆藏文物的故事与国潮文化所强调的文化自信、民族自豪感等价值观相契合,创作团队在此基础上对表达方式的创新性的追求,迅速使这些IP得到了广大年轻人的喜爱和追捧。

(三)美妆行业——国潮赋能东方之美

1. 美妆护肤本土品牌发力

中国的美妆护肤行业潜力之大,众所周知。Euromonitor 统计数据显示,2020 年我国化妆品消费行业的市场容量高达 3 297 亿元,且预计 2025 年将达到 6 266 亿元的规模,年均复合增长率可达 13.7%(安永,2022)。国家统计局的数据显示,2018 年中国化妆品零售额增长 9.6%,2019 年零售额增长 12.6%,2020 年增长 9.5%,平均维持在年均增长 10%左右。

随着中国消费者对国货品牌认可度不断提升,消费者本土意识、文化自信及品牌自信不断提升,也随着国潮风开始影响衣食住行各个方面,国货美妆也加入国潮品牌和产品阵营。"故宫联名款""老上海"风格的成功体现了国民对国货美妆日益增强的认可度(范小梅,2021)。同时,社交媒体的大量运用也帮助国货美妆品牌更加快速地进入大众视野,美妆爱好者通过微博等社交媒体像别人展示自己对国货美妆产品的认同感,频繁出现"国货之光""宝藏国货"等字眼(王茹雪和楼旭东,2021)。同时,国货美妆也开始建立自己的品牌,完美日记、花西子等品牌迅速被消费者认可,更是得到了年轻人的青睐(李婷和石丹,2022),消费者对国产美妆品牌的好感日益增强。《2022—2023 年中国化妆品行业发展与用户洞察研究报告》数据显示,有 49.6%的受访消费者认为"国潮美妆护肤"有创意并愿意支持。经普华永道统计,在抖音搜索妆容关键字中,"全民中国妆"排行位列第四位(ELLE 等,2021)。

2. 国潮彩妆花西子高调登场

2022 年,在《艾瑞观潮:国潮之潮牌篇》中列出了一系列国人认可的典型的国潮美妆品牌,其中花西子名列首位,其后为完美日记、百雀羚、自然堂和御泥坊。

花西子 2017 年成立于浙江杭州,这个诞生在西湖畔的品牌,在成立之初就确定了"东方彩妆,以花养妆"的国风定位,传递出以天然花草成分打造彩妆产品的品牌价值。同时,"花西子"的名字也极具中国风韵味,花西子中的"花",是指以花养妆,"西子"二字则取自苏东坡诗句"欲把西湖比西子,淡妆浓抹总相宜"。花西子的国风属性打造贯穿整个品牌,成功塑造了其东方彩妆的形象,作为国产中端化妆品的新锐品牌,成立后短时间内成功在中端美妆市场站稳脚跟。

花西子能在短短几年时间内崛起,离不开对品牌国潮属性的打造。花西子成功克服了传统中华文化和彩妆产品难以相融的困难,以天然花草成分打造产品成分层面的中国风,以微雕工艺打造产品外观设计层面的中国风,以凤凰元素、牡丹元素、浮雕元素等众多传统文化元素打造包装层面的中国风,真正把"国潮"落实成为品牌的独特定位和卖点。《彩妆行业深度报告:从完美日记、花西子看彩妆赛道与新品牌崛起》显示,花西子在2019年进入天猫"双十一"彩妆类目前十名;2020年"618"期间花西子超越完美日记及一众国际大牌成为天猫彩妆类目第二名;2020年"双十一"以4.5亿元的成交额获得天猫彩妆类目第二名,而根据天猫平台2020年的数据,花西子位列国内美妆品牌海外销售榜首。2019年,花西子快速崛起,销售额超过10亿元,同年9月,花西子携手三泽梦,成功登上纽约时装周。2021年,时尚产业的领军者之一《时尚芭莎》联手花西子,打造了强中国风文化属性的视觉内容"灵美东方傣族印象",该内容经过10个月的传播周期,微博热议度超过5亿。

花西子的成功,离不开其优秀的营销能力,纵观花西子的所有营销策略的成功,都反映出"国潮策略"的价值,花西子正是顺应着国潮蓬勃期的浪潮,在竞争激烈的美妆市场中脱颖而出。

具体而言,花西子的"4Ps"营销策略紧紧围绕"东方彩妆,以花养妆"的定位展开。产品策略方面,花西子不仅强调其产品独特的花草成分,而且以极具国风的词汇来命名自己的产品,比如玉女桃花系列、花隐星穹口红、松烟行云眼线笔等。分销渠道方面,花西子更注重线上渠道的销售,在各大电商平台都有亮眼的表现。线上为主体可能是时代大背景下的优选,这样的渠道模式使得花西子可以更好将自己"东方彩妆"的特点传递给年轻人。促销和宣传方面,花西子的表现可谓亮眼,将自身品牌和国潮紧紧绑定在一起。在线上宣传方面,花西子与众多明星围绕国风展开合作,2019年5月,鞠婧祎成为花西子的首位代言人,伴随着《新白娘子传奇》的热播,花西子打出"让鞠婧祎携手花西子,再续西湖前缘,共同传播东方彩妆美学和养颜智慧"的口号。2020年1月,杜鹃成为花西子代言人,花西子认为她的形象可以很好体现花西子的绝世独立东方美。2020年6月,花西子和周深达成合作,推出歌曲《花西子》,该歌曲由方文山作词,周深演唱,旨在以拟人化的方式讲述花西子"东方彩妆"的品牌故事。品牌联名方面,花西子围绕定位与各界品牌开展合作:2019年8月,花西子和泸州老窖联名推出桃花醉礼盒;2019年9月,花西子携手三泽梦登上纽约时装周;

2020年3月,花西子联名无他相机推出了"百鸟朝凤妆";2020年8月,花西子和轻颜相机共同发布了"同心锁妆";2020年8月,花西子和剑网3共同推出了"比翼相思"口红;2020年10月,花西子和盖娅传说携手登陆中国国际时装周……花西子坚定地表达着自己"国风美妆"的定位,在短短几年内,一举成为人们耳熟能详的国潮美妆品牌(罗克研,2017)。

3. 美妆护肤市场国潮成风

国潮发展的基础,是中国五千年的文化底蕴以及逐渐完善的产业体系(时尚集团,2021),大国制造的优势是国潮流行的基础之一。与其他国际品牌不同的是,得益于强大的制造能力,国内品牌的产品开发普遍更高效。美妆品牌完美日记可在6个月内完成从新品概念化、开发到上线等流程,遥遥领先于国际品牌普遍7到18个月的产品开发周期。

护肤品牌谷雨便以传统时节为名去突出传统文化之美,在品牌和产品设计上以"宋代美学"为现代审美加持,采用中国地域独特植物资源作为产品成分,倡导"时节文化"循时护肤的理念。这种传递自然与自信的品牌营销态度符合年轻一代的国潮文化审美,2022年成功挤进抖音新锐品牌榜单前五(观潮研究院,2022)。

国潮对美妆行业的影响并不局限于国内。有国外博主受我国电影《芳华》的影响,在国外视频网站上发布了"中国妆"视频,短时间内获得了89万次观看,直接引爆了国外社交媒体的"中国风"热潮,使"中国风"成为热搜关键词。为此,众多国际品牌纷纷推出适合中国乃至亚洲消费者的特殊版本产品,如亚洲肤色粉底液等。同时,各大品牌积极融入中国传统文化,积极推出中国节日限定版产品(安永,2022)。

(四)服装服饰行业——国潮引领中国时尚

1. 中国本土运动品牌崛起

艾媒咨询《2021年中国国潮品牌崛起研究》的数据显示,"综合服饰"品类是最受中国网民青睐的国产品牌商品品类,有46.2%的中国网民偏好这个品类,位列2020年中国网民偏好购买国牌商品12个调查品类之首。同时,这个报告认为我国的国潮经济主要以国货品牌和国粹品牌两种模式发展。服饰品类的国货品牌代表有李宁、安踏、回力等,国粹方面的代表有汉服品牌汉尚华莲等。

首先，中国本土运动品牌以绝对优势成为国潮服饰的代表（艾瑞咨询，2022）。《艾瑞观潮：国潮之潮牌篇》的调查数据显示，有61.8%的受访人群认为李宁、回力、海澜之家、鸿星尔克、安踏等是他们心目中典型的国潮服饰品牌；分别有27.9%和27.1%的受访人群表示在购买国潮服饰时考虑"是中国品牌，支持国货"和"产品中的中国风元素"这两个因素；同时，有八成的受访者表示会持续购买国潮服饰（艾瑞咨询，2022）。

受益于国潮风的流行和品牌自身的努力，李宁品牌在2019年的关注度直线上升（艾媒咨询，2021）。2019年智慧零售潜力前100名中，李宁品牌占据第24位；《汇桔网2019胡润品牌榜》中，李宁品牌以167%的增长率位列十大增长领先品牌的第九位；2019年胡润最具价值民营品牌的第67位；2019年中国500最具价值品牌榜的第267位；2019年"BEST BRANDS最佳品牌"中，李宁品牌获得中国先锋品牌奖等（艾媒咨询，2021）。李宁品牌因此被普遍视为服装服饰类甚至所有品类中国潮品牌获得成功的典范。2021年，李宁品牌实现了业绩的巨大飞跃。《商业贸易行业零售社服国牌崛起系列报告》显示，2021年，李宁公司净利润19.6亿元，同比增长187%；收入102亿元，同比增长65%。

李宁品牌的成功在时间点上不同于花西子、茶颜悦色等新锐品牌，李宁作为国潮品牌的成长，其重要事件的时间线几乎和国潮现象的时间线重合。李宁公司成立于1990年，但是强调作为国货品牌寻求发展的时间点在2001年（国潮萌芽期）。当时因北京申奥成功，中国国内运动行业迅速发展。李宁在这一时期的市场定位确定为"中国人自己的运动鞋服品牌"，斩获106枚金牌的品牌创始人李宁为整个企业背书。2004年，李宁公司发布"李宁带给中国运动飞的力量"系列广告，同年开始，李宁公司赞助多支中国运动队，借助中国运动队越来越多地出现在国民的视野中。2007年（北京奥运会前一年），李宁公司开展"冠军荣耀，一路有你"奥运冠军主题巡展。2008年，李宁获得奥运点火的机会，在全世界影响力最广泛的活动上获得极高的个人声誉；同年，李宁公司开展"英雄会英雄——李宁08中国之旅"主题奥运冠军巡演活动。自此，李宁品牌逐渐与"中国"这一标签密不可分。

2008年北京奥运会过后，全国的运动热逐渐降温，加上公司经营中的问题，李宁公司出现严重亏损，这一阶段，李宁公司开始尝试强化"潮流感"。2012年，李宁公司签约NBA知名球星德怀恩·韦德，大力发展篮球装备。篮球鞋本身就是一种小众的潮流文化，加之球鞋本身的时尚感和科技感，以及国内外大量的篮球爱好者群体，篮球鞋大有发展成为潮流的趋势。李宁公司抓住了这次机遇，从 2012 年签约韦德，到 2023 年，"韦德之道"系列篮球鞋已经更新十款。在签约韦德之后，李宁公司又陆续签约了 CJ·麦科勒姆、弗雷德·范弗利特、德安吉洛·拉塞尔、吉米·巴特勒等一众耳熟能详的球星，李宁品牌成为国产篮球鞋龙头品牌。之后，李宁公司又打造了"BADFIVE"街头篮球产品线，李宁品牌的潮流性进一步增强。

李宁品牌打造潮流感的标志性事件发生在国潮的蓬勃期。2018 年 2 月，李宁公司推出的中国潮流子品牌"中国李宁"登上纽约时装周，引发人们对国潮服饰的兴趣和广泛关注。2018 年 6 月，"中国李宁"登上巴黎时装周秀场，备受国民关注。在后续发展中，"中国李宁"推出三大系列，分别是传统文化系列、复古潮流系列以及现代潮流系列，传统文化系列在服饰中融入有代表性的中华传统文化元素，如青花瓷、敦煌壁画和中国功夫等。至此，又"国"又"潮"的"中国李宁"品牌形象正式成形。

2. 中式传统服装异军突起

中国传统服装向来只出现在电影、电视剧和舞台上，但随着国潮的蓬勃发展，传统服装服饰成为中国消费者的日常着装选择。根据时尚集团《2021 中国时尚产业消费研究报告》调查显示，近半受访者肯定了购买中式服饰的意愿，其中"60 后"人群偏爱的品类是中山装，而"90 后"尤其热衷汉服。

汉服市场规模的扩张超出很多人的想象。《2022 年中国新汉服行业发展白皮书》报告显示，2021 年中国新汉服行业市场规模为 101 亿元，同比增长 6.4%；消费者规模 1021 万人，同比增长 14.4%。尽管受疫情影响，新汉服市场体量增速较往年有所放缓，但整个产业仍呈现向上发展的态势。CBNData 和天猫联合发布的《线上汉服消费洞察报告》显示，2017—2019 年，汉服的线上销售规模、服装行业渗透率均成倍增长。

2018 年天猫汉服排名前三的品牌分别是汉尚华莲、重回汉唐和如梦霓裳。汉服市场消费偏好的出现与国潮元年的开启有很强的联系，将传统元素和现代风格融合后的改良款汉服大受欢迎。根据《线上汉服消费洞察报告》统计结果，融入麋鹿、花鸟、飘带、猫咪等流行元素的汉服设计更受消费者关注。

汉服发展的标杆企业汉尚华莲，是最早进入汉服行业的生产商家之一，旗下拥有鹿韵记、九锦司、初立等子品牌。"鹿韵记"品牌专攻少女汉服，"九锦司"品牌从事高级定制汉服，"初立"则属于儿童汉服系列。汉尚华莲于 2008 年（国潮发展期)入局汉服生产行业,经过十几年的努力,在电商平台上拥有超过600万粉丝。在国潮蓬勃的大背景下,汉尚华莲稳步发展,先后与电视剧《知否知否应是绿肥红瘦》及知名漫画家夏达创作的漫画《拾遗录》推出联名服饰,2020年更是与华硕和非人哉等品牌进行跨界合作,推出了联名款产品。

重回汉唐是我国的第一个汉服品牌,在大部分汉服品牌着力推出现代汉服的今天,重回汉唐的产品策略显得有点不同,该品牌仍然在着力发展传统汉服服饰。2022汉服产品榜单显示,大部分上榜汉服为现代汉服或改良汉服,但重回汉唐上榜的两款汉服均是传统汉服。作为汉服品牌中的佼佼者,重回汉唐在传统汉服形制复刻方面做得尤其出色。该品牌以严谨的汉服形制和稳定的产品质量为核心,根据不同朝代细致地区分汉服的形制,如汉制直、曲裾,唐制襕衫、胸襦裙,宋制褙子,明制马面裙等(林晓华,2023)。

除了汉服,丝绸相关服装服饰行业虽然没有刻意追逐国潮感的事件,但是中国作为古代丝绸之路的起点,丝绸产业是中国最古老的产业之一,丝绸也是中国传统文化的重要符号,丝绸在服装服饰中的使用也已经历经千年。万事利丝绸是国内较早将文化历史元素融入丝绸,将文化理念产品化的公司。2018年万事利与LVMH集团达成战略合作,希望将中国丝绸产品带到国际市场。2021年,万事利以"中国丝绸文创第一股"的身份登录深交所创业板。在服务了众多重要国际盛事后,万事利于2022年被列入"一带一路"建设案例。

3. 中国精品的国风化潮流

相较于"奢侈品",我们更愿意将高品牌附加值的中国品牌称为"中国精品品牌",包括但不限于被归入奢侈品牌的那些中国本土品牌。我们在本章仅以珠宝行业为例,展示中国精品品牌国风化潮流的沧海一粟。

《2023 in-depth China Jewelry Report》(BLOG - WalktheChat)的数据显示,2023年上半年中国本土奢侈品品牌销售额比2022年上半年增长40%,而国际奢侈品品牌销售额增长为25%。本土的传统珠宝品牌开始在产品中加入时尚珠宝产品线,并获得良好业绩。报告显示,本土品牌"周大成"在2019年第一季度的时尚珠宝类别销售额仅为10万元,而2023年第一季度的时尚珠宝类别销售额则达到1.13亿元。该报告指出,"Z世代"在进行奢侈品消费时更加偏好意义特殊、设计和颜色使用大胆、具有复古魅力的奢侈品牌的产品。中国市场的本土奢侈品复苏,是一种对传统装饰的现代解读,珠串首饰设计多采用天然石料、和田玉、银等传统材料,但在设计上选择符合现代审美的形制和颜色。根据天猫数据，2022年6月天猫上"珠串"搜索10次以上的仅5 000人次，而2023年6月天猫上"珠串"搜索10次以上的人次就超过了5万，十倍于一年前的数据。国潮蓬勃期的中国风首饰被称为"新中国风"，这些首饰在设计上简化了传统中国首饰的华丽，但是在材料上仍然采用玉、竹、檀香木等传统材料，在纹样上也通常会融入蝴蝶、季节植物、禅道等传统文化元素。"新中国风"首饰备受年轻消费者的关注，小红书上"新中国风"关键词在2021年第三季度的搜索量为13.6万次，而在2023年第二季度的搜索量就超过244万次。2023年，仅生肖相关的首饰销售额就增加了35%。值得一提的是，不仅是本土首饰品牌推出"新中国风"首饰以及生肖首饰，西方的奢侈品品牌也纷纷在中国市场上推出新中国风系列。

（五）互联网行业——国潮成为流量密码

国潮的兴起得益于数字化网络平台的发展，反过来，国家传统文化的内容价值也赋能了互联网产品的发展。

对于国潮的传播而言，网络短视频平台以其独特的功能和生态链路为特色文化的快速低成本传播起到了支撑作用（青峰计划等，2022）。中国社会科学院《国货市场发展报告新媒介、新消费与新文化》调研数据显示，短视频、直播等新兴媒介形式成为用户了解国潮内容的主要形式，分别有75.5%和61%的受访国货消费者通过短视频和直播形式浏览国潮内容。在日常观看国潮内容的用户中，有八成受访者表示通过抖音平台观看内容（中国社会科学院，2022）。

改变社交媒体格局的抖音平台成为弘扬中国传统文化及产业变现的主阵地。就在国潮蓬勃期的始点2018年，抖音就率先开启了弘扬中国传统文化之路，举办了"第一届文物戏精大会"，该活动下属话题"我变脸比翻书还快"的播放量累计超过57亿次。2019年，抖音进一步加大对传统文化传播的支持力度，推出"非遗合伙人"计划，该计划下发布的相关视频超6 500万条，累计播放量超过164亿次。2021年，抖音用户对国潮相关内容的消费需求持续上升，国风、国货、国潮等相关内容的搜索量同比增长240%（易观分析，2022）。同年抖音电商提出"兴趣电商"的概念，通过用户感兴趣的内容与商品销售转化相结合，通过短视频和直播等形式激发了用户的消费力（观潮研究院，2022）。2021年到2022年间，抖音平台发布国货品牌内容的短视频数量同比增长841%，抖音平台上的国货品牌数量同比增长508%，爆款产品榜单中，国货品牌数量占据了92%

(中国社会科学院,2022),抖音平台成为国货品牌竞争"国潮感"的阵地。

作为电商"领头羊"的天猫平台也不甘落后,为了占据国潮流量入口的头部地位,2019年天猫和知乎联手打造"知造国潮"活动,取得了近乎翻倍的流量投放效果。2019年的"新国货计划"和2020年的"新国货计划2020"都让天猫尝到了"国潮"流量密码的威力。2020年7月,天猫推出首个圈层解读式的纪录片《国潮时代》,片中聚集了国内各个领域的意见领袖,通过讲述传统文化理念和潮流故事的方式,带领观众发掘中国品牌的多元化与国潮文化的多样性,让国潮品牌迅速走进年轻消费者群体的生活。

作为电商平台的新晋翘楚,拼多多于2022年发布了《2022多多新国潮消费报告》,报告中为拥抱新国潮消费拟订了具体的行动计划:第一,拼多多将联合100个产业带,助力千个国潮品牌、新锐品牌、老字号去拥抱新消费;第二,投入百亿"扶持资源包",培育十个百亿级别的新国潮品牌、百个十亿级别的国潮品牌;第三,成立团队为国潮品牌提供定制方案;第四,开展合作新模式,帮助国潮品牌实现数字化升级。

国潮的蓬勃发展还赋能于网络游戏的内容开发。中国原创网络游戏风靡全球,其中,较有代表性的是由中国本土游戏公司米哈游发布的游戏《原神》。市场调研机构Sensor Tower的数据显示,2022年,《原神》蝉联出海手游年度收入冠军(施晨露,2023)。《原神》深度融入独特的中国元素,游戏中开放的世界"提瓦特"在地理环境上深受中国各地胜景的影响,如璃月港和荻花洲的设计灵感来自凤凰古城、悬空寺和桂林阳朔山水。游戏还将中国的服饰设计和美食文化融入其中,玩家可以制作具有中国特色的美食。角色的服饰设计结合了传统和现代元素,如钟离的服装设计融合了古代中国的龙袍元素和现代西装的风格(李卓和张心怡,2023)。总体而言,《原神》以其丰富的游戏性、卓越的全球市场表现和独特的中国文化元素赢得了玩家的广泛喜爱,成功传达了中式文化的理念和价值观,为促进跨文化交流和推广中国传统文化做出了重要贡献(李卓和张心怡,2023)。

2023年5月,米哈游新作《崩坏:星穹铁道》超越《原神》登上出海手游收入榜榜首。"能打败米哈游的还是米哈游",玩家用这句点评来形容米哈游的持续创新能力之强。这款游戏预下载当日就登上全球113个国家和地区的苹果商店免费应用榜榜首,上线第二个月超越《原神》登上出海收入榜榜首(王文佳,2023)。

《崩坏：星穹铁道》作为一款受到全球玩家关注和好评的游戏，通过融入中国传统文化元素，成功地进行了中国文化的传播，讲好了中国故事（张瑶，2023）。其中，"龙王开海"动画和中文歌曲《水龙吟》所展现的"龙宫探宝"意象，让人们想起了《柳毅传书》《张羽煮海》等经典故事，将中国传统文化中的神话元素巧妙地运用在游戏剧情中。而游戏中仙舟"罗浮"的主线剧情与中国传统文化的关系密切。通过借用《山海经》《淮南子》等古籍中的建木、不死药等神话元素，故事情节展现了人们对长生的追求，以及意识到长生所带来的灾厄后的舍弃。这些情节不仅是游戏剧情的发展，更蕴含着中国传统哲学思辨的深意（施晨露和钟菡，2023）。

通过将中国传统文化元素融入游戏剧情中，《崩坏：星穹铁道》成功地传播了中国文化，让全球玩家更加了解和欣赏中国的故事。这种文化传播不仅将中国传统文化元素呈现给玩家，而且通过游戏的互动性和娱乐性，让玩家体验和感受中国文化的魅力（许心怡和吴可仲，2023），达到了"润物细无声"的效果。这种通过游戏传播中国文化的方式，为中国文化产业的发展提供了新的思路和机遇。游戏作为一种受众广泛、互动性强的文化形式，能够吸引更多年轻人的关注和参与。通过融入中国传统文化元素，游戏可以成为讲好中国故事的重要平台，为中国文化在全球青年中的传播和推广开辟新的途径（郑娜，2023）。

此外，网易自主研发的国风武侠游戏《永劫无间》塑造了一个武侠江湖世界，一招一式还原中国古代兵器和武术，自 2021 年上线以来在全球收获超过 2 000 万用户，创下国产"买断制"游戏销量新纪录，连续两年入选知名游戏平台 Steam 年度最畅销游戏和年度最热新品榜，在 Steam 上同时在线人数突破 24 万（施晨露，2023）。《永劫无间》作为一款优秀的国产大型网络游戏，对传播中国传统文化具有积极的影响（黄敬惟，2022）。游戏中融入了浓郁的中国式美学和东方魅力，通过唐安古城、中式园林等场景设计，展现了中国传统文化的历史感和独特魅力。同时，游戏中采用了榫卯结构的中式建筑设计和中国神话体系下的世界观设计，进一步加深了玩家对中国传统文化的认知和体验（杨一帆等，2023）。此外，游戏画面中的留白和写意也是有意为之。例如，与成都金沙遗址博物馆合作的剪纸动画以及水墨晕染的宣传视频，通过独特的艺术形式，将传统文化元素与现代技术相结合，展现了中国传统文化的独特魅力和创新魅力。通过《永劫无间》这样的优秀国产游戏，中国传统文化得以在新时代焕发出新的生机。游戏不仅在创造经济价值和推动我国游戏产业发展方面发挥着重要作用,而且为传统文化的传承和创新提供了新的平台(杨一帆等,2023)。通过网络游戏这一形式,中国传统文化得以融入现代社会,吸引更多年轻人的关注和热爱,从而推动中国传统文化的传播和发展(黄敬惟,2022)。

截至 2023 年 6 月的全球热门移动游戏收入前十名中,有半数是中国出品的游戏。具有中华传统文化内容的国产游戏佳作采取本土化和区域化策略,走进海外人群,向世界传递中国独特的文化魅力和价值观,提升中华文化的国际影响力(施晨露,2023)。

从引发文化消费反思的国潮萌芽期,到由文化自信支撑的国潮发展期,再到国潮爆发的蓬勃期,国潮作为文化现象,更作为消费现象,在中国的发展经历了近二十年的时间。2018 年国潮元年之后的蓬勃期中,国潮品牌和产品便如雨后春笋,强势破土而出,带动了全国各个行业的快速发展。大量企业进入国潮赛道,把大部分国产商品打上"国潮"的标签。持续 5 年的蓬勃发展之后,截至 2023 年 8 月,企查查搜索结果显示,仅企业名称中"国潮"二字的企业就超过 10 万家。沸沸扬扬之后,国潮的实践面临着大量争议。

四、国潮的争议期

企业的自趋力和资本的涌入促进了国潮的发展,在商业世界弘扬了中华传统文化,但是激烈的商业竞争和社会对创新的包容带来了"喜忧参半"的繁荣局面,经历蓬勃期的国潮迅速迎来了大量负面舆论。2022 年 4 月,某痔疮膏和某口红做起了跨界联名,网友们对这一事件的反感程度极高,一时间舆情快速发酵。2022 年 4 月 19 日,财经网在微博发布话题"警惕国潮把中国文化做窄,把中国制造做烂",表达了部分国民对国潮发展中营销创新的担忧。据《人民日报》人民文旅平台统计,截至 2022 年 4 月 21 日 11 时,相关舆情信息量共计 5 623 篇,其中,客户端 2 498 篇,微信 1 291 篇,新闻 656 篇,网站 493 篇,报刊 224 篇,微博 217 篇,政务 121 篇,论坛 70 篇,视频 53 篇。客户端为该次舆情信息的主要来源,占比为 44.42%。

这次事件引发的有关国潮的争议仅是冰山一角。虽然在 2018 年国潮进入蓬勃期后,研究者们迅速跟进研究,但是国潮的相关研究严重滞后于商业现象的发展。很难想象,在蓬勃期中,不管是业界还是学界对"国潮"二字都没有统一的定义,国民对"国潮"的理解更像是一种感觉,没有固定的判定标准。《国潮,就算是文化自信了吗?》一文指出,"归根究底,中国品牌追求趋势红利、追求流量并不是件坏事。但在享受这些美味果实的时候,也请保持清醒和客观。"

虽然大家认同国潮的兴起和发展离不开优秀企业的努力,众多优秀的中国企业以高质量、高标准的产品打破了国民对"国货质量差"的刻板印象,国潮的发展更离不开中国文化产业在 20 年时间里在国民心目中建立起的文化自信和文化认同感,但是,对于国潮发展的担忧与批评也必须得到实务界和理论界的重视,维护国潮的积极发展应当是各界共有的责任。

本书将 2018—2022 年定义为国潮的蓬勃期,将本书写作的 2023 年界定为国潮争议期的开始。第一章的最后,我们将从现象出发,罗列这些有争议的问题。

(一) 业界眼中的国潮

自 2018 年国潮元年开始,社会上出现了一系列有关国潮市场的报告,有些权威机构在报告的第一页会给出"国潮"的概念,在给定的概念范围中详述他们的发现和观点。这里对这些机构的定义进行简单的罗列。

艾媒咨询发布的《2020—2021 年中国国潮经济发展专题研究报告》认为:"国潮经济是指将中华传统文化融合现代潮流元素,如结合时尚设计风格与多元化营销手段,建立品牌 IP,以品牌为载体应用至各品类商品中,形成国潮。国潮经济主要是在国货品牌和国粹两种模式上进行发展。"艾媒咨询发布的《国潮之潮人篇》定义了国潮品牌:"国潮品牌是以国为基础,潮为核心。中国风、代表性国潮单品、满足年轻人审美是国潮品牌的三大特征。随着年龄增长,对中国风设计元素的关注度上升明显;潮流 IP 则呈下降趋势。"观潮研究院发布的《2022 国潮品牌发展洞察报告》指出:"国潮品牌是以品牌为载体,借助新产品、新渠道、新营销、新资本、新 IP 等全面突围的国货引领者,是经过一定时间沉淀,能够代表国家形象,可以持续引领时代潮流的品牌。"易观分析发布的《国潮品牌发展洞察分析》指出:"狭义的国潮是短期热点消费现象,广义的国潮则是'中国红'品牌借助民族自信不断提升等实现品牌力不断升级所引发的长期消费趋势。"观潮研究院发布的《2021 国潮新消费产业洞察报告》认为:"国潮,要彰显中国文化魅力,引领中国思维创新,传承中国工匠精神,激发中国品牌无限可能。是新国人向全世界输出中国文化、中国科技、中国品牌和中国潮流的全面自信。它的核心底蕴是'国',是传承上下五千年的中华文化;表现形式是

'潮'，是传统文化精华结合当下新人群、新需求、新技术和新场景后产生的新事物和新的展现方式。"第一财经商业数据中心在《这就是95后的国潮地盘》中认为："国潮：多指服装、鞋履与配件品类中的中国原创潮流街头品牌，他们代表了来自中国的原创设计与产品。"时尚集团在《国潮复兴2021中国时尚产业消费研究报告》中将国潮简单定义为："国潮国货所包含的基本要素，是中国、品牌、潮流和文化。"

综合上述报告中国潮的定义不难看出，业界普遍认同的国潮，既要有国家文化元素，比如饮食文化、民俗文化、历史文化、汉字文化、地理文化、宗教文化、节日文化等，也要有潮流元素，比如衣服的流行款式、流行配色，口红的流行色号，流行网络用语等。国潮即二者的结合，因为包含国家文化象征性，所以能增强国民的文化认同感；又因为包含潮流元素，所以能为大众（或年轻人）所接受。"国"与"潮"的有机结合，是造就国潮快速席卷市场和具备盈利能力的原因。

（二）国产就是国潮吗？

国产并不一定就是国潮，这是基本共识。但是，国潮首先得是国产，这也是共识。那么就带来一个问题：什么样的国产品牌/产品可以被称为国潮呢？关于这个问题的答案，就没有统一观点了。国产是一贯就有的概念，定义也与字面意义没有太大出入，社会上基本认同由中国公司出品的产品，就是国产。当然，深究起来，对于国产的定义也是有不同观点的，例如，国产一定要在中国境内生产吗？如果是一家中国公司在境外的工厂制造的产品，还算不算国产？

在2018年进入国潮蓬勃期之后，自称国潮的品牌越来越多，一些在本行业有突出成绩而被称为"国货之光"的品牌，如华为、小米、大江、安踏、李宁等国产品牌，是不是国潮？还有一些老字号品牌，如同仁堂、六必居、杏花楼、胡庆余堂、片仔癀等，是不是国潮？再有一些新兴的品牌，如花西子、中街1946、喜茶、元气森林、江小白等，是不是国潮呢？这些问题的回答并不一致。

国潮是在国产的基础上讨论，国潮更受年轻人喜爱，这与当代年轻人的文化自信有关，当一个品牌/产品被认定为国潮时，是一种积极评价。这里所谓的"当代年轻人"，主要是指"Z世代"，这个词语最早出现于欧美地区，泛指出生于1995—2009年的一代，也被称为互联网世代，即受到互联网、即时通信等科技产物影响很深的一代。中国"Z世代"出生于1992年邓小平视察南方谈话后，他们的成长轨迹经历了香港回归、中国加入世贸组织、2008年全球金融危机和北京奥运会、中国成为全世界第二大经济体等一系列大事。所以,相比于1995年之前的"X世代"和"Y世代","Z世代"见证了中国成为世界工厂的过程,更见证了中国在国际上拥有更大话语权的发展过程,拥有更强的民族自豪感和文化自信。极光发布的《当代年轻人的"快乐秘籍"——Z世代营销攻略》显示:65.4%的"Z世代"受访者通过新闻资讯了解国家大事;70.3%的"Z世代"受访者认为中国在国际上的地位越来越高;73.6%的"Z世代"受访者为中国的传统文化感到自豪,并愿意向世界输出中国文化。东吴证券的报告《国潮崛起:是结果,不是原因,国货服装品牌全面崛起势不可挡》指出,"X世代"的成长环境中时常爆出国产品牌安全质量不达标的问题,而"Z世代"的成长环境中有如伊利、蒙牛、李宁、安踏、华为、联想、小米等许多优质的国货品牌。抖音电商发布的《2022抖音电商国货发展报告》中的数据也展示了国产品牌的迅速发展,2022抖音电商的数据显示,国货品牌销量同比增长110%,国货商品搜索量同比增长165%,国货短视频数量提升3 652%。在中国国力日益强盛、中国优质企业崭露头角的时代大背景下,"Z世代"展现了对国产品牌的质量认可,从而演变成"Z世代"对国产品牌的信任和偏好。

国产并不必然是国潮,因为国潮显然不仅是一种物质层面的消费现象,更是一种精神层面的文化现象。国产品牌发展成为国潮,中华传统文化和现代潮流感的融合必不可少,但是这种融合的方法在实操中会有很多变化,很难总结出统一的模式。例如,对于注重传承的老国货而言,发展成为国潮需要融合当下的潮流元素,对于老字号品牌而言,独特的优势是其品牌建立以来悠久的历史文化内涵,需要融入当下的潮流元素,可以通过新奇的产品与怀旧意象的结合来唤醒消费者怀旧情感,同时对老字号产品产生新鲜有趣之感(李晓梧和王安霞,2022)。再如,对于注重实用和追赶新潮的新国货而言,发展成为国潮则需要在品牌元素或产品设计中融入中华文化元素,如中国李宁的山水系列、花西子"东方彩妆,以花养妆"的品牌定位、茶颜悦色"钟情中国四千七百年历史的茶文化"的宣传标语。

本书的第二章理论部分尝试回答有关国潮内涵的问题,并在此基础上讨论国潮感引发的消费者认知、情感和行为反应。

(三)缺乏创新力成为批评焦点

人们对国潮相关的商业操作除了"是不是"的争论外,还有"好不好"的评价,那么,什么样的国潮会被认为是不好的,会受到批评呢?我们综合了这些批评的对象,诸如"某痔疮膏和某口红做起了跨界联名""某某品牌陷入抄袭风波",以及随处可见的"京剧装饰加墨镜"标榜国潮引起反感……这些批评的共性针对的是同一个缺陷——创新能力不足。

在前述章节中,我们知道国潮受喜爱的原因来自品牌/产品在融合中华传统文化与潮流文化元素之后所体现出来的国潮感。但是,并非将潮流元素和中国元素进行简单拼接后就可以让消费者产生国潮感。国潮产品的打造,是一个基于潮流文化或者中华传统文化所进行的再创造的过程,创新能力在其中起到了重要作用。在那些批评中,"奇葩联名"是指创新不当、"抄袭风波"是指原创性不足、"随处可见"是指同质化……核心问题均是创新能力缺失。

在国潮的发展期和蓬勃期出现了一批风格鲜明的国潮产品,如被认为是"国产潮牌始祖"的CLOT;2018年横空出世,出道即巅峰,登陆纽约时装周的中国李宁;等等。一众国潮"弄潮儿"加入这条赛道,更多品牌的参与意味着更激烈的竞争,也意味着企业在资源与能力方面存在更大的差距,批评也随之到来。"跟风抄袭""国潮品牌'翻车'""抄袭阻碍国潮崛起""原创性问题阻碍国潮发展"等报道铺天盖地,产品原创性问题成为针对国潮的批评的主要内容。这些批评不断校正着国潮实践的发展。我们收集了一些典型的创新能力不足的案例,总结如下:

对国潮产品原创性不足的批评,集中在鞋服饰品行业。对原创性不足的批评并不是哪个机构给出的,主要来自消费者,也就是说,产品没有满足消费者对产品原创性的要求。虽然这是一种主观判断,但消费者的主观判断数量之众,最后决定了舆论走向和品牌评价。我们搜寻了部分消费者普遍认为原创性不够强的产品和原始评价,进行了总结,目的是更好地总结规律,助力国潮发展。根据互联网上的相关资讯,国潮产品原创性不足主要体现在以下两个方面:

首先,产品外形和其他品牌的标志性设计相似。很多国潮品牌身上有着其他潮流品牌的影子。比如鞋服品牌的产品设计元素(外形、附件、纹样等),如果被消费者认定是知名大众流行品牌的标志性设计,就会有消费者给出原创性不足的批评;即便产品的设计元素与小众品牌的设计相似,并且被消费者识别,消费者也会给出负面评价。有关负面口碑的基础研究结论表明,相较于正面的口碑,人们更会愿意传播负面口碑。所以,无论是与大众品牌还是与小众品牌"撞衫",都有可能造成负面舆情。

其次,品牌态度和标语的相似。一个品牌的态度和标语是该品牌价值观的表达,应该是品牌创始团队的愿景和理想的简洁表达。但是,一方面,品牌理想有可能类似;另一方面,"借鉴""模仿"等情况时有发生。所以,在品牌口号和产品广告标语上常常出现"撞车"。如果只是相似,就很难判断其原创程度,但是如果是侵权使用,就会引发消费者的不满。例如,2021年,某国潮品牌被视觉艺术家Joshua Vides发现在未经许可的情况下,该品牌就生产并销售印有Joshua Vides名字的商品,诸如此类的事件层出不穷。

关于这些品牌究竟是"抄袭"还是"致敬""模仿""借鉴",大家各执一词,但无论如何,相似的设计、风格和标语都反映了部分国潮的原创性不足,在打造自己的潮流产品上没有付出足够的努力。正如前文所说,消费者对于国潮的喜爱,源于身份认同,国潮产品帮助个体更好地表达自身中国人、中华文化爱好者身份的同时,也帮助个体表达了自己对潮流的品位。消费者购买和使用的商品是自我的延伸,如果认可"借鉴"的产品设计,就代表他的自我包含对原创的不尊重,这肯定不是消费者想要的。

同质化的批评几乎是每个行业在发展极盛时期都会遇到的问题,国潮也不例外。国潮兴起的背景是中国国力和影响力的日益强大以及国民文化自信的显著提升,所以,国潮不仅是一门生意,更是一种社会文化现象,是对中华传统文化的传承和续写。国潮强大的经济效益,吸引了一大批追求经济效益的企业加入。企业追求经济效益无可厚非,但若企业出于时效的考虑,对市场上现有的国潮元素进行简单拼接,甚至利用无外观专利的"漏洞"直接照搬,必然导致国潮同质化现象的出现。

消费者对国潮同质化的判断,源于他们感知到国潮打造似乎存在一些简单的"公式"。例如,京剧戏服搭配墨镜的人物风格,似乎就完成了最简单的国潮打造,被大规模应用在餐厅、步行街和T恤纹样上,使用这个公式的品牌用显眼的文字宣称自己就是"国潮",更是加剧了消费者的不满。又如,汉字的排列,似乎就完成了国潮鞋服打造,"中国李宁"就曾受到这样的批评,至于那些印着"不想上班""热爱酒精""摆烂艺术家""退堂鼓表演家"等文案的T恤标榜自己是国潮,消费者更是不满意。总体上,如果仅把中华文化元素(如麻将牌、龙图腾等)不加创新地简单照搬到设计上,在制作技术上又没有突破的情况下,就很容易出现大量雷同。

在对国潮的批评中,还有一些是对其营销活动缺乏创新性的批评,其中最典型的是联名不当或联名雷同。由于某些品牌通过跨界联名迅速扩大了知名度,联名被误以为是快速成为"国潮"的捷径。例如,因为怀旧情绪是一种对销售有利的情绪,为打造国潮向"Z世代"童年印象里的国产品牌寻求联名达到了狂热程度,这些联名集中在少数几个怀旧产品中,让消费者产生厌倦。另外,在联名产品的设计上,如果只是简单的拼接,也会引发消费者的差评。例如,服装的跨界联名,本身是一件很好的事情,既可以帮助鞋服品牌唤起消费者的怀旧情绪,又可以帮助联名品牌扩大知名度。但如果只是把联名品牌的logo或产品形象简单印制到T恤上,其创新性就会受到质疑。

除了鞋服品牌以寻求联名形式加入国潮行列,其他行业的品牌也在通过联名加入国潮行列。不考虑产品匹配度和目标顾客相容程度就随意进行的联名不但不会帮助品牌进入国潮行列,反而会给品牌引来诸多争议。不同领域的"联姻",其目的是主品牌在对方的消费群体中获得露出机会,而对方品牌也是这样的目的,大多是想以一种有亲和力的方式进入该产品领域的消费者的视野(张杰,2023),本质上是一种目标消费者的共享。比如故宫和美妆品牌的联名,由美妆品牌推出以故宫元素为设计元素的"气蕴东方"系列,将故宫的华贵审美引入美妆产品领域,匹配度就不受质疑。而反观诸如"某痔疮膏和某口红联名",是典型的会引发严重消费污染(consumption contagion)的做法,根据有关消费污染的研究,消费者会因此感觉到恶心(disgust),想要远离。

新异刺激和国潮符号化虽然会在短时间内吸引消费者眼球,但一方面新异组合是一种不合适的创新,造成消费者的反感;另一方面,国潮元素的拼接把中华文化作为国潮的表面属性,不能体现品牌/产品的精神内核,经不起时间的考验,当新鲜感过去,极易遭到消费者的厌倦,加之大面积的同质化,所谓的"潮"就会流于"俗",不利于品牌的长期发展,也影响整个国潮现象的声誉。

国潮是一个有中国特色的商业实践,之所以能在长达20年时间的孕育中最终爆发,离不开业界实践者们的创新精神,正是锲而不舍的创新,才使得中华传统文化在不断变化的时代中寻找到符合时代发展的商业载体,重新焕发生机,建立起民族的文化自信。国潮的发展得益于创造力,国潮的内核亦是创造力,只有通过不断地创新,才能不断激活中华传统文化的深厚底蕴和魅力,国潮的发展才会得以延续。简单堆砌,将国潮套路化、公式化,无异于故步自封,无益于企业,也无益于社会。

（四）国潮品牌溢价惹争议

品牌溢价即消费者对该品牌产品的溢价支付意愿。其中，"溢价支付意愿"是指在多个产品功能类似的情况下，消费者愿意为某个产品支付更高的价格，或者说，当这个产品涨价时，消费者仍然选择购买（施晓峰等，2004）。比如 Air Jordan 品牌和其他产品均属于耐克公司旗下，拥有相似的功能，但 Air Jordan 往往定价更高，Air Jordan 的消费者仍愿意购买 Air Jordan 而不是耐克公司的其他品牌产品，这就是 Air Jordan 的品牌溢价。这样的例子，在国潮品牌中越来越多，如李宁公司的子品牌"中国李宁"，安踏集团收购运营的运动品牌"斐乐"等。

但是，部分国潮品牌的溢价，引发了市场争议。根据消费日报网的报道，部分产品在打上国潮标签后，普遍存在涨价现象，平均涨价 40%。安踏天猫旗舰店中，具有国潮元素的 T 恤价格普遍超过 200 元，而普通 T 恤是 119 元。李宁运动品牌价格在 300~700 元，而其国潮产品线（或子品牌）"中国李宁"的价格在 800~1 200 元，甚至更高。361 度品牌的国风系列比其他系列价格高出 100 元左右，李维斯、太平鸟、回力等一批国货品牌都推出了国潮系列，价格上也有不同程度的提高。消费者对溢价争议的高潮出现在李宁推出篮球鞋后，部分款式在某些球鞋交易网站上被炒出高于 5 000 元的价格，虽然是"被涨价"，是由于国潮的快速走红吸引了一大批投机者的加入，但是消费者却没有表现出认同，认为这个离谱的价格是"中国李宁"的炒作，瞬间把国潮品牌带向了舆论的中心。

对于国潮产品的定价范围，有些观点认为，国潮就是国产产品，由于我们是众所周知的世界工厂，因此国产商品的性价比就应该是其必备卖点，从而不愿接受国潮品牌的溢价。也有人表示，如果从质量、设计到品牌理念都能吸引我，贵点也有道理。对于自己喜欢的国潮产品，购买时看的不再是高性价比。这两类消费者的观点此起彼伏，互不服气。

品牌溢价到底来自哪里？Chaudhuri 和 Holbrook（2001）指出，消费者会从特定品牌中感知到其他品牌无法替代的价值，即独特性，这种独特性导致了消费者的品牌忠诚，品牌忠诚使得消费者愿意为了该品牌的产品付出更多的价格，即形成了品牌溢价。Dwivedi 等（2018）认为，品牌信誉和品牌独特性会导致品牌溢价的产生。而消费者的品牌认同，即消费者感知到的自我形象和品牌形象的重叠程度，会对品牌忠诚产生正向影响，进而影响品牌溢价（朱振中等，

2020）。因此，对国潮品牌的溢价争议，本质是对"国潮"作为品牌特征，或者品牌形象的内涵，能否为品牌带来溢价的争议。

国潮在刚刚出现的时候推出的相关产品确实有较强的独特性，这也解释了为什么国潮产品比其他产品溢价 40% 左右但依旧火爆。但当越来越多的品牌、商家进入国潮发展赛道，独特性将逐步降低，国潮品牌想要支持自己的溢价，必须要在消费者感知到的"国潮感"与独特性的关联度上下功夫。这是有待业界探索，更是有待学界深入研究的话题。

（五）对文化泛娱乐化的担忧

在本章第二部分"国潮的发展期"中，我们讲述了中华传统文化在文化产品助力下逐渐进入大众视野，在提高和拓宽国民对中华传统文化认知的同时，也助力了国潮品牌/产品的诞生与发展。在近十年的发展期中，如果说早期的文化产业崇尚的是"严肃文化"，国潮发展期的文化产业改革便是将这种"严肃文化"轻松化，比较典型的就是故宫文创产品的特点。这种"轻松化"使中华传统文化融入大众生活，这不仅符合中华传统文化的发展需求，而且符合当今社会的经济特点，以使人愉悦为目的的"娱乐经济"正越来越显示出其超越"功能经济"的作用（葛红兵，2007）。但学者们又担心文化娱乐过度，违背文化原型，会对中华传统文化在传播中的典型性造成损害，我们将这种对文化泛娱乐化的担忧放入"国潮的争议期"一并概述。

泛娱乐化的现象受互联网普及的影响，其速度和影响广度远超传统媒体时代。互联网行业的快速发展在为人们随时随地娱乐提供便利的同时，消费观念更加开放、文化精神娱乐需求更强的"Z世代"逐渐成为消费群体的中流砥柱（师曾志，2018）。当文化相关产业从营利性、商业性的目的出发，更直白甚至是"俗"的"娱乐模式"恰好成了最佳选择。尤其是逐利的民间资本进入文化产业后，网红经济、电子竞技、网剧、网综等的质量参差不齐，社交媒体、直播平台、算法推送、云计算等新媒介技术加剧了去中心化、碎片化、个体化、多元化的社会生态，一个娱乐爆点只要足够吸引眼球，就会在网络上无限放大，"裂变式"传播（贾文山，2019）。

其实，文化"泛娱乐化"这个概念并不是在互联网时代才被提出，在电子媒体普及的几十年之前，就被认为是个问题。它通常被定义为一股以享受主义、消费主义为核心，利用现代媒介（电视、戏剧、网络、电影等），以浅薄空洞、粗鄙搞怪、戏谑的方式编辑内容，以达到快感的方式放松人们的紧张神经的娱乐文化思潮。这样的定义具有一定的贬义意味,当然,也有人持反对意见,在《严肃文化不会不堪一击》一文中提道:"如果我们这个社会把人民的'高兴'和'不高兴'、'欢乐'和'不快乐'当作文化发展、文明进步的评判标准,也许就真可以说:我们'进步'了。在我看来,'文化'没有任何其他目的,它的目的是且只能是'让人过得更富足、更快乐'!"(葛红兵,2007)

文化进入大众视野成为潮流和"泛娱乐化"之间还有距离,但也确实有容易混淆的部分。贾文山(2019)认为,"泛娱乐化"给社会生活和公众理性价值观念造成负面冲击。不仅是受众的文化品位,连受众的基本判断能力都将受到损害。如果"泛娱乐化"造成受众对善恶美丑的概念变得模糊不清,甚至连责任都变成一种娱乐,就将是灾难。但是,对"泛娱乐化"的治理,需要明确"泛娱乐化"的内容界定和题材界限,加强对"泛娱乐化"市场的整治,出台行之有效的政策法规。同时,媒体在控制"泛娱乐化"方面有重要责任,需要加强文化自觉、道德自律和媒体自觉,以社会共同记忆和基本价值规范为基本出发点。

根据相关文献,文化的"泛娱乐化"会表现在影视作品、文字词语、广告作品、娱乐节目、媒体编辑、新闻节目、文化节目、现实生活等多个领域(贾璨璨和常开霞,2024)。同时,随着互联网和新媒体的发展,"泛娱乐化"似乎更加符合"商业"和"盈利"的需求,"泛娱乐化"出现在更多的领域。目前学者们普遍对国潮的"泛娱乐化"现象表示担忧。这些担忧主要表现在以下三个方面:

首先,国潮的"泛娱乐化"会使其所承载的中华传统文化失去独特性,引发对传统文化精华的审美疲劳。国潮作为一种对中华文化的传承和创新,应该注重文化的独特性和深度,而不仅是为了商业利益而迎合市场需求(魏旭燕,2022)。例如,在国潮插画中,商品生产者和销售者借着传统配色进行包装和营销,却忽视了文化本身的内涵,这类商品充斥在市场,反而造成了文化空虚感,甚至让人产生对此类包装的反感以及审美上的疲劳(曲宏阳,2021)。如果国潮只追求娱乐性和商业利益,就可能导致文化的流失和文化产业的短期化(魏旭燕,2022)。

其次,国潮的"泛娱乐化"可能导致中华传统文化的低俗化倾向。在追求娱乐效果的过程中,一些国潮作品可能陷入低俗、庸俗的表达方式,甚至违背了中华文化的底线和价值观(李恒和于娜,2023)。这种低俗化倾向不仅会影响国潮的形象和声誉,而且会对整个文化以及延伸产业造成负面影响(于舒凡,2021)。例如,一项关于国潮服饰的研究指出,目前,部分商家为谋取利益,通过低俗的设计和劣质的产品借国潮热度进行营销,这种情况下很难用心对"国"文化进行深入探索(于舒凡,2021)。

最后,国潮的"泛娱乐化"会导致国货品牌的短视和浮躁。在"泛娱乐化"的环境下,一些国潮企业和品牌可能更加注重短期的利益和迅速的成功,而忽视了文化产业的长远发展和深层次的内涵(刘璇和李辉,2022)。这种短期的成功,误导市场化不久的中国消费品品牌注重营销手段和噱头吸引消费者的注意力,导致产品和服务的浮躁化,缺乏真正的文化内涵和创意,进而阻碍国潮的可持续发展,并可能导致对整个文化产业的不良影响(王丰,2021)。

我们认为,对"泛娱乐化"的担忧是国潮品牌健康发展非常好的警示,但是如果因为担心"泛娱乐化"而限制创新,则不利于社会发展。文化产业的发展强调的是在面向大众的创新中传达独特的文化价值观和审美观,通过注重文化创新,向社会提供更加多样、独特而有深度的作品,满足人们对文化和艺术审美的需求。从商业的角度,满足人们对文化和艺术审美的要求,也是商品价值重要的组成部分。

为了预防国潮的"泛娱乐化"倾向,学者们进行了初步的研究并提出了建议。首先,国潮企业和品牌应该注重文化传承和创新,将文化作为核心,而不仅追求娱乐效果和商业利益(魏旭燕,2022)。其次,国潮作品应该坚持高品质和高水准,避免低俗化的倾向,保持对中华文化的尊重和价值观的传递(于舒凡,2021)。最后,国潮企业和品牌应该注重长远发展,不仅追求短期的成功,而且致力于建立可持续发展的文化产业生态系统,为中国文化产业的繁荣做出贡献(刘璇和李辉,2022),国潮品牌对中国传统文化传承的反哺义务不容忽视。

本章结语

国潮是一个有关文化传承的社会现象,更是一个极富中国特色、极具创造力的商业实践。它的萌芽以文化自信为基础,它的发展以中国的经济实力为支撑,它以中国产业政策落地为动力,它的蓬勃以中国电商和社交媒体的高速发展为依托。国潮作为一个文化和商业现象正在经历争议期。争议点主要在于:国潮的创新力如何维持?国潮品牌何以获得溢价?国潮会不会引发文化泛娱乐化?国潮的争议,既是对美好商业的反思,更是对学术界的呼唤。有关国潮的商业实践有效性的研究,应当成为学界关心的领域。

参考文献

[1] "美妆"国潮升级中国制造[R].安永,2022.

[2] 2020—2021年中国国潮经济发展专题研究报告[R].艾媒咨询,2021.

[3] 2021国潮新消费产业洞察报告[R].观潮研究院,2021.

[4] 2021年中国国潮品牌崛起研究[R].艾媒咨询,2021.

[5] 2021中国时尚产业消费研究报告[R].时尚集团,2021.

[6] 2022抖音电商国货发展报告[R].抖音电商,2022.

[7] 2022国潮品牌发展洞察报告[R].观潮研究院,2022.

[8] Chaudhuri A, Holbrook M B. The chain of effects from brand trust and brand affect to brand performance: the role of brand loyalty[J]. Journal of marketing, 2001, 65(2): 81-93.

[9] Di Cai Mingyong Yu Mingyu Li Miao Cui.韩都集团:通过商业模式创新实现持续增长.中国工商管理国际案例库.2019-01-30.

[10] Dwivedi A, Nayeem T, Murshed F. Brand experience and consumers' willingness-to-pay (WTP) a price premium: Mediating role of brand credibility and perceived uniqueness[J]. Journal of retailing and consumer services, 2018, 44: 100-107.

[11] 阿维纳什·阿卡哈尔.设计力在"国潮"中生根发芽——访趋势研究专家黄晓靖[J].中国广告,2023(04):19-22.

[12] 艾瑞观潮:国潮之潮牌篇[R].艾瑞咨询,2022.

[13] 安春会.历史文化传承融入地方文化建设策略研究[J].文化创新比较研究,2022,6(26):105-108.

[14] 白玫佳黛.梦想的生意:中日韩偶像团体养成产业比较[J].媒介批评,2021(01):90-105.

[15] 白烨,杨早,杜翔等.山寨文化纵横谈[J].社会科学论坛(学术评论卷),2009(02):56-90.

[16] 宝儿.中国最具影响力的电视剧美术指导[J].电视指南,2016(03):34-35.

[17] 蔡洁.国潮风包装融合朱子人格美学思想的伦理设计研究[J/OL].包装工程:1-11[2023-07-05].

[18] 茶饮消费新趋势[R].雀巢,2021.

[19] 常立瑛.论流行歌曲歌词里的"中国风"文本生产机制——以周杰伦演唱的歌曲为例[J].美与时代(下),2022(09):73-76.

[20] 常民强,常怡明.媒介融合时代古装宫廷剧创作的突围策略——以《甄嬛传》为例[J].文化与传播,2015,4(04):78-81.

[21] 车英兰.韩流变化趋势与韩流活性化方案——以专家深层访谈为中心[J].广告大观(理论版),2016(03):57-67.

[22] 陈道志,程婷.短视频内容营销策略分析——以李子柒短视频为例[J].时代经贸,2021,18(10):107-110.DOI:10.19463/j.cnki.sdjm.2021.10.025.

[23] 陈海良.形式突围与笔墨危机——对当前书法创作的几点思考[J].书画艺术,2019(06):39-43.

[24] 陈劲松.社会主义新时期我国文化体制改革的历程[J].江淮文史,2008(05):169-176.

[25] 陈莫莹.广西文旅融合高质量发展探究[J].合作经济与科技,2022(14):42-43.DOI:10.13665/j.cnki.hzjjykj.2022.14.054.

[26] 陈清晓.青年亚文化温和抵抗主题插画设计研究[D].山东工艺美术学院,2023.DOI:10.27789/d.cnki.gsdgy.2023.000017.

[27] 陈薇薇.情感类韩剧对女大学生恋爱观的影响研究[J].江西青年职业学院学报,2014,24(06):28-30.

[28] 陈曦."星星"之火,何以燎原?——对韩国文化产业产生中国效应的再思考[J].当代韩国,2014(02):87-96.

[29] 程莉,滕祥河.人口城镇化质量、消费扩大升级与中国经济增长[J].财经论丛,2016(07):11-18.

[30] 程志宇,崔昊.传统文化融入中国品牌的研究轨迹分析[J].老字号品牌营销,2023(04):6-8.

[31] 当代年轻人的"快乐秘籍"——Z世代营销攻略[R].极光,2021.

[32] 党菁.文化产业的消费经济效益及优化对策[J].中国商论,2022(12):49-51.

[33] 杜静芬.文化类电视节目的价值坚守与模式创新——以《朗读者》为例[J].出版广角,2017(16):66-67.

[34] 杜若衡.中国传统文化背景下服装品牌的建设研究——以李宁为例[J].西部皮革,2022,44(07):66-68.

[35] 段立忠.阿米巴模式在电子商务多品牌经营中的应用研究——以韩都衣舍为例[J].重庆科技学院学报(社会科学版),2017(11):31-33+48.

[36] 范小梅.新时代青年的国产品牌认同感研究[J].商业文化,2021(10):142-144.

[37] 冯浩.音乐教育在茶文化中的融入与应用分析[J].福建茶叶,2023,45(03):87-89.

[38] 高路,徐雪莱.电视剧多时空交叉叙事结构研究[J].中国电视,2022(08):29-33.

[39] 高文谦.中华审美思想对于国潮设计的启示——以故宫文创为例[J].文化产业,2023(13):4-6.

[40] 高长春,褚杉尔.创意产业对区域经济结构转型长短期效应的比较[J].经济与管理研究,2017,38(08):65-74.

[41] 高芷若,董翔薇.基于文化自信视域探讨我国文化产业发展的实践策略[J].国际公关,2023(17):47-49.

[42] 葛红兵."严肃文化"不会不堪一击[J].人民论坛,2007(04):16-17.

[43] 郭文,黄震方,王丽.影视旅游研究:一个应有的深度学术关照——20年来国内外影视

旅游文献综述[J].旅游学刊,2010,25(10):85-94.
[44] 国潮崛起:是结果,不是原因,国货服装品牌全面崛起势不可挡[R].东吴证券,2021.
[45] 国潮品牌发展洞察分析[R].易观分析,2021.
[46] 国潮品牌发展洞察分析[R].易观分析,2022.
[47] 国货市场发展报告新媒介、新消费与新文化[R].中国社会科学院,2022.
[48] 国家统计局.中华人民共和国2019年国民经济和社会发展统计公报[N].中国信息报,2020-03-02(002).DOI:10.38309/n.cnki.nzgxx.2020.000341.
[49] 国家统计局.中华人民共和国2020年国民经济和社会发展统计公报[N].人民日报,2021-03-01(010).DOI:10.28655/n.cnki.nrmrb.2021.002098.
[50] 过彤,张庆龙.《朗读者》:文化类电视综艺节目的大众化探索[J].传媒评论,2017(03):33-35.
[51] 韩贵东,孙欣敏.道德向善与技术幽灵:科幻电影中的科技伦理忧思[J].电影文学,2021(24):55-60.
[52] 韩莹莹.跨界合作:传统文化与流行音乐的"对话"[J].今古文创,2023(13):104-106.
[53] 韩毓惠,李继龙.《甄嬛传》热播背后的原因[J].西部广播电视,2013(07):70+72.
[54] 后疫情时代数字文化产业的高质量发展[R].青峰计划,清华大学文化创意发展研究院,中国演出行业协会,2022.
[55] 候海燕,李湘威.国潮背景下Wassup服装品牌的营销策略分析[J].中国市场,2023(17):120-123.
[56] 胡荣.韩剧叙事策略与消费文化传播[D].西北大学,2018.
[57] 胡珊珊.大学生对韩都衣舍快时尚服装品牌购买行为影响因素研究[D].山东师范大学,2019.
[58] 胡智锋,兰健华.中国式现代化视野下中国电影的历史探索与使命任务[J].编辑之友,2023(06):5-11.
[59] 黄敬惟.国产游戏靠什么走俏海外[N].人民日报海外版,2022-08-26(010).
[60] 黄晓波.论文化自信的生成机制[J].科学社会主义,2012(03):74-77.
[61] 黄鹏.基于价值链理论的韩都衣舍绩效评价体系研究[D].山东财经大学,2018.
[62] 计春一.从使用与满足角度浅谈青年人群对边缘文化的关注——以韩综《Produce101》为例[J].视听,2019(11):69-70.
[63] 纪时雨.论中国流行音乐中的民族元素文化[J].作家天地,2023(06):148-150.
[64] 贾文山.跳出泛娱乐主义的怪圈[J].人民论坛,2019(02):18-20.
[65] 贾璨璨,常开霞.泛娱乐主义思潮下青年价值观培育的理性审思[J].山西大同大学学报(社会科学版),2024,38(01):46-50.
[66] 江小涓.数字时代的技术与文化[J].中国社会科学,2021(08):4-34+204.
[67] 金兑炫.韩国文化产业国际竞争力研究[D].吉林大学,2010.
[68] 金梦晗.浅析中美说唱音乐及其社会影响[J].汉字文化,2018(23):157-159.
[69] 金琼如,信玉峰,王晗瑜.青绿山水融入国潮运动鞋的创新性设计研究[J/OL].皮革科

学与工程,2023(04):93-98+104[2023-07-05].
- [70] 金文恺."国潮"视域下主流话语传播语态的变革[J].传媒观察,2020(04):56-62. DOI:10.19480/j.cnki.cmgc.20200410.008.
- [71] 京张体育文化旅游带发展报告[R].中国旅游研究院,马蜂窝,2022.
- [72] 孔祥静.情感类韩剧对女大学生恋爱观的影响分析[J].青春岁月,2017(03):140.
- [73] 李冰洁.全球化现代化背景下传统文化符号在中国影视作品中的运用研究[D].华南理工大学,2015.
- [74] 李聪.博物馆文创产业现状与问题研究[D].河北大学,2020.DOI:10.27103/d.cnki.ghebu.2020.000374.
- [75] 李海丽,张磊.论古装电视剧的创新品质与实践——以《甄嬛传》为例[J].剧作家,2013 (05):157-160.
- [76] 李赫,曲佳丽,高晓霞.《我不是药神》对新现实主义影片的继承和创新[J].西部广播电视,2022,43(10):100-102.
- [77] 李恒,于娜."国潮"文化在高校美术教育中的价值及实现[J].美术教育研究,2023 (03):86.
- [78] 李睿.周杰伦流行歌曲对青少年的影响研究[D].福建师范大学,2019.
- [79] 李婷,石丹.悦诗风吟,风停了[J].商学院,2022(Z1):73-77.
- [80] 李晓梧,王安霞.基于怀旧情感的老字号品牌创新设计策略[J].艺术研究,2022(04):160-163.
- [81] 李笑萌,严圣禾.文艺创作纷繁多姿 精彩故事走向海外[N].光明日报,2023-10-16(009).
- [82] 李雪茹.区域文化产业竞争力评价分析:基于VRIO模型的修正[J].人文地理,2009,24(05):76-80.
- [83] 李雪怡.综艺节目《朗读者》的传播美学分析[J].今传媒,2017,25(04):102-103.
- [84] 李艳丰.文学终结论的文化溯源与理论重思[J].云南社会科学,2009(01):145-149.
- [85] 李卓,张心怡.转文化理论视阈下"讲好中国故事"的新模式[J].国际公关,2023(16):42-44.
- [86] 梁润文.论中国特色社会主义文化的特征及自信路径[J].福建省社会主义学院学报,2017(03):19-23.
- [87] 廖巍.上海凤凰老字号视觉形象的史料整理[J].美术教育研究,2023(12):48-50.
- [88] 林琼绎.LD公司螺蛳粉品牌营销策略研究[D].广西大学,2022.
- [89] 林晓华.基于身体消费理论的宋锦国潮服饰设计研究[D].广西师范大学,2023.DOI:10.27036/d.cnki.ggxsu.2023.000867.
- [90] 刘方.马尔库塞的文化救赎之路及启示[D].中国艺术研究院,2015.
- [91] 刘嘉.80家企业品牌价值超50亿!"中国品牌日"纺织服装业发声[J].纺织服装周刊,2023(18):10-11.
- [92] 刘琪,陈刚.从《黑神话:悟空》的传播与接受看中国游戏文化产业的发展[J].北京文化创意,2022(06):90-96.

[93] 刘倩.自贸港背景下黎锦传统元素数字化传播机制研究[J].西部皮革,2023,45(08):63-65.

[94] 刘芮.互动数字叙事视域下非遗的开发框架与实践方略[J/OL].云南社会科学,2023(06):164-172[2023-11-07].http://kns.cnki.net/kcms/detail/53.1001.C.20231031.1715.032.html.

[95] 刘淑萍.金融危机背景下的文化产业发展[J].群众,2009(02):72-74.

[96] 刘薇.韩流文化对女大学生价值观的影响及引导[D].上海财经大学,2022.

[97] 刘霞云,杨四平.当代中国文学海外传播中"中国形象"的自塑、他塑及其他[J].当代作家评论,2022(06):186-194.

[98] 刘璇,李辉.民族文化消费新风尚:"国潮"流行的机制探析[J].北京文化创意,2022(05):4-12.

[99] 刘洋.新世纪影视作品军人形象塑造研究[D].华侨大学,2023.DOI:10.27155/d.cnki.ghqiu.2022.000073.

[100] 刘仲华.试析清前期北京文化发展的新环境[J].唐都学刊,2012,28(06):78-83.

[101] 路梓桐.一条裤子魅力何来?[J].国企管理,2021(17):98-101+3.

[102] 罗克研.新国货的"复兴时代"——国人期待的国货产品究竟是什么样[J].中国质量万里行,2021(07):56-58.

[103] 旅游新国潮[R].马蜂窝旅游,2022.

[104] 梅迪.打造"华流"歌手组合,宣传中国文化形象[J].音乐时空,2015(09):78.

[105] 蒙象飞.中国国家形象建构中文化符号的运用与传播[D].上海外国语大学,2014.

[106] 孟丽荣,孟保芹.韩国"文化立国"战略及其启示意义[J].重庆理工大学学报(社会科学),2019,33(01):135-140.

[107] 孟晓辉."新国潮"涌动下黄河文化元素的视觉盛宴——河南卫视"中国节日"系列节目的新探索[J].传媒,2022(19):43-45.

[108] 明政.扁平化插画在博物馆文创产品设计中的应用[J].新美域,2022(04):73-75.

[109] 穆宝江.韩国文化产业发展与中韩文化产业合作[D].吉林大学,2012.

[110] 年轻力中国文化洞察及商业启示报告[R].ELLE,PWC,普华永道,2021.

[111] 潘怡.生态翻译学视角下汉日翻译探究[J].汉字文化,2023(20):178-180.

[112] 彭子滔,王苑丞.新与旧的交融:国潮品牌塑造过程中的多元联结研究[J].中国广告,2022(04):73-79.

[113] 朴商道.以韩国文化荣盛委员会的文化创意发展战略为例 韩国文化创意产业新发展[J].上海经济,2014(09):66-67.

[114] 齐钢,李培君.消费视野下电视剧《甄嬛传》的大众传播策略[J].浙江外国语学院学报,2013(06):93-98.

[115] 曲宏阳.浅析国潮插画的视觉色彩搭配[J].流行色,2021(04):16-17.

[116] 曲蕾.中国特色嘻哈文化粉墨登场——浅谈网综节目《中国有嘻哈》的助推之力[J].

戏剧之家,2018(01):106.
[117] 瞿志刚.传播的仪式观视域下中国传统文化的重塑与再传播——以《王者荣耀》为例[J].传播与版权,2023(08):85-88.
[118] 全小娅.跨文化传播视域下中国乡村美食类视频符号学分析——以李子柒、古村乐乐在抖音平台点赞量最高的视频为例[J].新闻研究导刊,2023,14(23):22-24.
[119] 人民论坛课题组,陈琳,于飞.2017中国公众文化自信指数调查[J].人民论坛,2017(17):12-15.DOI:10.16619/j.cnki.rmlt.2017.17.004.
[120] 单燕萍,刘宣好.文化分层视阈下国际传播的影像语言策略——基于李子柒系列视频节目跨文化传播的考察[J].新闻爱好者,2023(07):65-68.DOI:10.16017/j.cnki.xwahz.2023.07.041.
[121] 师曾志.警惕泛娱乐化奴役自我[J].人民论坛,2018(06):32.
[122] 施晨露,钟菡.用我们的语言讲我们的故事[N].解放日报,2023-07-23(001).
[123] 施晨露.成功出海,乘风破浪的《原神》们,做对了什么?[N].解放日报,2023-07-28(005).
[124] 施晓峰,吴小丁.商品组合价值与溢价支付意愿的关系研究[J].北京工商大学学报(社会科学版),2011,26(02):49-55.
[125] 数字化进阶——2020新式茶饮白皮书[R].第一财经商业数据中心,奈雪的茶,2020.
[126] 宋立丰,刘莎莎,宋远方.冗余价值共享视角下企业平台化商业模式分析——以海尔、小米和韩都衣舍为例[J].管理学报,2019,16(04):475-484.
[127] 隋岩.媒介文化研究的三个路径[J].新闻大学,2015(04):76-85.
[128] 孙敏.基于文化需求的南京云锦博物馆文创设计[J].美与时代(上),2022(11):21-26.DOI:10.16129/j.cnki.mysds.2022.11.043.
[129] 孙天垚.创新中激活传统文化 传承中增强城市动能——以成都文创产业发展为例[J].科技智囊,2018(08):46-67.
[130] 陶然.基于国潮文化的李宁品牌形象调整策略研究[D].东华大学,2022.DOI:10.27012/d.cnki.gdhuu.2021.000569.
[131] 田君.设计教育:引领创意中国——对文化创意产业背景下当代中国设计教育的思考[J].艺术百家,2007(03):139-141.
[132] 田帅,张晛.粉丝经济视角下中韩文化产业发展模式对比[J].中外企业文化,2023(03):112-114.
[133] 田雪.中韩穿越题材电视剧叙事比较研究[D].中南民族大学,2015.
[134] 涂苏琴,桑迪欢.网络传播时代审美接受的三个转向[J].南昌航空工业学院学报(社会科学版),2006(02):54-58.
[135] 王大玮.以"对话"视角探究我国传统文化在短视频平台的传播——基于YouTube的跨文化传播研究[J].新闻研究导刊,2023,14(21):39-41.
[136] 王东.解析韩国OMN的发展模式——兼论新闻网站的经营策略[J].传媒,2009(02):59-61.

[137] 王凡.文化反哺：新时期青年文化的社会功能[J].思想·理论·教育,2005(17)：41-44+48.

[138] 王菲.对外传播视角下流行文化的叙事路径[J].国际公关,2023(16)：170-172.DOI：10.16645/j.cnki.cn11-5281/c.2023.16.031.

[139] 王丰."国潮"澎湃,如何因势利导赋能中国品牌[N].新华每日电讯,2021-12-02.

[140] 王金锋.女神驾到[J].中国服饰,2014(05)：42-43.

[141] 王茹雪,楼旭东.使用与满足理论下国货美妆测评类微博的受众心理分析[J].新媒体研究,2021,7(04)：24-26.DOI：10.16604/j.cnki.issn2096-0360.2021.04.008.

[142] 王文佳.国际传播中如何打造"元软实力"——以《原神》带动中国文化出海为例[J].上海广播电视研究,2023(04)：38-45.

[143] 王文中,李玮滢.影片《白蛇：缘起》中的国风元素分析[J].戏剧之家,2022(04)：152-154.

[144] 王晓静,黄夜晓.电视节目在文化对外传播中的重要性[J].青年记者,2014(05)：36-37.

[145] 王晓玲,董向荣.韩国"海外韩国学"构建路径的转向：从单向传播到多元互动[J].东北亚学刊,2022(06)：120-130+151.

[146] 王晓燕.基于文化理解素养提升的初中民族音乐教学实践研究[D].沈阳师范大学,2023.

[147] 王洋."国潮"风起"短路经济"能否赋能中国品牌？[N].消费日报,2021-12-03.

[148] 王玉玊.从《渴望》到《甄嬛传》：走出"白莲花"时代[J].南方文坛,2015(05)：47-49.

[149] 魏华欧.基于韩流文化影响下的大学生思想政治教育研究[J].大庆师范学院学报,2016,36(03)：151-156.

[150] 魏旭燕.设计伦理视域下国潮文创的可持续发展路径探析[J].北京文化创意,2022(03)：34-39.

[151] 吴玉华,陈焱,凌焰.赣西傩文化资源现状调查研究[J].萍乡学院学报,2021,38(04)：69-72.

[152] 线上汉服消费洞察报告[R].CBNData,2020.

[153] 向勇,权基永.韩国文化产业立国战略研究[J].华中师范大学学报(人文社会科学版),2013,52(04)：107-112.

[154] 向勇.新发展阶段乡村文创的价值逻辑、行动框架和路径选择[J].北京舞蹈学院学报,2021(04)：83-88.

[155] 肖爽.大理扎染动漫 IP 形象创意设计探究[D].云南艺术学院,2022.DOI：10.27777/d.cnki.gynxy.2021.000167.

[156] 谢雁冰.《落地》构筑的"第三空间"：华裔离散身份认同新取向[J].福州大学学报(哲学社会科学版),2017,31(01)：73-79.

[157] 新式茶饮消费白皮书[R].36Kr,奈雪的茶,2019.

[158] 邢海燕."国潮"与"真我"：互联网时代青年群体的自我呈现[J].西南民族大学学报

(人文社会科学版),2021,42(01):126-134.

[159] 徐政杰,吴羚舆,杨轮.江西省文化产业投入产出效率的研究——基于三阶段DEA模型的分析[J].中国商论,2023(19):158-164.DOI:10.19699/j.cnki.issn2096-0298.2023.19.158.

[160] 许黎雯.抽离与重塑 敦煌艺术元素国潮风的品牌升维[J].丝网印刷,2022(18):10-13.

[161] 许心怡,吴可仲.米哈游:让"中国风"吹向世界[N].中国经营报,2023-07-17(B16).

[162] 薛菲.中国元素在书籍装帧中的运用及探索[J].中国民族博览,2022(19):162-165.

[163] 薛美芳.中韩两国文化软实力发展战略的比较研究[D].辽宁大学,2016.

[164] 薛帅.国潮正当时,如何对传统文化进行IP化开发?[N].中国文化报,2021-12-17(003).DOI:10.28144/n.cnki.ncwhb.2021.003862.

[165] 闫翠娟.从超级女生到乘风破浪的姐姐:大众媒介对女性形象的建构与演变[J].中国青年研究,2021(06):107-113+83.

[166] 闫美璇.韩剧《请回答1988》的可看性研究[D].辽宁大学,2018.

[167] 颜莎莎.当代戏剧影视人物造型设计的美学风格[J].艺术大观,2023(19):88-90.

[168] 颜湘君,姚倩.媒介融合视阈下电视剧《甄嬛传》的传播策略[J].东南传播,2015(08):8-11.

[169] 晏晨.国潮涌动:当传统照进现实[J].群言,2023(04):36-39.

[170] 杨陈茹晗,徐蓉.西藏传统色彩在文创设计中的应用研究[J].大众文艺,2020(11):119-120.

[171] 杨桂菊.代工企业转型升级:演进路径的理论模型——基于3家本土企业的案例研究[J].管理世界,2010(06):132-142.

[172] 杨继军,张二震.人口年龄结构、养老保险制度转轨对居民储蓄率的影响[J].中国社会科学,2013(08):47-66+205.

[173] 杨琳,李亦宁.电视文化节目的传播影响力分析——以《百家讲坛》为案例[J].新闻知识,2007(11):55-57.

[174] 杨一帆,代晓东,刘世成.DIMT模式下网络游戏《永劫无间》的符号解码[J].新楚文化,2023(17):80-83.

[175] 杨玉雪,董黎明.文化产业助推河南高质量发展的路径探析[J].统计理论与实践,2021(12):65-68.

[176] 姚林青."国潮"热何以形成[J].人民论坛,2019(35):132-134.

[177] 叶琳.网购环境下影响服装消费者购买的因素研究[D].深圳大学,2018.

[178] 游戏IP赋能文旅实践报告[R].中国旅游研究院(文化和旅游部数据中心),2023.

[179] 于舒凡.中国古典美学影响下国潮服饰创新设计研究[D].苏州大学,2023.

[180] 于洋.艺术大众化和商品化进程中的艺术独立[J].美术教育研究,2022(02):58-59.

[181] 张波.全民阅读的多重意蕴、现实场域与路径设计[J].出版发行研究,2021(08):5-10.DOI:10.19393/j.cnki.cn11-1537/g2.2021.08.002.

[182] 张超.新时代优秀传统文化如何实现创新传播[J].人民论坛,2020(10):138-139.

[183] 张春,雷亚丹.温暖现实主义电影:特征、历程与反思[J].电影文学,2023(11):46-51.

[184] 张海明.流行歌曲与中国古典诗词[J].北京师范大学学报(社会科学版),2007(01):64-70.

[185] 张荷瑶.清末民初背景下现代汉语语法的形成[J].宁夏大学学报(人文社会科学版),2023,45(03):84-89+140.

[186] 张杰.电影IP与品牌跨界联名产品赋能研究[J].北京电影学院学报,2023(06):57-64.

[187] 张磊,胡亚楠.从文化输出观走向文化互惠观:透过"韩流"思考中国的国际传播[J].现代视听,2020(09):13-18.

[188] 张立朝.公共图书馆文化创意产品开发中的优质IP培育研究——以国家图书馆为例[J].图书馆,2021(02):96-100+113.

[189] 张丽洁."网红经济"下音乐短视频内容营销策略[J].传媒论坛,2020,3(21):151-153.

[190] 张巧欢.韩剧中的青年亚文化策略探析——以《原来是美男啊》为例[J].新闻爱好者,2012(07):82-83.

[191] 张秋英.我国老字号的法律保护制度研究[J].法制博览,2018(04):92-93.

[192] 张睿.国潮食品品牌的沟通元传播策略研究[D].青岛大学,2023.DOI:10.27262/d.cnki.gqdau.2023.000261.

[193] 张时来,许畅畅.中国传统文化在环境艺术设计中的运用[J].石家庄学院学报,2023,25(03):61-65+135.

[194] 张新新,严思语.数字出版财政治理初探:理论依据、本体构建与路径优化[J/OL].出版与印刷:1-12[2023-11-07].https://doi.org/10.19619/j.issn.1007-1938.2023.00.063.

[195] 张星星,叶青,王乐鹏.中医药老字号在海外新闻媒体报道中的形象建构[J].中医药导报,2021,27(10):1-4+9.

[196] 张瑶.出海"新王"米哈游,极致的文化本土化策略[J].国际品牌观察,2023(19):55-58.

[197] 张议云.比音勒芬数字化营销策略改进研究[D].东华大学,2022.

[198] 张颖.浅析"韩流"网络传播现象及启示[J].新闻世界,2014(06):110-111.

[199] 张宇.大众传媒视角下影视编导的创新思维培养策略探析——评《影视编导》[J].科技管理研究,2022,42(11):266.

[200] 张志强.环境规制、产品空间演化与企业导向性技术创新——基于上市公司制造业企业的证据[J].南开经济研究,2023(03):151-172.

[201] 张紫阳,李薇.国潮视域下的连帽卫衣设计现状研究[J].服装设计师,2022(01):133-138.

[202] 章玲.培育民族文化新国潮计划[J].广播电视信息,2023,30(04):37.DOI:10.16045/j.cnki.rti.2023.04.005.

[203] 赵婵娟,杨威.韩国传统文化传承与转化探析[J].东疆学刊,2021,38(01):15-21.

[204] 赵卿汝.基于文化品牌理念的IP形象设计研究[D].北京交通大学,2023.DOI:10.26944/d.cnki.gbfju.2022.001278.

[205] 这就是95后的国潮地盘[R].第一财经商业数据中心,2021.

[206] 郑娜.传统文化"破壁"二次元[N].人民日报海外版,2023-02-06(007).

[207] 郑宁.海岩创作的大众化倾向[D].吉林大学,2007.

[208] 中国文创文旅元宇宙白皮书[R].上海市创意产业协会,2023.

[209] 中国文化产业和旅游业年度盘点报告[R].北京京和文旅发展研究院,2022.

[210] 中国文化创意产业法治发展年度报告[R].北京市文化娱乐法学会品牌保护与IP授权法律专业委员会,2021.

[211] 中国现制茶饮渠道消费者与行业趋势报告[R].欧睿信息咨询,伊利乳品,2022.

[212] 中国新茶饮供应链白皮书[R].沙利文,2022.

[213] 周晓虹.模仿与从众:时尚流行的心理机制[J].南京社会科学,1994(08):1-4.

[214] 周中之.经济全球化背景下当代中国消费伦理观念的变革及其研究[J].上海师范大学学报(哲学社会科学版),2007(03):14-20.

[215] 周舟,莫培仙.互联网时代的中国流行音乐产业发展研究[J].音乐生活,2023(04):93-96.

[216] 朱兆一.平台世界主义视域下的"韩流"国际化机制——基于韩剧的示例[J].现代传播(中国传媒大学学报),2023,45(02):120-127.

[217] 朱振中,刘福,Haipeng(Allan)CHEN.能力还是热情?广告诉求对消费者品牌认同和购买意向的影响[J].心理学报,2020,52(03):357-370.

第二章
国潮的理论研究[①]

国家围绕"文化自信"进行的相应战略部署为国潮的兴起与发展提供了优渥条件。"国潮"热度不仅帮助现有国产品牌的业绩获得增长,而且孕育出大量新兴国产品牌并在短时间内获得高速扩张。在进入蓬勃期后,人们用"万物皆可国潮"来形容品牌借用国潮进行营销的火热程度。以国潮为概念进行宣传的品牌不仅引发国内消费者的积极反应,而且各类国潮 IP 借助全球经济与数字平台得到了海外消费者的关注(王潇潇和魏晓莉,2023;郭国庆,2022)。

在国潮蓬勃时期,与之相关的业界实践开始面临诸多争议。上一章,我们陈述了消费者对于市场上一些国潮品牌/产品原创力不足、同质化严重以及品牌溢价现象的质疑。此外,国潮的"泛娱乐化"又可能对其内涵中包含的中华传统文化产生负面影响。鉴于此,国潮相关的实践亟须学界的科研成果提供行之有效的理论指导。

从国潮发展期后半段开始,国潮研究主题受到学界的关注,学者们分别从自己学科视角切入,对国潮相关现象进行解读,至国潮蓬勃期,学术研究成果的数量有很大的增长。研究团队选取中国知网为数据库搜索发现,2015 年前尚无国潮相关成果,截至 2023 年 12 月,在中国知网已有 1 197 篇以"国潮"为主题的文献。如果把搜索边界限定在来源于"北大核心"或"CSSCI"的期刊文章,时间跨度为 2019 年到 2023 年,则共获得 196 篇高质量文献,分布于传播学、社会学、管理学以及艺术领域。我们发现,其中有 152 篇文献(占高质量文献的

[①] 本章作者团队为叶巍岭、张沐嵘和徐苏。

78%,占全部文献的 13%)是在明确给出国潮的定义或内涵的前提下展开讨论的。

尽管有文章给出了国潮的定义,但目前有关国潮定义及内涵的规范研究几乎是空白,通过对上述 152 篇文献的精读后,可以梳理出学者们对国潮的定义主要存在三个方面的争议:对"国潮"中的"国"的指代对象、"国潮"中的"潮"的指代对象,以及"国"与"潮"融合时是否有占优的一方存在不同的见解。

尽管现有文献对国潮定义的理解多元,但学者们也在一些方面达成了一致意见:第一,人们在使用"国潮"一词时表达了对国家文化和流行文化两大要素的识别(姚林青,2019;施州,2022;吴聪,2022)。第二,人们使用"国潮"一词的语境不同,指代不同,或是"现象",或是"感知"。其中,将"国潮"作为前置词语与名词搭配时(如国潮品牌、国潮产品、国潮元素、国潮服饰)表达的是一种主观感受,我们称之为国潮感。第三,消费者感知到品牌或产品的国潮感时会有情感反应,目前的主流文献是指积极的情绪反应。第四,当消费者对产品或品牌有较高国潮感知时,会引发积极的消费者行为反应,如购买意愿的提高和积极自主的口碑传播(胡钰,2022)。第六,当消费者用国潮来定义一个品牌或产品时,属于积极的属性描述。综上,要在市场营销、消费者行为或者品牌管理领域研究"国潮",其基础是从消费者感知的视角进行有关"国潮感知"的研究。

经过对包含国潮定义的文献的整理,本章对国潮感作为一种消费者的主观感受所包含的维度进行了理论推演,构建了国潮感的理论模型:一个由中华传统文化元素的典型性感知(perceived typicality)、品牌的潮流性感知(perceived trendiness)两个原子属性,以及这两个原子属性的同一性(unity)三个方面构成的国潮感概念框架。

国潮感的内涵维度之一是对中华传统文化的典型性感知(perceived typicality)。典型性(typicality)又称原型性(prototypicality),是指一个事物代表一个类别的程度(Veryzer 和 Hutchinson,1998;Loken 和 Ward,1990)。需要强调两点:其一,国潮的典型性所代表的是中华传统文化而非仅是原产地为中国的事物;其二,国潮产品/品牌所包含的元素应该是中华传统文化元素中为大众所熟悉的内容,Veryzer 和 Hutchinson(1998)称之为文化的中心代表(central representation),意味着这些元素是消费者所熟悉、易于认知加工的象征元素（Rosch，1978；Vanpaemel 和 Bayer，2021）。

国潮感的内涵维度之二是感知潮流性（perceived trendiness），指的是消费者对某个产品、品牌或者行为在多大程度上符合市场上时兴的风格与时尚的一种主观感知（Blijlevens et al.，2013；Zhu 和 Meyers-Levy，2009；Chung et al.，2020）。需要特别指出的是，一些学者认为"潮"这个概念起源于时尚文化（王战和靳盼，2021）。从定义上来看，潮流文化与时尚文化内涵有一定的重叠。首先，两者都包含被社会大众所崇尚的生活样式。其次，两者都有"变化速度快"这一特征。时尚的特点之一是迅速崛起并蔓延，又在一段时间内衰退，直至消逝（袁芃，2007）。潮流文化同样具有时效性，其首先需要合乎时宜，后续才能产生轰动效应。从市场表现来看，国潮的"潮"与流行文化的内涵更加贴合。原因在于时尚文化具备区分社会等级的作用，在时尚文化的传播中，精英开创了一种时尚，当大众为了消除外在的阶级差异而开始模仿时，该时尚就会被精英所抛弃（Simmel，1957；柳沙，2021）。这种区分社会等级的特点显然不符合国潮品牌的发展规律。而作为民俗文化的流行文化，是人民文化（夏建中，2000），这显然更符合国潮品牌/产品被广泛的中国民众所喜爱的现象（孙嘉，2021）。

由于上述这个核心感知并存共现，因此，国潮感的维度还涉及这两个原子属性的关系感知，即感知同一性（perceived unity）。同一性描述的是各元素之间的连接关系和谐，没有冲突。同一性的研究结论中，与国潮相关的可以追溯到两个不同领域：设计美学领域的视觉审美相关研究和文化领域的文化混搭理论。美学领域的同一性是指从视觉上的任何角度来看，物体的各个组成部分都通过一种有意义的方式相连接（Veryzer 和 Hutchinson，1998）。文化混搭是指"两个或两个以上的不同文化元素在同一时空中呈现"（Chiu et al.，2011；赵志裕等，2015）。郭晓凌等（2022）在一项关于古今文化混搭产品的研究中提出"文化融合度"这一概念，将其定义为"传统文化元素和现代文化元素在多大程度上跨越了明显的界限，进行了充分的融合，最终实现了转化创造"。这一概念与同一性的概念内涵较为贴近。

在厘清国潮感的内涵维度后，就可以探究国潮感会引发的消费者反应，为进一步的品牌策略有效性研究做准备。可以从消费者心理反应、消费态度和行为，以及潜在的负面反应几个方面来展开。

第一，国潮感对消费者心理反应的影响研究，包括认识和情绪反应。从认知反应来说，国潮品牌/产品往往被视为一种象征性资源，消费者借此建立身份认同（王战和靳盼，2021；木斯等，2023）。国潮消费体现了消费者对于中华传统文化的认同感（晏晨，2022；邢海燕，2021；王战和靳盼，2021）。这也意味着国潮感可能增强消费者的自我认同和文化身份认同。在消费者情感反应方面，消费者在国潮消费后表现出的怀旧情绪、审美愉悦感、自豪感和敬畏感都值得深入研究，这些情感不仅对品牌/产品有利，最重要的是它们对消费者而言都是积极情绪。然而，上述研究多为评论分析类文章，缺乏规范的定量研究。有了国潮感量表后，我们建议研究国潮感不同维度与消费者反应之间的关系，并讨论这些认知和情绪反应产生的边界条件。

第二，目前还没有国潮感对消费者态度和行为的实证证据支撑，以及影响机制的深究。根据本文对国潮感维度的梳理，未来的研究可以在自我建构理论（Markus，Kitayama，1991）、独特性需求理论（Tian et al.，2001）、符号互动理论（Solomon，1983）、刻板印象内容模型理论（Fiske et al.，2002）、社会认同理论（Tajfel，1978）的基础上构建研究框架，以揭示消费者国潮感知对消费者行为的作用机制。

第三，探索国潮感对于消费者的潜在负面反应。从辩证的角度来看，国潮感一定存在消费者心理或行为上的消极反应。例如，目前中国国潮品牌的主要受众是中国消费者，对国潮感敏感的消费者有没有可能普遍存在着民族中心主义倾向？国潮感内涵维度中的典型性感知来自中华传统文化，这可能强调品牌来源国的概念。由此，高国潮感是否有可能引发消费者民族中心主义从而夸大所属群体优越性，产生鄙视非所属群体成员的倾向？对国潮感的负面反应的探索，有助于辩证地理解国潮感知的后效。

除了个体层面的消费者反应研究，国潮感对品牌长期发展的影响同样具有研究价值。

首先是国潮品牌持续创新问题，这是国家经济发展的要求，也是传承中华传统文化的要求。文化的吸引力和感染力是国家软实力的重要内容，当代社会国家之间的竞争不再依赖武力征伐，突出表现为文化软实力之争，因此，充分挖掘传统文化价值与现代文化价值的联结点，打造标志性的国家文化符号，就成为时代所需（冯月季和李菁，2019）。

其次是国潮品牌的延伸问题，这个研究问题可以被分为两大类：产品线延伸和品类延伸。其中,产品线延伸是将母品牌应用于已有品类的新细分市场,品类延伸是指将品牌应用于和已有品类不同的其他品类(Keller,2009)。具有国潮感的品牌在进行品牌延伸时,消费者对于其延伸产品的评价可能更加积极,可接受范围似乎也很大。国潮品牌以 IP 联名的方式在美妆、食品、家电等行业进行产品延伸的现象屡见不鲜,这个观察尚无实证支持。但是,相较于其他国产品牌,国潮品牌的延伸有没有独特的限制呢?这个问题尚无结论。

最后是关于国潮品牌如何成长为全球品牌的问题,即如何拓展异文化市场,进行国际化传播。未来有必要研究怎样的国潮感可以引发异文化消费者的积极反应,规避他们的消极反应。从消费者角度来看,不同个人特质的海外消费者对于中国国潮品牌的偏好度可能存在差别。国潮感并不只包含国家文化典型性感知,还包括潮流性感知,这种潮流性如果是跨文化的共识,那么会在品牌国际化拓展中起到积极作用吗?国潮的双维度可能存在作用上的互补。这部分的未来研究除了可以借鉴有关品牌国际化的理论,还可以从文化混搭理论的相关研究成果中找到一些启发。

综上,本章对已有针对国潮概念的研究进行系统的梳理和述评,围绕"国潮感"这个概念构建了在营销领域研究国潮的框架。

一、国潮相关研究的综述

随着各行各业有关国潮的实践如火如荼地展开,有关国潮的研究也渐渐丰富起来。因为"国潮"一词在中文语境使用,所以我们选取中国知网为数据库,搜索了 2016 年开始(2016 年前是 0 篇)到 2023 年共 8 年间以"国潮"为主题的文章。截至 2023 年 12 月,在中国知网共有 1 197 篇以"国潮"为主题的文献,见图 2-1。我们把搜索条件限定在来源于"北大核心"或"CSSCI"的期刊文章,时间跨度为 2019 年到 2023 年,查询到 196 篇高质量文献,分布于传播学、社会学、管理学以及艺术领域。我们发现,其中有 152 篇文献(占高质量文献的 78%,占全部文献的 13%)是在明确给出国潮的定义或内涵的前提下展开论述的,本书关于国潮的现有研究综述主要基于这 152 篇文献。

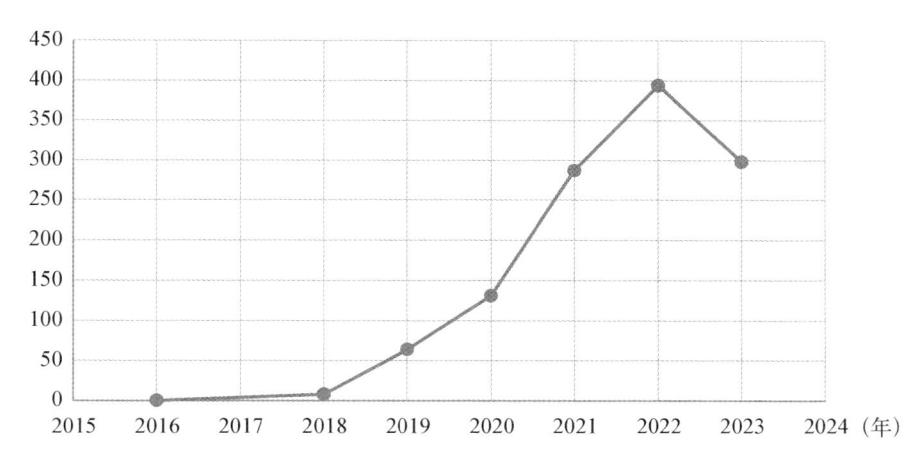

图 2-1　2016—2023 年每年中国知网国潮主题文章发文量
资料来源：中国知网。

（一）国潮定义的研究概况

研究国潮的前提是对"国潮"的概念与内涵进行明确界定，但是有关国潮定义的实证研究几乎是空白。现有文献在定义"国潮"时，普遍的做法是将"国"和"潮"拆分讨论，所产生的争议有些表现在"国潮"中的"国"，有些集中在"国潮"中的"潮"，还有些研究对"国"与"潮"融合时是否有占优的一方存在不同的见解。

1."国"的争议

在关于"国潮"的"国"的讨论上，现有文献主要有两个争论的焦点。

第一个争论的问题是，"国"的指代对象是品牌或制造的原产地，还是国家文化要素？大部分学者认为，在中文语境下讨论国潮时，"国"的核心是中华传统文化元素。例如，一些研究认为，"国"的精神内核是中华文化（马荣桢，2021；施州，2022；晏晨，2022）；一些研究认为，国潮产品/品牌的基因是中华传统文化（白雪和Jamil，2022；宗祖盼和刘欣雨，2022），它以民族文化为主要审美情趣（吴倩，2022）。然而，也有学者认为"国"仅代表原产国的意思，在中文语境中，国潮的"国"指代中国（卞向阳和李林臻，2021），也就是说，只要是中国制造、中国设计师创立的品牌就都是国潮品牌（文镱澎，2020；姚林青，2019）。

有关"国"的第二个争论的问题是，如果"国"指代的对象是中华文化，那么其所包含的具体内容有哪些？一部分学者认为，"国"所对应的文化是指中国传统文化元素,它包括了中华历史、山水诗画、风土人情与民族记忆等与中国传统文化相关的文化符号(宫承波和王琳,2022;晏晨,2022)。许晓菲(2022)在研究国潮服饰品牌时认为"国"包含了窗花剪影、戏剧脸谱等民族文化元素,魏群和赵舒(2021)则认为"国"指中国特色文化,具体包括了民族文化、地方特色文化与非物质文化遗产等。不过,也有学者认为,"国"还应该包括近现代中国的优良文化如红色革命文化(王亦敏和雷珂,2023),还可以是现代中国前沿的科学技术与文化生活(莫康孙和刁玉全,2022)。

综合来看,大部分文献认同"国潮"中的"国"指中华传统文化(宫承波和王琳,2022;魏鹏举和白一惟,2023;晏晨,2022;杨光影,2023;杨明月和雷尚君,2023),国潮是对中华传统文化元素的创新表达。中华传统文化是中国几千年来积淀下来的宝贵财富,包括文学、艺术、哲学、宗教、礼仪等方面的传统价值观和文化体系,为国潮提供了丰富的素材元素(晏晨,2022)。通过将传统文化元素融入时尚、艺术、设计等领域中,国潮为传统文化注入了新的活力和时尚感,使其更具现代性和吸引力,也使中国传统文化元素被重新发现和重新诠释(宫承波和王琳,2022;晏晨,2022)。也就是说,国潮既是中华传统文化的传承,更是为中华传统文化注入时代的活力。

2."潮"的争议

有关"国潮"的"潮"所指代的对象问题,学者们也存在分歧,争议主要集中在两个方面:国潮是大众还是小众?国潮仅指产品设计风格还是泛化成一种文化现象?

多数研究认为,"潮"在一定程度上具有大众文化的特征(赖立和谭培文,2023;吴倩,2022)。国潮在中国社会中引起了广泛的关注和参与,是大众热议的话题(张志安和吕伟松,2023)。国潮的兴起得到了社交媒体的广泛传播和推广,引发了社会各界的关注和参与。国潮所涵盖的时尚、艺术、娱乐等领域的产品和内容也面向广大消费者,是大众消费的一部分(张志安和吕伟松,2023)。因此,多数学者认为国潮的"潮"代表了流行,是受到社会广泛认同的趋势(柳沙,2021)。

但是,也有学者认为"潮"是与众不同的小众文化。在国潮现象中,我们可以看到中国传统文化被重新诠释和融入当代的时尚、艺术、娱乐等领域中,形成了一种与众不同的中国风格(宫承波和王琳,2022)。最重要的是,"潮"代表一种个性化的引领前沿的潮流文化(吴倩,2022),国潮的元素和风格吸引了一部分具有独立思考能力和追求个性的消费者,形成了一种小众文化的特征(林峰,2022)。还有学者认为,"潮"可以对应潮牌,来源于国外小众、反叛的街头文化(许晓菲,2022)。

有一部分学者认为"潮"的属性是一种设计理念或风格,因为"潮"是一种彰显原创、个性化和先锋的设计理念(卞向阳和李林臻,2021)。通过在产品设计、包装、营销等方面的表现,呈现出一种与众不同的潮流风格,国潮吸引了一部分消费者,成为一种受欢迎的产品风格与审美趋势(吴瑶和闫晶,2023)。

也有学者认为"潮"的属性是一种文化现象,"潮"指的是一种流行文化、流行的趋势和现象。例如,国潮的兴起不仅是一种产品风格的表达,更是一种对中国传统文化的重新表达与传承的文化现象(王利丽和宋珮暄,2023)。金文恺(2020)认为"潮"是特指面向年轻人、符合主流价值观倡导的与年轻人的生活方式紧密结合的大众生活文化。董牧孜(2022)认为国潮是一种复古的潮流。吴聪(2022)直接将"潮"定义为流行时尚。

3. "国"与"潮"的关系争议

关于"国"与"潮"的关系方面,学者们也有不同的思考。最主要的争议点在于:"国"与"潮"究竟是一种并列关系还是一种主次关系?

有学者认为,在"国"与"潮"的关系中,"国"是核心,"潮"是表现形式(章莉莉和朱艺芸,2021)。例如,胡钰(2022)强调国潮品牌产品的来源国是中国,其具有中国文化的烙印,国潮只是以当下的技术对本土文化的一种新的表达与诠释(高传华,2020)。学者孙嘉(2021)认为,当今的国潮更多是指中国国民的一种消费倾向,表现为中国特色的本土品牌和本土设计受到中国民众的广泛接受和喜爱。这类观点的共性是认为"国"在国潮中居于核心地位,国潮的核心是中国文化的独特性的表达。无论其形式如何变化,国潮的核心都是中国传统文化,承载着中国人民的价值观与精神(王雪菲和岳琳,2023)。而"潮"不过是用来指代国潮的表现形式,即通过当代的技术和流行元素对本土文化进行了新的诠释和表达(吴聪,2022)。这种表现方式是一种创新,国潮将中国传统文化与时尚、艺术、设计等领域相结合,形成了一种全新的中国传统文化的表达形式与传承方式(赖立和谭培文,2023)。

也有学者认为,"国"与"潮"之间的关系不存在主次。"国潮"以品牌为载体,是"国"与"潮"两种文化的融合,泛指本土文化与潮流文化之间的一种混搭与融合(吴倩等,2022;叶巍岭等,2021;姚林青,2019)。这类观点倾向于认为

"国"与"潮"是一种并列的你中有我、我中有你、相互交融、相互依存的关系。在这类观点中,国潮既强调了中国传统文化的独特性和中国元素的表达,也在国潮的发展过程中,本土文化和潮流文化相互借鉴、相互融合。国潮的发展不仅是传统文化的延续和发展,也不仅是对潮流文化的吸纳和追逐,而是两种文化的融合(吴倩等,2022;叶巍岭等,2021)。国潮之所以被认为是一种新的文化形态,在于它能够将传统与现代、本土与潮流完美融合,没有主次正是这一现象的特别之处(叶巍岭等,2021)。

不过,还有少数学者强调了潮流品牌在国潮中的主导地位,认为国潮品牌首先得是潮牌,所谓国潮,是指先锐的潮流品牌采用了本土文化元素进行设计(许晓菲,2022)。潮流性作为国潮品牌的核心,通过对本土文化元素的设计运用,将本土文化与时尚潮流相结合,形成一种新的文化表达方式(姚依琳和陈大公,2023)。在这类观点中,设计元素被视为关键因素,潮流品牌通过对本土文化元素的设计运用,创造出具有时尚潮流属性的产品与品牌(许晓菲,2022)。有学者明确表示不同意这样的观点,认为如果"国"只是给予潮流品牌一定的设计灵感,是对国潮非常狭隘的理解(金文恺,2020;叶巍岭等,2021)。

4. 国潮定义汇总

总之,现有文献对国潮定义的理解多元,表2-1按不同研究领域和文献年份,详细梳理了核心期刊的文献中关于"国潮"的定义。

表2-1 不同学科对国潮的定义及其指代对象

指代对象	作者	年份	领域	原文定义
现象(消费现象)	姚林青	2019	传播学	"国潮"是以品牌为载体,既能满足年轻消费者个性的张扬及其对时尚的追求,又是对传统文化自然回归而产生的一种流行现象。"国潮"所包含的基本要素:中国、品牌、潮流和文化
现象(文化现象)	晏 晨	2022	传播学	国潮主要指展现中国特色和传统魅力的精神文化现象及物质文化实践,是将传统文化元素、风格和理念融入当代生活引发的文化热潮,它既囊括了与传统相关的创意创新型精神文化,也包括新国货、汉服、文博文创等物质文化产品,国潮推动了传统以崭新的样态进入现代文化

续表

指代对象	作者	年份	领域	原文定义
现象(文化现象)	施州	2022	传播学	国潮中的"国"代表的是中国传统文化,"潮"代表的是潮流、时尚、科技。当下的国潮文化是指运用一切创新手法保护和传承中国传统文化的文化形态
现象(消费现象)	王战 靳盼	2022	传播学	"国潮"品牌是父辈与子辈代际博弈的产物,是企业与消费者对话的产物,是传统文化与时尚文化对流的产物,是国家间文化角逐的产物
现象(文化现象)	莫康孙 刁玉全	2022	传播学	"国潮"逐渐超越了商品价值的范畴,演变为一个文化概念,代表了大国崛起中的文化自信
现象(消费现象)	皇甫晓涛	2022	传播学	"国潮"的本质就是文化自信"潮",是文化强国战略背景下产生的一种潮流,其本质是因为年轻一代相较于上一代的消费者观念,逐渐打破了对"洋"品牌的仰视态度
现象(文化现象)	李红岩 杜超凡	2019	社会学	广义的"国潮"可指从古至今,基于中国本土文化并体现广泛文化认同的一种社会风潮,诸如古时士大夫阶层的"国士之风"。狭义的"国潮"则是指中国本土文化、本土品牌及产品所引领的时代潮流
现象(文化现象)	高传华	2020	社会学	国潮国风热是青年群体彰显个性与时尚、传递文化与品位的重要体现,是传统文化时代表达的新方式。青年国潮国风热是文化自信的重要表现,体现了青年群体对于传统文化的认同
现象(文化现象和消费现象)	宗祖盼 刘欣雨	2022	社会学	"国潮"作为一种符号文本和消费现象,其流行蕴含了一系列复杂的政治、经济、社会和文化因素。狭义的"国潮"是指蕴含中国文化、融合潮流元素、符合时代需求的国货品牌及其消费潮流,广义的"国潮"则脱离了实物载体,进而扩散到观念层面,指一种中国文化基因在符号生产及消费领域的复兴潮流,呈现为一种精神风貌
现象(文化现象和消费现象)	吴倩	2022	社会学	国潮文化具有若干典型要素:以民族文化为主要审美情趣,以商业品牌为主要传播载体,以潮流文化为主要表现形式,以青年群体为主要观照对象

续　表

指代对象	作者	年份	领域	原　文　定　义
现象（文化现象）	刘能	2023	社会学	从学理上来看，本人倾向于将国潮消费看作一场多社会主体参与的集体行动，在这场集体行动中，传统文化要素、现代产业设计和美学处理、新型传播手段和多重人类动机（如国家骄傲和文化自信等）等全都整合在一起，推动了实物产品和服务消费领域的一场重大革命性浪潮的出现
现象（文化现象和消费现象）	付茜茜	2023	社会学	新国潮是在现代消费社会语境下诞生的融合中华传统文化和时尚潮流文化的新文化现象。新国潮以传统文化为内蕴形态，以物品或精神为载体，顺应着当下的社会时尚趋势，并生成特定的文化形态与内涵，呈现为品牌文化或新消费方式
现象（文化现象和消费现象）	姚林青	2019	营销学	从表现形式看，"国潮"既可以是体现中国文化的复古中国风，也可以是展现国际潮流的创新中国风，中国元素在传统与现代的碰撞中巧妙结合，形成灿烂多姿的时尚潮流。从载体看，"国潮"既有以实物产品为载体的中国制造之潮流，也有以文化现象为载体的中国文化之潮流，比如汉服文化的兴起等。从影响范围看，不仅本土的时尚品牌纷纷爆红，而且其他领域的国产品牌逐渐被国人所接受和喜爱
品牌和产品属性	马荣桢	2021	营销学	本土品牌成功运用中国传统文化元素营销传播，形成时尚潮流，打造国潮品牌
现象（文化现象）	章莉莉 朱艺芸	2021	艺术学	"国"指中国的、本土的，是相对于西方而言的，是全球化趋势下中国本土文化、产品和品牌的表达。"潮"指潮流和趋势，具有时代更替的动感，以及生机勃勃、更新迭代的特征。由此可见，国潮是中国传统文化的传承和创新，与时代精神同步，具有多元融合、跨界创新之含义
现象（文化现象）	廖宏勇 刘平云	2021	艺术学	"国"是传统文化的认知范式，而"潮"则是将"国"纳入一定时尚领域之后所进行的价值延展。因此，品牌国潮所体现的并非某种情绪化的文化自信，而是参照当代中国社会情境的深层文化认同。品牌国潮是基于文化经验，对品牌视觉符号之意义的释读与判断，是一种借助时空维度的符号元素编织起来的文化印象

续 表

指代对象	作者	年份	领域	原文定义
现象（文化现象）	董牧孜	2022	艺术学	以国风、国潮之名所展开的复古或者寻根潮流
传播模式	徐海波 吴余青	2021	设计学	"国潮"就是用时尚潮流讲述中国故事，实现个性时尚与中国文化元素的完美融合，是中国传统文化与本土文化的创新传播模式
品牌和产品属性	孔祥富 等	2021	设计学	"国潮"具体指具有中国特色的产品潮流，"国潮"产品设计可归纳为将中国传统文化及造物规律与现代设计理念结合
现象（文化现象）	章莉莉 李姣姣	2021	设计学	所谓"国潮"，笔者认为具有三层含义：第一，"国"指中国，是相对于西方而言的，是全球化视野下审视中国本土文化、产品和品牌的表达。第二，"潮"指潮流、流行、趋势，具有当下的语境和动态的特征，具有一种生机勃勃、层层推进、更新迭代的时代特征。第三，"国潮"具有多元融合、跨界创新的含义，将传统文化和时代精神相融合，在不同行业领域不断破圈跨界，寻找新动能，驱动中国文化再生产
品牌和产品属性	卞向阳 李林臻	2021	设计学	"国潮"是由国人自发创造的词汇，其中"国"即中国，"潮"则是彰显原创、个性和先锋的设计理念
现象（文化现象）	马凌云	2021	文学	"国潮""国风"是以传统文化为根基，将传统文化与时代潮流元素有机结合得出具有中国传统特色的文化艺术风格，是中国传统文化新的表达方式，是文化自信的表现，也是民众对于本国文化高度认同的体现
现象（文化现象和消费现象）	孙 嘉	2021	文学	此时的国潮不仅限于商品、实物，更有民族文化、国家智慧、生活方式、精神内涵之义
现象（消费现象）	郑红娥	2021	文学	国潮是指以本土产品和本土品牌为载体，以中国传统文化或价值为主要设计理念，并融入国际时尚元素所引领的消费潮流

续　表

指代对象	作者	年份	领域	原　文　定　义
现象（文化现象和消费现象）	柳　沙	2021	心理学	国潮作为一种社会现象,具有双重含义。广义的"国潮"泛指一定时期内,中国本土文化、本土品牌和产品流行并受到社会广泛认同的趋势,涉及塑造国家形象,复兴传统文化,增强文化自信,提升国货品质,打造本土品牌,转变国民消费模式和生活风格,扩大海外知名度和影响力等诸多层次的不同内容。狭义的"国潮"则特指近几年国内流行的一种加入了中国本土文化和元素的潮流文化（或称"潮牌文化"）
现象（文化现象）	郑　炀 马筱茜	2021	影视学	"新国潮"一词是指近年来一种中国文化的流行风潮,突显了以中国文化为原点的审美风格和民族文化共同体的思想内涵,具有爱国主义、民族主义的精神内核
品牌和产品属性	刘　婧 饶曙光	2022	影视学	国潮电影也具备了以上研究总结的特点,即以本土文化与艺术为基础,融合年轻消费者需求,并以建立中国电影品牌为目标。它不仅是国产电影工业水准的缩影,而且彰显着电影对传统文化与艺术的现代性和创造性转化,极具中国特色
品牌和产品属性	宫承波 王　琳	2022	影视学	国风国潮类节目,通过介入"视觉表演型"技术手法,完成了对中华历史璀璨文明的探寻,对山水诗画美学思想的提炼,对风土人情民族记忆的强化,对人文景观哲学内涵的彰显,国家美学、民族美学、人民美学等"意"的表达融入其中,展现国风国潮的人文魅力,证实了中华美学的超越性价值
现象（文化现象）	吴　聪	2022	教育学	"国潮"是中国步入新时代以后由青年力量和设计市场共同构筑的文化品牌,兼具民族文化、国货品牌与流行时尚三大基本属性
现象（文化现象）	马　冬 任虎鹏	2022	历史学	对"国潮"的多元解释看似各有侧重,实则皆以中国文化为价值内核,背后是青年群体新的情感诉求、价值归属和社群认同
现象（文化现象）	白　雪 AzharBin Abd Jamil	2022	营销学、传播学	国潮从字面上理解为民族化趋势和潮流,主要表征包括：含有国家传统文化的基因,形成一种潮流风尚。国潮并非一个美学或艺术学范畴的界定,但人们耳熟能详且已成为现象,它是"中国风"的升级版

续 表

指代对象	作者	年份	领域	原 文 定 义
现象(文化现象)	孔 超	2022	影视学、设计学	"国潮"是一个由群体意识形态缔造的多样态、多层次、趋渗性的社会现象,其在文化层面是指对传统语汇的当代释读,对一段集体记忆的追溯和情感传递,抑或是一种"温故知新"的理念思辨

资料来源:研究团队根据中国知网的文献搜索结果整理。由于篇幅有限,本文仅列出了发表于CSSCI来源期刊、CSSCI扩展版期刊以及北大核心期刊的"国潮"相关文章。

汇总这些定义后,可以看到一个很有趣的现象:国潮品牌和国潮产品在原产国上的指代并不完全相同。

首先,中文语境下的"国潮品牌"在品牌原产国属性上高度一致,全部是指中国本土品牌(local brand)(施然,2022;邓佑玲,2022;马荣桢,2021;张亚茹,2021)。当然,"国潮"和"国产"这两个概念存在很大的不同,下文会就国产品牌和国潮品牌两个概念进行辨析。

其次,在中文语境中,如果用"国潮产品",其所属品牌的原产国属性并不特指中国。例如,在阿迪达斯推出"阿迪达斯与百年巨匠艺术巨匠联名系列"产品时,在媒体宣传中使用了"国潮"这一概念,市场也认同这款产品是一种国潮产品。可见,"国潮产品"这一概念更倾向从产品设计角度来描述产品,是指中国传统文化元素在设计中的应用。

(二)"国产"与"国潮"的概念辨析

有关"国产"与"国潮"的辨析,是我们走向国潮内涵分析的通道。国产品牌又称国货品牌或本土品牌,以品牌原产地理论为基础,指一个发源地为中国国内的品牌(庄贵军等,2006)。由此可见,国产品牌与国潮品牌之间是包含关系,国潮品牌属于国产品牌(姚林青,2019;宗祖盼和刘欣雨,2022)。综合现有文献的观点,国产品牌与国潮品牌的差异来源于以下两个方面:

1. 在传统文化的象征性上的区别

"国产"作为品牌或产品的特征,并不必然被称为国潮,能够被称为国潮的国产品牌必须具备国家传统文化象征性(叶巍岭等,2021;金文恺,2020)。国潮品牌的独特影响力来自其所包含的中国传统文化的核心——中华人文精神,即中华民族几千年来发展进程中所体现的永不衰竭的"活力"要素(金文恺,2020)。

传统文化具体是指什么呢？Daskon 和 Binns(2009)认为,传统文化是由内隐和外显图式,通过符号获取和传播行为以及它们在物质产品上的具象表现所组成的人类特有成就。其核心为"传统"观念,特别是其附加的价值观；而其关键特征则是知识、信仰、价值观、规范和习俗在代际间的转换。相似地,有国内学者将传统文化定义为历史上由人类创造的、具有象征意义的流传至今的所有事物的复合体(唐凯麟,2018)。庄严(1997)立足于中华传统文化这一视角,提出中华传统文化是由中华祖先创造的、可以影响现代人和社会的精神和物质遗产,包括文物、遗址、民俗、文学艺术、思想方式及价值观念等多种形式。于文环等(2023)汇总上述学者的观点,认为传统文化是指历史上由民族祖先创造、凸显民族特征、富有象征意义且延续至今的所有内隐的和外显的图式、行为与物质的复杂性整体。

国潮品牌的国家传统文化象征的来源是其所包含的传统文化元素,但是并非简单直接使用文化元素就可以实现,文化元素或文化符号只是文化原型的表征(刘英为等,2020),如果要更好地象征中国传统文化,就要了解品牌所能表达的文化原型有哪些。文化原型是指某一国家或民族文化群体在长期生活实践过程中形成的、通过文化延续而非生理传承而存留下的共有记忆、民族文化心理以及精神(Roesler,2012)。刘英为等(2018)系统识别了中国品牌文化原型的构成,并建议在此基础上设计品牌的国家文化象征性。

2. 在流行文化的潮流感上的区别

国潮品牌区别于国产品牌的另一个方面是国潮的内涵中包含潮流的意思在国产品牌中不是必须的(姚林青,2019；宗祖盼和刘欣雨,2022)。学者们在阐述国潮内涵中的"潮流"这一概念时,往往提及其为"潮流文化""潮流元素"或是"流行文化"(吴聪,2022；孔超,2022)。即使是"新国货",也不能和国潮等同。孙嘉(2021)将国潮与"新国货"进行了比较,认为后者是指 2008 年左右一些为符合现代消费者的审美和生活方式做出产品风格和传播风格改变的老字号品牌产品,两者的显著区别之一是潮流感在国潮的内涵中占有更加重要的地位。

"潮流"一词,如果要与学术概念对应,就应该是"流行",流行文化(popular culture)既包括植根于当地传统的"民间"或"流行"的信仰、习俗和物品,也包括来自政治和商业中心的"大众"信仰、习俗和物品(Mukerji,Schudson,1986)。

Williams(2014)认为"流行"一词有四种含义:"受许多人特别喜欢的""较低等的制品""为赢得人们喜欢而蓄意制造的作品""事实上是为自己而创造的文化"。有学者认为,要理解流行文化,就有必要知道其与高雅文化是一组相对的概念,后者一般包括如古典音乐、舞蹈、严肃小说、诗歌、高雅艺术和其他为少数且文化或受教育程度较高的人所欣赏的作品(王一川,2001),也就是说高雅文化比流行文化更加小众。强调大众化的属性,是流行文化定义的共性,例如,Giddens 和 Griffiths(2006)认为,流行文化是指被成千上万的人观看、阅读或参与的娱乐。这一定义被进一步拓展,具象为"一类普遍可得的人工制品:电影、录音录像带、CD 或 VCD、电视节目、时装、沟通或交流的模式等"(Strinati,2004)。

(三)国潮概念的综述小结

尽管目前对国潮的定义存在不同见解,并且在消费者行为、品牌管理和市场营销领域讨论国潮的相关文献有限,但是,如果我们参考社会学和传播学的相关研究,就可以发现以下共识:

第一,人们在使用"国潮"一词时表达了对国家文化和流行文化两大要素的识别(姚林青,2019;施州,2022;吴聪,2022)。这正是为什么到目前为止,比较普遍使用的国潮定义法是将"国"与"潮"拆解为两个元素,将国潮视为国家文化与潮流文化碰撞抑或是融合的产物(王战和靳盼,2022;徐海波和吴余青,2021)。

第二,人们使用"国潮"一词的语境不同,指代不同,或是"现象",或是"感知"。"国潮"与动词搭配时(例如,国潮澎湃、国潮兴起),多数是指一种消费现象(刘能,2023;宗祖盼和刘欣雨,2022;胡钰,2022);将"国潮"作为前置词语与名词搭配时(如国潮品牌、国潮产品、国潮元素、国潮服饰),表达的是一种主观感受,我们称之为"国潮感"。公众所表达的"是国潮"或者"不是国潮",其实是对感知到的"国潮感"程度的表达,是公众的主观判断。现有文献中对一些现象的描述能够印证民众(消费者)对于品牌/产品在多大程度上具备"国潮感"有自己的主观判断。正因如此,消费者与品牌方对国潮的理解有所出入的现象时有发生(宗祖盼和刘欣雨,2022)。一些品牌对国潮的理解刻板僵化,仅将文化符号枯燥地复制粘贴,生产出盲目跟风与设计趋同的产品,消费者对此并不买账(孙嘉,2021;宗祖盼和刘欣雨,2022)。

第三,消费者感知到品牌或产品的"国潮感"时会有情感反应,目前的主流文献是指积极的情绪反应。这种积极情绪首推审美愉悦感(陶丹和严丹琦,2022;宫承波和王琳,2022),其次是消费者的文化自信(柳沙,2021)所引发的自豪感。

第四,当消费者对产品或品牌有较强"国潮感"时,会引发积极的消费者行为反应,例如购买意愿的提高和积极自主的口碑传播(胡钰,2022);对于宣称是国潮但消费者感知到的"国潮感"较弱的时候,则会引发消极的消费者行为反应。一些品牌虽然标榜自己属于国潮品牌,但仅将简单的中华元素进行拼贴导致外观设计美感不足,或是与中华美学、民族精神融合不深,则会引发消费者的厌恶情绪(宗祖盼和刘欣雨,2022)。

第五,消费者购买/使用具备"国潮感"品牌(产品)的目的既在于获得产品的功能价值,还在于获得其符号价值(邓佑玲,2022)和身份认同(宗祖盼和刘欣雨,2022)。国潮品牌(产品)作为一种符号,是消费者文化自信与文化认同(social identity,在本书中译为文化身份认同)的信号(马凌云,2021;邵昱等,2022;宗祖盼和刘欣雨,2022)。"国潮感"引发的消费行为会让人们产生归属感,这会让消费者感到自己置身于群体之中、与群体统一,从而获得安全感(孙嘉,2021;宗祖盼和刘欣雨,2022)。

第六,当消费者用国潮来定义一个品牌或产品时,属于积极的属性描述。消费者认可被先进科技、创意文化所赋能的中国制造(姚林青,2019),品牌方只有深挖中华传统文化的精神内涵、提升消费者可感知到的创造性,这样的国潮品牌(产品)才是符合消费者期望的(宗祖盼和刘欣雨,2022)。

综上,在市场营销、消费者行为或者品牌管理领域研究"国潮",实际上是在研究消费者感知的视角"国潮感"。但是,有关"国潮感"的规范性研究的缺失,极大影响了这一概念在品牌管理实践中的有效应用。目前,仅有的规范性研究是针对国潮品牌塑造方法进行的解构,研究者基于扎根理论,发现国潮品牌塑造是一个多维结构,分为文化传承、潮流创新、企业自治、品牌治理、制度保障和心理响应6个类属(杨翩翩等,2024)。在文章中,他们也呼吁能够有更多的关于讨论国潮结构维度的规范性文章。下面我们就针对"国潮感"展开理论演绎。

二、"国潮感"的内涵维度构建

从消费者感知的视角展开对"国潮感"的规范性研究极有意义。一方面,人们普遍认为一些品牌获得成功的原因是国潮品牌形象的打造,如李宁和花西子,这些品牌在品牌形象打造中使用了"国潮"概念,是他们获得消费者青睐的原因,其他企业非常希望能够复制这些策略(姚林青,2019;郑芊,2019)。另一方面,许多品牌的国潮策略只做国家文化符号的简单挪用或随意拼接,消费者对品牌以"国潮"为主题的营销传播活动不买账的现象越来越突出,对企业的销售业绩反而造成了负面影响(陈羽宣,2019;王轶群,2020;李艳等,2020),实践领域迫切需要有关"国潮感"的理论研究的指引。

本节的目的就是在现有文献的基础上,对"国潮感"作为一种消费者的主观感受所包含的维度进行理论推演,构建"国潮感"的理论模型。本书认为,"国潮感"是消费者对品牌或产品的复杂认知反应,涉及多个因素。

首先,"国潮感"包含了一系列与传统文化元素认知有关的认知反应,也包含了有关潮流与时尚的认知反应,这两个认知分别构成"国潮感"的两个维度,我们称之为构成"国潮感"的"原子(atomistic)属性",这两个原子属性共存于国潮品牌或产品中,决定了消费者对"是不是国潮的认知",也是消费者后续情感、态度和行为反应的前因。

其次,消费者对"国潮感"的两个原子属性的关系是否和谐的感知就是国潮感的第三个维度。和谐感的反面是冲突感,它是"国潮感"引发消费者认知、情感、态度与行为反应的关键因素之一。

简言之,在针对中文语境的"国潮感"的研究中,本书搭建了一个由中华传统文化元素的典型性感知(perceived typicality)、品牌的潮流性感知(perceived trendiness)两个原子属性,以及这两个原子属性的同一性(unity)三个方面构成的国潮感概念框架。其中,中华传统文化典型性感知与潮流性感知共同影响消费者对某品牌/产品是不是国潮的判断,也是产生消费者情感、态度和行为的原因;而同一性感知则影响消费者对国潮品牌/产品的情感反应、态度效价和行为反应。

(一) 原子属性一:感知典型性(typicality)

典型性(typicality)又称原型性(prototypicality),是指一个事物代表一个类别的程度(Veryzer 和 Hutchinson,1998;Loken 和 Ward,1990)。这里所说的"代表"有客观和主观两个层面的理解。"客观"层面的"代表",即某一事物是对某个类别的客观物理属性(如外观、形状、质量、密度等)的代表。如果原本应该属于某个类别的产品在物理属性上(如曲率、颜色、材料、触感等)被大幅度改变,那么改造后的事物就不能作为原有类别的代表,这种现象被称为原型失真(prototype distortion)(Hutchinson,1986;Palmeri 和 Nosofsky,1995)。"代表"的另一种意思是指对典型性或者类别代表性的主观感知,主要通过一种称为"好例子评分"(goodness-of-example)的方式来确认(Barsalou,1985;Rosch,1975;Veryzer,Hutchinson,1998)。

1. 感知典型性的内容指向

通过文献的梳理可以发现,主流的共识认为中文语境中的国潮中的"国"是指中华传统文化元素,因此,产品或品牌的"国潮感"的典型性具体是消费者所感知到的中华传统文化元素的典型性。也就是说,国潮产品或品牌中的元素必须能够代表最广泛认知的中华传统文化元素,或者可以被量化为中华传统文化类别属性的平均值或模态(modal)值(Veryzer,Hutchinson,1998)。

传统文化是指人类历史上所创造并遗留下来的所有文化事项、文化成果和精神财富,它包含着特定民族的思想观念、思维方式、道德礼仪、宗教信仰、生活方式等诸多层面的丰富内容(张兆端,2017)。中华传统文化是中华民族在中国本土上创造的文化,从夏、商、周以来至鸦片战争前的这一大段属于中国传统文化的范畴,它是中华民族在特定的地理环境、经济形式、政治结构、意识形态的作用下,世代形成、积淀(窦坤和刘新科,2010)。

无形的文化是指无形的意识性存在,是传统文化中无法触摸的那部分,一般内化为精神,比如"天人合一"等思想观念,这种存在虽然无形,却代代相传,成为当代中华民众的思维模式、行为规范和价值取向的一部分(晏青,2014)。无形的文化是文化象征系统理论中的"深层象征系统",即那些内隐的、不易观察的、人的意识思维方面的抽象结构,隐藏在可观察的文化现象背后,是社会成员未能感知到的无意识模式或无意识结构(何星亮,2003)。张晓萌(2020)对无形文化的内容有西方视角的解读,认为中华文化的特点主要体现在人与内心世界的关系、人与自然界的关系、人与人彼此间的社会关系三个方面。无形的文化最重要的意义是成为社会集体成员的"情感黏合剂"(冯月季和李菁,2019),Assmann(1997)称之为文化体系中的"凝聚性结构",不但连接了过去和现在,更重要的是凝聚了所有成员,使他们对文化体系产生归属感和认同感,从而定义自己和这个集体(汪民安,2020)。

有形的文化是指有形的实体性存在,即我们能够看得见、摸得着,占据一定空间的,以一定的物理形式存在的文化形态,比如古代字画、玉石、建筑、典籍等(晏青,2014)。这与文化象征系统中的"表层象征系统"基本对应,即那些外显的、可观察的事物或社会关系,具有客观的物质基础,是社会成员可感知的有意识结构,可以分为行为象征(仪式)、实物象征(动物、植物、无生物)、言语象征(谐音字)、颜色象征和数字象征等(何星亮,2003)。综合相关文献,表2-2对传统文化的有形元素和无形元素进行了梳理。

表2-2 传统文化的有形元素和无形元素

类　　别	内　　容
有形元素	文字,颜色,数字,人物,实物(动物、植物、器物),典籍(神话传说、谚语、典故、历史故事),仪式程序,行为,节日
无形元素	思想观念、思维方式、行为规范、价值取向

资料来源:据中国知网传统文化相关文献整理。

有一部分学者的研究侧重从深层的无形层面来界定中华传统文化。例如,李碧红(2015)认为中国传统文化是经由数千年的文明发展演化而汇集成的一种反映中华民族特质和风貌的优秀文化,是民族历史发展过程中各种思想文化和观念形态的总体表现。再如,胡培培(2018)认为中国传统文化是中华民族在漫长的历史进程中所创造的反映民族精神风貌、价值取向、心理结构的民族文化。又如,林国标(2021)认为传统文化可以浓缩成讲仁爱、重民本、守诚信、崇正义、尚和合、求大同六个方面。但是,事实上,在他们的文章中也表达了,无形的文化需要有形的载体,如汉语汉字、古代的神话传说、谚语、典故等资源,才能进行表达和传播(李碧红,2015)。

多数学者认为中华传统文化的具体内容应该包括有形文化与无形文化的融合、叠加和累积(傅才武和岳楠,2018;何星亮,2003;晏青,2014)。无形文化是文化的深层表达,但有形文化在传统文化的认同与传承中起到了非常重要的作用。例如,仪式是将无形文化融入有形文化的典型,它用器物、人和程序构建起一套非常生活化的象征系统,即使在民众识字率不高的社会中,也能让人们在自己的日常生活领域与文化象征系统相遇,从而理解象征系统所隐喻的无形文化(龙柏林和刘伟兵,2018)。

无论是有形的还是无形的文化,文化都是一个针对"集体"的概念,而不是个体，这对应到国潮作为一种现象的大众性。传统文化是一种长期沉淀的集体无意识在民族成员间的代代传承，包括风俗习惯、语言形式、精神信仰等，是社会共同经验的积累，浓缩着整个民族的共同记忆（张圆梦，2018）。传统文化的基本内核是一个民族的集体记忆和灵魂，是民族进步和社会发展的文化源泉和精神动力（张兆端，2017）。文化定义了个体的文化身份，但是这是一种集体的自我，反映了共同的历史经验和共有的文化符号，同时具备连续性和流动性的特点，并且以流动性为主要特征，也就是在历史和现实的语境中不断变迁，不断形成（汪民安，2020）。与此相应，文化延伸的概念，如文化记忆、文化认同（social identity，在本书中译为文化身份认同）、文化反思等，都是涉及某个群体的概念（冯月季和李菁，2019）。

在品牌中融入文化元素是一种有效的品牌策略。有研究指出，文化资产可以通过从国家联想到品牌的维度，正向影响消费者品牌态度。文化资产还能通过从品牌联想到国家的维度正向影响感知品牌全球性，进而影响消费者积极的品牌态度（何佳讯和胡静怡，2023）。此外，感知典型性与品牌真实性感知可能有高相关性。在老字号品牌传承与品牌创新的相关文献中发现，老字号品牌真实性构建有助于实现老字号品牌传承，品牌价值共创则有助于实现老字号品牌创新；顾客参与品牌价值共创能增进顾客对品牌真实性的感知（余可发和金明星，2022）。即只有在保证老字号的品牌真实性的前提下，才能让顾客认可老字号的品牌传承，进而让消费者参与到品牌价值共创中，实现老字号品牌创新。国潮品牌以中国传统文化为基础，融入现代元素，形成独特的品牌形象和文化内涵（杨翩翩等，2024）。因此，品牌的真实性影响着消费者对国潮品牌的典型性感知。只有对传统文化进行符合原始设计而不是虚构、虚假或者生搬硬套的创新（Beverland，2009），才能让消费者真实地感知到品牌中的传统文化，提升人们对国潮品牌的感知典型性。

综上，"国潮感"作为一种品牌感知，包含的一个维度是被消费者感知到的中华传统文化的典型性。需要强调两点：其一，国潮的典型性所代表的是中华传统文化而不仅是原产地为中国的事物。举例而言，麒麟和大熊猫都是原产自中国，然而，在服饰设计上使用熊猫元素的国潮典型性就远低于麒麟，大熊猫虽然是中国的珍稀动物，但并不代表中国传统文化，而麒麟元素更能代表中国传统文化（毛睿，2020）。因此，包含麒麟元素的品牌或产品设计的国潮典型性更高，对提升整体的"国潮感"具有积极作用。其二，国潮产品/品牌所包含的元素应该是中华传统文化为大众所熟悉的内容,Veryzer 和 Hutchinson(1998)称之为文化的中心代表(central representation),意味着这些元素是消费者所熟悉的、易于认知加工的象征元素(Rosch,1978;Vanpaemel,Bayer,2021)。值得注意的是,如果国潮所代表的传统文化并不具有典型性,就会造成前文所说的"原型失真"。例如,2022 年 9 月 20 日,中国李宁开展了一场名为"逐梦行"的新品发布会。在发布会上,由于新品服饰的设计让消费者联想到了第二次世界大战时期日本的军队服饰,因此被消费者骂上热搜。尽管中国李宁发布公告解释新品的设计思路来源于中国明朝军队的"笠型盔"原型,并且给出了古代"笠型盔"的造型图,然而消费者并不买账。此次事件让李宁港股股价一度暴跌超过 13%。① 由此可见,当片面地截取文化元素为己所用,而不考虑文化元素所代表的典型性时,对于企业的损害是巨大的。

典型性感知只能影响消费者判断品牌/产品的"国潮感"强弱,对后续的消费者情绪、态度或行为反应会不会是线性的积极影响尚不可知,我们在有关典型性的研究成果中可以窥见一斑。首先,典型性与消费者喜好的关系并非总是正相关。Loken 和 Ward(1988)提出,在消费者觉得品牌声望、排他性和独特性很重要的情境下,典型性增加会引发消费者偏好的下降。当产品与典型模式完全一致时,会由于太容易被分类而被消费者认为是不那么新颖的(Meyer-Levy,Tybout,1989),不利于消费者喜好度的提升。其次,典型性与消费者喜好之间的关系也不总是线性的。有学者指出,与典型模式具有中等程度的不一致的产品,能够引发适度的分类困难,从而引发更强的新奇感和情绪唤醒程度(Berlyne,1970),对提升产品的注意喜好是有利的。

2. 感知典型性引发的消费者反应

具备高度典型性的外貌更加美丽(Valentine et al.,2004),而这种"典型的美"也延伸到了产品上(Veryzer,Hutchinson,1998)。在大多数情况下,消费者对于具有高度典型性的产品具有更积极的评价与更高的偏好,而对低典型性的产品的反应则偏消极(Veryzer,Hutchinson,1998;Carpenter,Nakamoto,1989)。学者们从四个方面对于这种现象进行了归因。

第一种解释是,典型性会提升消费者的熟悉度(familiarity)(Flavell et al.,

---

① 网易(2022)《李宁新品引争议,股价盘中暴跌近 13%,高管回应:这是笠型盔》来源于:https://www.163.com/dy/article/HJV7RCDF0518L5FC.html。

2018；Monin，2003；Veryzer，Hutchinson，1998），从而使消费者对品牌或产品作出积极的评价。消费者看到某类别中的高典型性产品（典型范例），即使没有真正与该品类有过物理接触，也会认为自己对于该类产品早已十分熟悉（Monin，2003）。对于该现象的解释是，在看到某产品类别的典型范例后，消费者对该类别原型（prototype）的认知是自发生成的（Rosch，1978）。尽管消费者之前并没有见过这一类别的产品，但是自发生成原型认知的过程，会被消费者误认为是与真实原型接触后产生的认知层面的结果。因此，自发生成的原型认知增加了人们对于某类典型性高的产品的熟悉度（Bomba，Siqueland，1983；Franks，Bransford，1971）。

第二种解释是具备高典型性的事物会增加消费者的感知流畅性（perceived fluency）（Toubia，Netzer，2017；Vanpaemel，Bayer，2021）。这种解释与第一种解释是完全一致的，是信息加工理论对熟悉度的解释。由于典型性意味着某个类别的代表，因此高典型性的事物能够让消费者迅速自动地归类到某个类别，而不需要花费过多的认知资源（Toubia，Netzer，2017）。这种信息加工的流畅性使得消费者对于高典型性的产品更容易形成积极的评价和偏好（Vanpaemel，Bayer，2021）。

第三种解释是消费者会认为具备高典型性的产品拥有更多有价值的属性特征。例如，如果消费者认为手机品类的典型性包含高质量的屏幕、处理器、内存及摄像头、流畅的操作系统，而手机 A 给消费者的感觉是相较于 B 包含更多的典型属性，那么手机 A 的品类典型性感知就高于 B，手机 A 比手机 B 拥有更多有价值的属性，因此更受到消费者的喜爱。Rosch（1978）认为，高典型性产品拥有极高的信息价值，消费者利用属性信息可以更容易地将这些特征与产品的品牌或类别联系起来（Rosch，1978）。Loken 和 Ward（1990）认为，具有典型性的产品更有可能是市场领导者，因为典型的元素往往意味着经久不衰。其他品牌为吸引来自同一细分市场的消费者而设计出的产品会与那些市场领导者产品无限靠近，这进一步使得某些属性成为典型性的来源。

第四种解释是，典型性高的产品会让人感知到品牌或者产品的真实性更强（authenticity，也有文献译为原真性）。所谓真实性，是指真诚的（genuine）、现实的（real）及真实的（true）（Thompson et al.，2006；Beverland，Farrelly，2010）。它与消费者、事物或者品牌的目标和动机有关（Beverland，Farrelly，2010）。当一个人或者品牌被视为表达真实的自我，并且目标与行为相一致时，这个人或者品牌就会被他人视为具有真实性(Smith et al.,2021; Valsesia et al.,2016; Valsesia, Diehl, 2022)。典型性使人们的认知图式一致性得到满足,因此通常会被视为更具有真实性(Monzani et al.,2015; Peracchio, Tybout,1996),从而得到消费者的喜爱(Beverland, Farrelly, 2010)。

3. 概念辨析

需要特别指出的是,从字面上看,在全球品牌战略的研究中有一个概念与我们这里提出的传统文化典型性非常相似。Steenkamp(2003)、Ozsomer(2012)、何佳讯等(2014)学者在研究品牌全球化时都用到过这个概念,那就品牌本土象征价值(Brand Local Icon Value)或者品牌本土象征性(Brand Local Iconness)。

品牌本土象征性是指品牌象征其本土成员的价值观、需要和精神面貌的程度,是一个作为与"品牌感知全球性"相对的概念而提出的,常常用在与全球性感知的对比研究中。我们提出的传统文化典型性感知有两个不同之处:

第一,传统文化典型性感知提出的目的并不是想与全球性比较,其重点在于强调品牌能够代表中华传统文化的程度,在使用这一维度时,对照组也应该是典型性低的品牌,而不是全球品牌。更进一步,传统文化典型性与全球性也不冲突,也就是说,"国潮感"与"全球感"可以并存在一个国潮品牌上,通俗说的"越是中国的,越是世界的"正是表达的这个意思。

第二,传统文化典型性感知特指传统文化,在时间维度上是有限制的,我们在第一章的回顾中根据文献的指导,将中华传统文化的时间点设定在"从夏、商、周以来至鸦片战争前的这一大段属于中国传统文化的范畴",而品牌本土象征性在时间维度上并没有限制。正如前文在介绍传统文化的内容时所提到的,两个概念在文化所包含的内容上非常接近,但是,从Steenkamp(2003)、Ozsomer(2012)、何佳讯等(2014)学者的研究来看,他们的本土文化象征性更倾向于指代精神层面的文化要素,而我们的传统文化典型性所指代的文化元素是物质和精神并重的。

(二) 原子属性二:感知潮流性(trendiness)

感知潮流性(perceived trendiness)指的是消费者对于某个产品、品牌或者行为在多大程度上符合市场上时兴的风格与时尚的一种主观感知(Blijlevens et al.,2013; Zhu, Meyers-Levy, 2009; Chung et al., 2020)。感知潮流性与当代（contemporary）、摩登（modern）、前卫（avant-garde）、时尚（fashion）、流行（popular）等词语相提并论（Creusen，Schoormans，2005；Hsiao，Chen，2006）。这种感知基于个人的审美偏好，也受社会文化因素以及市场营销策略的影响。

1. 感知潮流性的影响因素

从审美偏好角度而言，现有文献发现人们会认为包含了新材料、新工艺与新颖的设计以及象征性元素的产品感知潮流的能力更强（Zhu，Meyers-Levy，2009；Blijlevens et al.，2013；Hsiao，Chen，2006）。例如，21世纪初，具有现代风格的玻璃桌布比传统的塑料桌布更让人感觉潮流（Zhu，Meyers-Levy，2009）。同期，一个有棱角的、金属质感的且具有光滑表面的CD播放器会让人们觉得是现代的（modern，与trendiness互通）（Blijlevens et al.，2009）。人们也往往会将潮流性较强的设计与新颖性感知这一概念联系在一起（Hung，Chen，2012），并认为潮流设计具有更高的审美意趣（Blijlevens et al.，2013）。

从市场营销策略的角度看，企业针对新技术的推广活动以及新产品的发布策略也涉及消费者的感知潮流性。在新技术产品方面，最近的一项关于现实增强（Augmented Reality）技术产品的研究从使用和满足理论的视角出发，发现感知潮流性在人们对于AR产品的满意度中起到了重要的机制作用（Ibáñez-Sánchez et al.，2022）。同时，一项实证分析发现，人们愿意参加共享经济与协作消费活动的原因之一是共享经济让消费者感知到了高强度的感知潮流性（Minami et al.，2021）。随着AI技术开始运用于消费领域，学者们发现，消费者在评价AI产品的营销效用时，对于其感知潮流性维度十分重视。比如，消费者在意AI机器人推送的是不是最新资讯、该AI机器人提供的服务是否经过升级等（Chung et al.，2020；van Esch和Black，2019；van Esch et al.，2021）。除了新技术产品外，感知潮流性的概念还常见于社交媒体营销的文献中。一系列关于人们为何使用社交媒体的研究表明，人们喜爱社交媒体的原因之一是其发布的内容具有感知潮流性。保证发布内容的潮流性对于培养消费者在社交媒体上的品牌忠诚度与口碑行为都具有极其重要的营销价值（Shoeberger，Kim，2023；Cheung et al.，2020；van Esch，Mente，2018；Yadav，Rahman，2018）。

综述上所述，国潮感的潮流性感知与产品或者品牌中所体现的时尚、流行与现代元素相关。这些元素既可以代表突破传统的新材料、新技术、新科技和新颖设计(Chung et al.,2020;Minami et al.,2021;Zhu,Meyers-Levy,2009),也可以是一种当下的时尚潮流(van Esch,Mente,2018;van Esch et al.,2021)。

2.感知潮流性引发的消费者反应

研究表明,感知潮流性往往与酷感和独特性联系在一起(Warren et al.,2019),而消费者尤其是青少年消费者更喜欢利用潮流行为作为自己的身份符号与象征(Stead et al.,2011)。例如,美国大学生抽烟的原因之一是觉得这种行为很时髦(Wiium et al.,2009;Wray et al.,2012)。这种时髦感首先是因为周围同龄人大多具有相同的行为,这种同龄人的社会影响(social influence)使行为具有了一定的流行性(popular)(Clark,Lohéac,2007)。同时,为了在同龄人中获得归属感与群体认同,那些没有这些行为的同学会选择加入吸烟、喝酒的群体中(Stead et al.,2011)。不过,在社会影响视角下的感知潮流性对于人们的影响也并非局限在抽烟、喝酒等不健康行为上。例如,一项对于控制饮食和健身App的使用意愿的研究表明,当周围人大多在使用健身App进行健康管理时,人们会感觉到使用健身App的行为很潮,从而会增加使用健身App的意愿(Lee,Cho,2017)。潮流性感知会引发人们对于社交网络上影响者的追随(Shoeberger,Kim,2023)。

感知潮流性会对消费者的心理和行为产生影响。在心理反应方面,Huang和Chen(2012)发现,让人们感到更潮流的设计会引发新颖性(novelty)的感知,并引发审美愉悦感(Blijlevens et al.,2013)。在行为反应方面,当AI影响者作为品牌代言人出现时,潮流性感知会影响消费者对其接受意愿(Feng et al.,2023)。潮流性感知也会引发消极的消费者反应。当组织仅采用带有视频功能的社交媒体平台进行在线招聘时,会提升应聘者对于该组织的潮流性感知,从而降低加入组织的意愿(van Esch和Mente,2018)。

3. 概念辨析

需要特别指出的是,我们在此处关于潮流性的解释以及前文关于国产与国潮的辨析中,使用的都是潮流性,或潮流文化,但是,有些学者认为"潮"这个概念源起于时尚文化(王战和靳盼,2021)。我们在此作出辨析。

时尚是一种流行的行为模式。例如,Young(2016)将时尚定义为目前广泛使用的语言、时兴样式、礼仪风格等表现方式和思维方式。周晓红(1991)提出,时尚是指一定时期内相当数量的人对于特定趣味、语言、思想和行为等的追随。

另一部分学者立足于挖掘时尚所体现的价值观和文化内涵。例如,Blumer(2017)认为时尚是一种"流行的或被接受的风格",属于"高等的做法",及在某些领域具有高等的价值。Simmel(1957)认为时尚是模仿,是社会一致化的一种形式,其在不断变化的过程中,区分了不同的时代与不同的社会阶层。袁芃(2007)将时尚理解为"一种当下的经典""社会变动的表现形式",认为它是某段时间内由少数人引领、后来被社会大众所崇尚和模仿的生活样式。

从定义上来看,潮流文化与时尚文化的内涵有一定的重叠。首先,两者都包含被社会大众所崇尚的生活样式。其次,两者都有变化速度快这一特征。时尚的特点之一是迅速崛起并蔓延,又在短时间内衰退,直至消逝(袁芃,2007)。而潮流文化同样具有时效性,其首先需要合乎时宜,后续才能产生轰动效应。

尽管如此,从市场表现来看,国潮的"潮"与流行文化的内涵更加贴合。原因在于时尚文化具备区分社会等级的作用。在时尚文化的传播中,当精英开创一种时尚后,如果大众为了消除外在的阶级差异而开始模仿,该时尚就会被精英所抛弃(Simmel,1957;柳沙,2021)。这种区分社会等级的特点显然不符合国潮品牌的发展规律。而流行文化是渊源于民众的文化,是作为民俗文化的流行文化、是人民文化(夏建中,2000),这显然更符合国潮品牌/产品被广大的中国民众所喜爱的现象(孙嘉,2021)。

(三)双原子属性共存的同一性(unity)

综上所述,国潮品牌或者产品涉及"国"与"潮"两个方面的元素,即国潮感包含了感知国家文化典型性以及感知潮流性两个原子属性,由于两个核心感知并存共现,因此国潮感的维度还涉及这两个原子属性的关系感知,即感知同一性。同一性描述的是各元素之间的连接关系和谐,没有冲突。

1. 同一性的含义和影响因素

与本文的主题相关的有关同一性的研究结论,可以追溯到两个不同领域:设计领域的视觉审美相关研究和文化领域的文化混搭理论。

在视觉审美反应领域的研究中,同一性描述的是物体各部分之间可感知的空间关系的协同程度。Veryzer 和 Hutchinson(1998)认为,同一性是指从视觉上的任何角度看来,物体的各个组成部分都通过一种有意义的方式相连接。这种连接可以通过多种方式实现,包括因果关系和象征关系(Veryzer,Hutchinson,1998)。物体的感知同一性对于物品结构的同一性至关重要。当产品设计中的各个元素相互协调、相互融合时,消费者往往会感知到一种整体性的美(Davis,Jahnke,1991)。学者们发现有三种引发同一性感知的设计原则:相邻性(proximity),指物体中彼此相近的元素容易形成一个整体;相似性(similarity),指相似的元素容易形成一个整体;共同命运(common destiny),指具有相同命运的元素容易形成一个整体(Katz,1950;Lauer,1979)。以具体的产品设计举例来说,音响系统通常采用相同的颜色(黑色或银色)来创造统一的印象(Ellis,1993);护肤品面霜的盖子与底部的形状相匹配,使两者统一。彼此融合的元素会让一个物体看起来更加协调,更加具有吸引力,从而更具美感(Logkizidou,2021;Wan et al.,2021;Veryzer,Hutchinson,1998)。

同一性的另一个研究系列主要集中在文化混搭方面的研究。文化混搭是指"两个或两个以上的不同文化元素在同一时空中呈现"(Chiu et al.,2011;赵志裕等,2015)。文化混搭涉及多个文化元素的交织和叠加,无论这些文化元素是并列出现、无关联出现还是彼此融合出现(彭璐珞和赵娜,2015;彭璐珞等,2017)。多个文化之间的混搭会引发不同文化之间的同一性问题。有学者将混搭文化之间的融合关系分为并行关系与杂糅关系(Cheon et al.,2016)。也有学者认为不同文化之间的融合是一个递进的过程,他们把这个融合过程由浅入深划分为融通、附会、分理、并置、统摄、移接、转化、叠合8个阶段(彭璐珞和赵娜,2015)。近期,一项关于中国现代文化与传统文化混搭的研究将文化融合度定义为,"在古今文化混搭产品中,传统文化元素和现代文化元素在多大程度上跨越了明显的界限,进行了充分的融合,最终实现了转化创造"(郭晓凌等,2022)。

2. 同一性感知引发的消费者反应

无论是视觉设计上不同元素之间的同一性还是不同文化中的元素之间的同一性,都会引发消费者认知和情绪上的反应(Wan et al.,2021;Wu et al.,2014)。

低感知融合度不仅会使消费者的认知流畅度降低(Torelli,Ahluwalia,2012;郭晓凌等,2022),产生受威胁感(Yang et al.,2016),而且会使消费者产生失望、厌恶等负面情绪(Morris et al.,2011;Tong et al.,2011;Wu et al.,2014),从而负向影响消费者的品牌态度与产品购买意愿。

高融合度的产品则会实现不同元素之间的优势互补,激发消费者的学习心态与创造力(Leung,Chiu,2010),并利用一种新奇的体验给人以一种惊喜感(Yang et al.,2016),最终对消费者对于产品或品牌的接受程度与消费意愿产生积极的影响。

国潮感的测量工具是后续研究最重要的基础,我们通过理论综述推演的双原子属性及其同一性的三要素框架,有待用规范的质性研究检验。未来的研究将以此为基础展开,通过科学的研究方法建立量表,并充分检验其内部和外部效度。

三、国潮感对消费者的影响及机制

在厘清国潮感的内涵维度后,就有基础去探究国潮感会引发的消费者反应,为进一步的品牌策略有效性研究做准备。我们将基于我们所建立的双原子属性的逻辑,结合相关文献来讨论国潮感可能产生的消费者认知和情感方面的影响。

(一) 国潮感对消费者认知的影响

1. 国潮感与消费者的身份认同

国潮品牌/产品往往被视为一种象征性资源,使得消费者可以建立身份认同(王战和靳盼,2021),包括自我身份认同和群体身份认同。宗祖盼和刘欣雨(2022)认为,国潮品牌/产品的符号价值与消费认同相关,即"人们通过消费来表达自己与他人或社会群体之间的同一性或独特性,将自己归属于特定的社会群体,从而对自己进行社会定位和归类"。国潮品牌/产品为消费者划定了社会圈层并且设定了一种生活样式,消费者所展现的对国潮的积极反应则是他们获得圈层身份与认同的手段(王战和靳盼,2021)。

品牌/产品国潮感的特别之处在于能带给消费者两种看起来统一又冲突的身份认同:自我身份认同和群体身份认同。说它们"统一",是自我身份认同可能包含了个体的社会身份认同;说它们"冲突",是因为自我身份认同的追求往往意味着消费者追求与众不同,而群体身份认同的追求又意味着对团体的归属。国潮感能帮助消费者同时建立这两种身份认同而没有冲突感。

已有文献里提到"自我"时,可能混用这样的几个概念:身份认同(identity)、自我认同(self identity)、自我(self)或自我概念(self-concept)。本文统一使用的"自我身份认同"(self identity,这个概念的中文也有翻译为自我认同的)这一概念,是指个体对自身具备或不具备某种特质、属性、能力或归属群体等的感知(Kettle，Haubl，2011)。自我身份认同包含丰富的信息,构成一种自我图式(self-schema),帮助人们回答"我是谁"。可以说,自我认同是个体看待自己的一种心理表征,自我图式呈现了以自我为主题的丰富的身份信息,是个体在多个领域内建构和探寻自我意义的过程和结果(Reed，2004)。也就是说,自我身份认同的概念不是单一的个体身份认同,还包含个体的群体身份认同。

自我身份认同与群体身份认同是两个概念,前者包含了一部分后者的信息。除了包含关系外,研究者们普遍认为自我身份认同与群体身份认同还具有密切互动关联(Escalas，2013；Spears，2021)。具体而言,消费者普遍会产生从众的心理与行为,他们会根据所观察到的群体内的行为调整自我的消费行为(Asch，1956；Bearden et al.，1989),也就是说,人们会根据群体身份认同来调整自我行为,从而在自我身份认同的其他构成模块上发生一些变化。这种互动关联的解释机制在很大程度上受到 Deutsch 和 Gerard(1955)所提出的双重过程模型的影响。该模型区分了群体身份认同对个体产生影响的两条路径:信息性影响和规范性影响。信息性影响是指群体信息被个体主动私下接受(private acceptance)所产生的影响;规范性影响则是个体为符合他人的积极期望而表现出来的受群体信息的影响,目的是服从群体以获得奖励(如认可)或避免不认可。显然,规范性影响具有社会动机,它满足了个人对认可和归属感的需求(Brewer，1991；Spears，2021)。人们的行为普遍表现出与期望群体相似的倾向(Englis 和 Solomon，1995),并做出与积极参照群体一致的选择,以构建或表达期望的身份(Berger，Heath，2007，2008；Escalas，Bettman，2003，2005)。因此,群体身份在一定程度上构成个体自我身份的一部分(Escalas，2013；Spears，2021)。

但同时,自我身份认同与群体身份认同存在目标上的差异甚至冲突(Maslach，1974；Vignoles et al.，2000)。人们希望自己至少在某种程度上是独一无二的(Chan et al.，2012；Lynn，Snyder，2002)。当与他人过于相似时,人们会产生消极的情绪反应(Chan et al.，2012),这就意味着,人们常常会经历自我身份认同上的独特性与群体身份认同背后的群体共性所造成的冲突,他们需要平衡这种冲突,实现融合。

国潮的流行首先折射出个体对群体共性的追求。国潮品牌或产品能满足人们对传统文化的认同感(晏晨,2022;刑海燕,2021;王战和靳盼,2021),这意味着国潮感可以满足人们的文化身份认同的需求。文化身份认同是指某一特定文化中的个体对文化中某些关键元素的识别和认同程度,这些关键元素使这一特定文化与其他文化显著区别开来(Clark,1990)。文化身份认同是一个与国家身份认同有差异的概念,区分文化身份认同与国家身份认同可以帮助人们更好地理解国籍以外的文化因素对商业实践的影响(Jameson,2007),前者强调了与历史发展和文化遗产的联系(如传统服饰、经典音乐、古老建筑等),而后者侧重于领土、家园、所有成员共同的法律权利和义务(Smith,1991)。文化身份认同对消费者的购买行为能够产生影响,其机制更像是一种依附和自我验证或肯定。Jameson(2007)认为文化身份认同属于"个体身份认同的重大部分"以及"依赖于自我感知的内在状态"。尤其是在讨论那些集体主义倾向的国家的消费者行为时,更有必要考虑文化身份认同的影响,因为高集体主义文化的人们更倾向于根据自己与他人的关系来构建自己的身份认同(Markus,Kitayama,1991;Wang,Mowen,1997;He,Wang,2014)。

国潮的流行同时又折射出个体对自我身份认同的独特性追求。奚康等(2023)指出国潮品牌/产品可以满足消费者的独特性需求。人们什么时候会想强调自我身份的独特性?研究表明,情境因素可以激活人们做出不同选择或将自己与周围人区分开来的欲望(Ariely,Levav,2000;Fishbach et al.,2011;Maimaran,Wheeler,2008)。例如,激活与积极的重复框架相关的概念(如"忠诚度")会触发消费者寻求一致性的动机;相反,与消极的重复框架(如"无聊")相关的概念则会引发消费者寻求多样化的动机(Fishbach et al.,2011)。人们的独特性需求很容易被激活,仅仅向消费者出示独特性阵列(uniqueness arrays,如五个矩形和一个圆形)就可以增加人们对独特性的需求(Maimaran,Wheeler,2008)。对独特性的寻求也可能受到消费象征意义的驱动,例如,消费者的某些独特性寻求行为往往是想远离那些标志着群体外成员的行为,以避免形成不希望产生的身份(Berger,Heath 2007,2008;Berger,Rand,2008)。

综合以往文献可以看出,国潮品牌/产品可以从两个方面激活和满足人们的独特性动机。第一,传统文化存在守旧、呆板和过时的刻板印象,对于身处其中的人而言,这些元素的重复出现符合Fishbach等(2011)提出的"消极重复框架",这会激活消费者的独特性需求。国潮品牌/产品作为一种对传统文化元素进行创新表达的品牌/产品而出现,其新颖性正好能够满足消费者对独特性的需求,满足他们身处传统文化元素之中时追求与众不同的自我身份认同的需求。第二,国潮与普遍意义上的潮流产品相比,具有相当高的传统文化典型性,放在一起考虑时,属于前文所提到的独特性阵列(uniqueness arrays,如五个矩形和一个圆形同时呈现的阵列),这会激发人们的独特性寻求动机(Maimaran,Wheeler,2008),让人们倾向于选择那个有独特性的产品(国潮产品)。

现有文献的研究结论支持人们同时具有从众化的群体身份认同倾向,也具有差异化的个体身份认同倾向,消费者的确会同时追求身份的同化和差异化目标(Chan et al.,2012)。当他们需要作出一个消费选择时,会在一个维度上将自己同化于某个群体(表现为认同某个能标志群体的属性,如品牌),同时在另一个维度上实现差异化的自我(表现为选择产品的某种独特性属性,如小众的颜色)。人们强烈的沟通社会身份的愿望导致他们会在与群体密切相关的商品属性上保持一致,特别是在与身份相关的消费类别中,如服装服饰、乘用车等具有社交属性的产品,这种现象更为普遍。同时,对独特性有更高需求的消费者会想办法把自己从群体中区分出来,在商品的其他属性上选择那个在其所归属群体中不太受欢迎(不太常见)的选项。例如,消费者在买车的时候,为了归属于某个社会阶层,会选择标志着这个社会阶层的品牌,但是他又想将自己与这个阶层中的其他人区别开来,就会选择一种很"冷门"的车身颜色。

我们认为,国潮感对消费者的身份认同方面所产生的影响,也可能存在着同化与差异化并存的双重路径。一方面,基于对国家传统文化的认同与"中华文化传人"身份认同,消费者需要国潮感中所包含的"传统文化典型性维度";另一方面,消费者具有独特性的需求,要和喜欢传统文化的其他人区别开来,尤其要避免传统文化的刻板印象,而国潮感所包含的"流行文化的潮流感"正能满足这一需求。

国潮感同时满足了消费者对于群体身份认同和个体身份认同的需求,这正是他们喜欢国潮的原因。过往有关研究表明,当产品与消费者的某一重要身份相关,或在与产品相关的某种身份被激活的情况下,会引发更积极的消费者反应(Forhand,Deshpand,2001;Chugani et al.,2015)。这种反应的解释机制包括满足消费者对于依附(affiliation)、特异性(distinctiveness)、自我验证(self-verification),以及自我肯定(self-affirmation)的需求(White et al.,2012;Townsend,Sood,2012;Ward,Broniarczyk,2011;Chan et al.,2012;Kettle,Hauble,2011)。未来有关国潮感对消费者自我认同影响的研究,可以考虑从这些机制入手。

2. 国潮感与刻板印象内容模型的二维感知

在社会心理学领域,刻板印象内容模型长期以来是社会判断和感知的工具(Katz 和 Braly,1933)。当人们与他人互动时,他们试图通过一些稳定的群体特征来准确理解群体的成员,这些特征随着时间的推移或不同的情况而保持不变。这种认知结构和图式,被称为刻板印象(Zuo et al.,2006;Guan,2009)。在具体的自我-他人认知过程中,人们首先想知道他人的意图,然后判断他人是否有能力实现自己的意图(Cuddy et al.,2008)。Fiske 等(2002)将意图和能力履行作为刻板印象的基本内容,分别称为温暖(warmth)和能力(competence),构成了刻板印象内容模型的基本框架。温暖维度包含诸如道德、值得信赖、真诚、体贴和友善之类的特性,能力维度包含诸如效能、技能、创造性、自信和聪明之类的特性(Cuddy et al.,2008)。在刻板印象内容模型的研究中,温暖和能力这两大维度在调查、文化、实验室和生物行为方法中具有一致性,相当多的跨地点、跨级别和跨时间的复制性实验进一步支持了该框架(Fiske,2018)。需要强调的是,温暖和能力是两个维度,而不是一个维度的两极,一个维度上的正面刻板印象与另一个维度上的负面刻板印象不矛盾,所以,像高温暖-高能力或低温暖-低能力这样的混合刻板印象广泛存在(吴波和李东进,2015)。

刻板印象内容模型作为一种简单实用的认识世界的方式,可以应用于不同层次的社会认知,包括国家、群体或个人(Cuddy et al.,2008)。目前,在这三个层面上,营销研究人员开展过大量的研究。

在国家层面,国家刻板印象是个体通过社会化过程和接触相关信息而形成的对一个国家固有特征的认知(Diamantopoulos et al.,2017)。一个有能力的国家有能力实现其意图,而一个温暖的国家是合作的、平易近人和值得信赖的(Barbarossa et al.,2018)。例如,有一个比较研究发现,在欧洲人眼中,德国和英国是有能力的,但冷漠,葡萄牙和西班牙是善良的,但缺乏能力(Cuddy et al.,2009)。在国际营销中,国家层面的刻板印象内容模型主要用来解释原产国效应对产品和品牌评价的影响。人们普遍认为,刻板印象内容模型为原产国效应提供了清晰、结构化的理论解释(Halkias et al.,2016;Chen et al.,2014;Motsi,Park,2020)。国家的刻板印象影响品牌形象的路径可能是一种简单的意义迁移,如 Pang 和 Maheswaran(2018)发现,消费者会认为来自能力型国家的品牌更有能力,来自温暖型国家的品牌更加温暖,而品牌形象也会影响来源国形象。一些研究人员认为,原产国形象对消费者行为的影响中,能力维度比热情维度更重要。例如,Halkias等(2016)发现原产国的能力印象直接提高了消费者的品牌偏好,而温暖印象则没有。Chen等学者(2014)将国家相关情绪分为温暖相关情绪和能力相关情绪,发现后者可以直接影响产品评价。然而,在一些特定的消费情境下,温暖的民族刻板印象也有积极的影响,例如,在品牌危害危机中减弱消费者针对品牌作出归因(Barbarossa et al.,2018)。Motsi和Park(2020)发现,在原产国形象的温暖维度的驱动下,消费者会提高产品评价,甚至会因此起到改善原产国国家形象的作用。因此,品牌或产品的形象与其原产国的国家刻板印象在温暖和能力维度上要匹配,以热情或有能力的刻板印象来影响消费者对公司、产品和品牌的评价。研究发现,当品牌或旅游产品类型与原产国(country of origin)刻板印象一致时,消费者对品牌或产品的评价较高(Magnusson et al.,2019;Mu et al.,2017)。这种一致性也反映在品牌丑闻对国家形象的反向影响中:对于具有高能力形象的国家而言,来自这个国家的品牌因能力问题所发生的丑闻对其国家形象的影响大于因温暖问题(道德问题)所发生的品牌丑闻(Fan et al.,2020;江红艳等,2014)。

营销领域在群体层面有关刻板印象模型的研究主要涉及企业/品牌形象。企业可以被视为一个具有行动、想法、目标、个性和情感的主体(Shea,Hawn,2019)。营销研究人员已经确定了消费者对公司热情和能力的感知的几个先决条件,包括公司的性质、规模、沟通风格和战略启动顺序等方面。例如,Aaker等学者(2010)的研究表明,与营利性公司相比,非营利公司被认为更温暖,但能力较弱,因此不受消费者的青睐。然而,如果非营利公司使用一些措施来表明他们的能力,消费者的喜欢程度和购买意愿就会上升。公司规模也会影响刻板印象,消费者认为小公司比大公司更加热情,但是大公司比小公司更有能力(Yang,Aggarwal,2014)。同时,在消费者服务环境中,公司的沟通风格也会影响消费者对其的印象。例如,手写(与印刷)信息会引起更高程度的温暖感知,因此在建立客户关系方面更有效(Ren et al.,2018)。最后,如果考虑战略启动的顺序,已经有研究证明,如果公司先释放温暖型战略,然后释放能力型战略,就会获得更积极的反应。该策略有利于增加消费者对公司的温暖感知,从而创造正面口碑,减少负面口碑(Andrei et al.,2017)。此外,公司的热情和/或称职的感知/归因可能调节消费者对某些具有战略意义的公司行为的反应,特别是那些与公司的社会和环境责任有关的行为。例如,有研究发现,当企业为其造成的环境灾难提供解释时,在温暖归因的情况下(相对于能力归因),消费者对企业的指责程度更大。当公司具有负面的温暖声誉时,温暖补救的效果不如能力补救(Kervyn et al.,2014)。

营销领域对服务提供者个体的研究是有关刻板印象内容模型研究的最小单位。个体的表情(van de Ven et al.,2017)、面部特征(Fetscherin et al.,2020)、精神状态(Follmer,Jones,2017)和描述性措辞(Kervyn et al.,2016)都会影响他人对其热情和能力的判断。Kirmani 等(2017)的研究证明,消费者倾向于选择有能力的服务提供者,而不是道德/温暖的服务提供者。在社交媒体背景下,客户认为使用表情符号的服务员工比不使用表情符号的服务员工更热情,但能力更弱(Li et al.,2019)。服务人员的灿烂微笑可以增加温暖的感觉,特别是对于冲着促销而来的消费者,或者在低风险的消费情况下,温暖感知的积极作用会更大。然而,微笑效应会降低能力感知,特别是对于带有防御性购物目的的消费者(如为了降低感染流行病的可能性而购买防护用具)或在高风险消费情况下(王汉瑛等,2018),灿烂微笑不是一种好的策略。还有一项研究发现,客户认为接受不恰当请求的服务人员比那些拒绝不恰当请求的服务人员更温暖,但能力就弱一些(Zhou et al.,2021)。此外,当消费者将服务提供者的服务绩效归因于毅力而不是天赋时,他们会认为员工更温暖(Leung et al.,2020)。

值得一提的是,营销领域最普遍的刻板内容印象模型的使用存在于那些针对品牌的感知研究中,这是因为品牌是营销费用最重要的投资对象。

一方面,营销研究者们探索了品牌的温暖和/或能力感知对企业的积极影响,如提高购买意愿(Aaker et al.,2012),提高品牌延伸评价(Wang,Liu,2020),引发对品牌的积极情绪和行为反应(Ivens et al.,2015),增加顾客感知价值(Kolbl et al.,2020),甚至增加了对食物味道的主观感知(Bratanova et al.,2015)。除了以上这些直观的主效应研究,还有一些有趣的研究。例如,品牌对品牌的赞美会通过消费者的温暖感知提高消费者对品牌的评价(Zhou et al.,2022);网站的暖色调会通过触发温暖感知而导致消费者积极的品牌或产品判断(Choi et al.,2016);Zhang 等(2020)通过考察品牌拟人化和品牌定位对品牌态度的影响,发现感知温暖是中介路径。具体来说,当品牌定位为大众化时,拟人化有助于通过感知温暖来提升品牌态度;但当品牌定位为与众不同时,拟人化的这种积极效应就消失了;当品牌在企业社会责任信息中被人格化时,由于更大程度的温暖感知,因此消费者将更乐意购买该品牌(Jeong,

Kim,2021)。

另一方面,还有一些营销研究则考察了品牌温暖和能力的前因,可分为两类:品牌要素和品牌传播。在品牌要素方面,魏华等(2016)发现,叠音品牌名称会让消费者觉得品牌像一个婴儿,因此会增加温暖感知但降低能力感知。叶巍岭和施天凤(2020)认为,与人们普遍认为可爱会提升温暖感知、降低能力感知的观点不同的是,搞怪萌(whimsical cute)的品牌标志能够同时给消费者高能力和高温暖的感知。何佳讯等(2022)的研究发现,从国家联想到品牌的强度(strength of nation-to-brand association,即提到某个国家,联想到哪些品牌的可能性程度)越强,消费者对品牌的能力维度感知越高,消费者的购买意愿也越强;从品牌联想到国家的强度(strength of brand-to-nation association,即提到某个品牌,联想到哪个国家的可能程度)越强,消费者对品牌的温暖维度感知越高,消费者的购买意愿也越强。

品牌全球化研究领域的学者们有一项研究重点在于厘清"全球-地方"和"温暖-能力"这两对构念之间的关系(Guo et al.,2022)。在一些研究中,感知品牌全球性(PBG)和感知品牌本土性(PBL)经常被用作品牌刻板印象的前因变量(Kolble et al.,2019,2020)。Davvetas 和 Halkias(2019)的研究表明,全球品牌通常被认为更有能力执行其意图,而本土品牌则更温暖、更合作。也有研究考察了品牌全球化和地域性与国家刻板印象的交互影响,发现品牌的地域性对品牌态度有直接的积极影响,全球化的品牌如果要对消费者产生积极的影响,则需要以高温暖感知为前提。

国潮感会带来什么样的刻板内容印象二维感受呢?从之前的综述来看,我们认为,国潮感可能伴随着消费者对品牌的高能力感知和高温暖感知。

一方面,国潮感可以提升消费者的文化身份认同,从而引发共鸣和归属感,进而提高消费者对品牌的温暖感知。国潮作为一种文化现象,代表了中国传统文化与现代潮流的结合,具有独特的文化符号和象征意义。通过消费国潮产品或参与国潮文化活动,消费者可以表达对自己文化身份的认同和归属感。这种文化身份认同和归属感会增强消费者对品牌的温暖感知,即认为国潮品牌具备值得信赖、真诚、体贴和友善等特征。

另一方面,国潮感会给消费者以高能力感知。国潮内涵中的潮流性感知源于产品或品牌所体现的时尚、流行与现代元素。国潮产品通常采用新材料、新技术、新科技和新颖设计,突破传统,具有创新性。潮流和创新正是能力维度的来源,也就是说,国潮感强的品牌会因其潮流感而具备高能力感知。

有关国潮感与刻板内容印象模型二维感知之间的关系,以及可能产生的后续影响,都将是国潮感相关研究有待深入探究的领域。

(二)国潮感对消费者情感的影响

1. 审美愉悦

Reber 等(2004)将审美愉悦定义为"从审美中获得的、对于审美对象所表达的目的或意义做出回应的一种共享的愉悦"。审美愉悦是一种复杂的愉悦情绪体验,它不仅包括人对美的刺激的感官愉悦,而且有对审美对象"因感而知"的心动之乐,以及审美高峰体验中心灵相通、物我两忘的陶醉(Chatterjee, Vartanian,2016;Mc Keown,2013;张璇和周晓林,2021)。

从营销的角度来看,消费者的审美愉悦主要来源于产品的设计。良好的产品设计能够提高品牌的经济价值,并赋予其竞争优势(Postrel,1999)。在对新产品性能的分析中,Cooper 和 Kleinschmidt(1987)发现产品设计是销售成功的重要决定因素之一。产品设计又可被概念化为审美与功能。其中,由于审美会驱动消费者的情感判断,因此产品审美对于消费者产品偏好的影响更大。(Page,Herr,2002)。

美学策略应该成为营销策略的重要组成部分。Schmitt 和 Simonson(1997)提出,成功实施美学策略可以为组织及其品牌创造身份,并通过满足顾客的审美需求来提供价值。基于消费者对于产品的审美存在一定期望,对审美的投资可能左右了企业的成败。

什么样的设计造型与设计理念在消费者眼中是具有美感的呢? 在审美设计的影响因素上,现有的文献也进行了许多讨论。最经典的论证来自 Veryzer 和 Hutchinson(1998)所提出的统一性与原型性的讨论。他们认为在产品设计时应该考虑统一性(设计元素之间的一致性)和原型性(一个对象代表一个类别的程度),只有高统一性与高原型性的产品设计才会让消费者感觉到是高美感的。同时,在产品设计中,对称性、比例性、复杂性也被认为与产品审美密切相关。在产品设计中加入对称性的元素,在比例上达到黄金比例0.618的元素、低复杂性的元素被认为更具美感(Creusen et al.,2010)。低复杂性的典型研究就是有关极简主义的研究。研究者们发现,简单的包装唤起了一种象征性的联想,通过这种联想,设计复杂性的最小化表明产品含有很少的成分,这增加了感知到的产品主纯度,进而提升了消费者的支付意愿(Ton et al.,2023)。此外,Sevilla 和 Townsend(2016)还发现,产品设计审美与空间空隙大小也有关。更多的空间间隙增加了人们对单个产品的关注,使其更美观,进而使商店更有美审的声望。更为细致的研究还包括产品包装的形状,有研究人员发现,矩形产品或包装的长宽比例会影响购买意图和偏好(Raghubir, Greenleaf,2006)。当产品使用环境为严肃场合时,这一影响会更加显著。此外,比率也会影响产品感知,消费者似乎更喜欢不同环境下的一系列连续比率,而不是特定的比率。

人们为何对高美感设计的产品与品牌产生强烈的偏好?营销研究人员发现,这可能不仅是一种天生的生理反应,更是源于人们对美感与自我概念之间的联系。有学者曾做过一个调查(Townsend,Sood,2012),他们将产品的各种属性一一列出来请被试者评价,包括审美高低、功能多少、是不是品牌、是不是享乐品等,并且让被试者完成一系列问题的问卷,结果他们发现,只有审美才与人们的个人价值观具有相关性。消费者常常将品牌/产品美学与自我的审美素养以及自我概念联系起来(Lynch et al.,2020)。正如美貌赋予人们无意识的"美丽溢价"一样,高审美赋予消费品一种无意识的好处(流行词"颜值经济"正有此意)。选择一款设计良好的产品,肯定了消费者的自我意识(Townsend,Sood,2012)。

针对商品的美学价值展开研究是一项很有实践意义的工作。例如,有些学者特别针对农产品的"美貌溢价"效应展开过研究,Grewal 等学者(2019)发现人们会更喜欢外观有吸引力的农产品,为其支付溢价。他们的研究证明,消费者之所以贬低没有吸引力的农产品,是因为如果购买这种农产品,就会改变他们的自我认知:与同等安全但更具吸引力的替代品相比,仅仅是让人们想象自己消费没有吸引力的产品,就会对他们的自我看法产生负面影响,这正是他们不愿意为没有吸引力的商品付费的原因。通过改变消费者购买选择的自我诊断信号和增强消费者的自尊,都可以减少消费者对不具吸引力的产品的抗拒。更有趣的是,更漂亮的食物被消费者认定为更健康,理由是受经典美学特征的影响,消费者认为漂亮的食物看起来更自然(Hagen,2021)。在之后的研究中,有趣的营销研究者发现了一个增加低美感的农产品销售量的方法:凸显"丑陋"标签(Mookerjee et al.,2021)。也就是说,给不好看的农产品贴上标有"丑陋"的标签,会让这种产品更好卖一些。这是因为标有"丑陋"的标签纠正了消费者对不吸引人的农产品的关键属性(尤其是美味)的偏见期望,从而增加了购买的可能性;更进一步,"丑陋"的标签与适度(而非大幅)的价格折扣相结合时最有效,这个发现解释了最近几年"以丑为名"的农产品(如丑橘)畅销的原因。

高美感的产品对消费者的作用受到一些调节因素的影响。例如,现有的产品设计研究表明,设计的典型性是决定消费者审美喜好的重要因素,但这种积极影响受到了暴露水平的调节作用(Landwehr et al.,2013),也就是说,典型的设计消费者看得多了,其美感优势就不存在了。以汽车设计为例,在较低的暴露水平下,人们对拥有经典造型的汽车设计的审美偏好更高,而在较高的暴露水平上,人们更喜欢非典型汽车设计。这意味着在一类商品的导入和成长期,设计的典型性是有效的美学策略,而到成熟期,这种策略就会失效。还有研究发现,当购买的商品与周围环境出现审美不一致时,人们不仅更愿意为设计感高(high in design salience)的商品买单,甚至还会为其额外购买一些配套的消费品。但是,如果商品的设计感低,人们就不会这么做(Patrick,Hagtvedt,2011)。例如,法国哲学家丹尼斯·狄德罗在他的作品《告别旧晨衣的遗憾》中谈到他的一件精美的新晨衣。狄德罗发现,穿上新袍子后,他发现书房里破旧的陈设与新衣服的华丽不太相称,于是他把它们换掉了。很快,他发现自己要更换挂毯、椅子、桌子、书架,甚至一个时钟。经过深思熟虑,狄德罗意识到,他的这件新晨衣让他买了一大堆新东西。

一般认为,审美的独特性与产品美学评价之间是正向的关系(Grewal et al.,2019;Hagen,2021)。但是,Fuchs 和 Schreier(2023)发现,在审美上,定制化的产品的估价和消费者对其独特性评估的确成正向关系,但这种独特性和二手市场客户的支付意愿之间却是负向关系。这是因为某个产品的定制化设计对特定的消费者来说越独特,就意味着这个产品满足二手市场客户普遍品位偏好的可能性越低。

还有一些研究整理出了一些"另类"的美学设计策略,如视觉隐藏策略(Sevilla,Meyer,2020)。研究人员发现,当消费者只能观看美学产品的一部分时,对其吸引力的评估更高,这个效应受到两种相互关联的机制的影响:渴望看到完整商品的好奇心和对商品完整外观的推断。具体来说,好奇心的增强会引发积极的情感,这些情感会转移到产品本身,这一效果可能超出完整图像已知部分,从而放大消费者对产品的偏好和选择的可能性。然而,这一转移效应只有在消费者对产品吸引力的初始推断是积极的或与好奇心引发的积极情感一致时才起作用(Sevilla，Meyer，2020)。此外，一些人口统计变量如年龄和性别也影响了人们对于审美的偏好。年龄越小的女性更容易经历到强烈的情绪体验，因而对产品美学设计更敏感(Holbrook，Schindler，1994)。

有关国潮的现有研究有大量关于"国潮感"会引发人们审美愉悦的证据。国潮产品中的元素，如传统艺术、经典文学、古代绘画、传统音乐、古老建筑等，都是一些经历千百年审美考验得以流传的事物，具有独特魅力和美感，当它们在产品设计上呈现时，毫无疑问能带来审美愉悦。即便是那些用现代创作手法重新创作后的传统文化元素，也能够唤起人们对于传统文化的原型性记忆和情感共鸣，让人们感受到美(晏晨，2022；杨光影，2023)，体验到审美愉悦。

根据审美愉悦的相关文献，我们可以推测，当人们对国潮产品的外观、设计、材质等方面的审美感到满意时，他们更有可能购买这些产品，即购买意愿将会提高(Grewal et al.，2019)。同时，当人们对国潮产品的审美感受达到高度满意时，他们可能对该品牌产生忠诚度(Townsend，Sood，2012)。在现实中，我们也看到美的国潮产品获得大量的关注、留言和转发。目前对"国潮感"与审美愉悦之间的关系及其机制，还没有足够的规范研究的探索，相较于艺术人文领域对审美的深入研究，营销领域对审美的探讨显得不足。

2. 敬畏感

敬畏感(awe)被认为是一种复杂的和多方面的情感(Keltner，Haidt，2003)。当一种神奇且难以捉摸的东西出现在个体面前，个体无法用已有的认知图式来解释时，就会产生一种复杂的敬畏体验(Keltner，Haidt，1999，2003)，它包含震惊、谦恭、顺从，并伴随着一些惊恐、好奇和困惑(叶巍岭等，2018)。与其他情绪相比，敬畏感的独特之处在于它同时具有正负效价(Chirico，2020)。以积极效价为主导的敬畏往往与惊叹(wonder)和惊奇(amazement)的感觉有关(Nelson-Coffey et al.，2019)。例如，Sharma 和 Kabra(2021)的研究中通过目睹色彩强烈的日落或广阔的海洋远景而引起敬畏。敬畏情绪有时也会包含一些典型的消极情绪(Schaffer et al.，2023)。例如，感知到的宏大可能引发威胁感及后续的恐惧体验(Shiota et al.，2007)；龙卷风、地震等自然灾害会带来紧张和悲伤的情感体验(Piff et al.，2015)。

作为一种认知情绪，敬畏产生在我们获取知识和理解世界相关的认知活动过程中，由个体当前认知图式之外的新经历激活(Valdesolo et al.，2017；Vogl et al.，2021）。认知情绪可以促进持续的自我学习和个人发展，Keltner 和 Haidt（2003）在他们关于敬畏的经典论文中指出："引起敬畏的事件可能是个人改变和成长的最快和最有力的方法之一。"简而言之，当一个事物打破了人们原有的认知图式时，就有可能引发人们的敬畏感。

Keltner 等人（2003）的研究发现，敬畏感的两个核心特征是感知的宏大（perceived vastness）和顺化的需求（need for accommodation）。感知的宏大是指个体感知到的实物超越寻常的范畴和维度（Shiota et al.，2007）。感知的宏大会让消费者感知到自我的渺小，而这种由敬畏感引发的自我减缩效应会改变个体的自我概念（Shiota et al.，2007），使人们对于时间长度的感知变长（Rudd et al.，2012）、增加亲社会行为（Piff et al.，2015），让人变得更为谦卑（Stellar et al.，2018）、获得更高的生活满意度（Rudd et al.，2012）及幸福感（Sturm et al.，2022）。顺化的需求是指敬畏让个体感到一种无能为力（inability），人们不能将当下的体验同化到已有的认知图式中去，顺化的需求由此产生（叶巍岭等，2018）。当个体产生顺化的需求后，不仅会更容易将自己当前的成就更多地归因于外部力量而非自身（Stellar et al.，2018），而且会更多地采用系统加工而非启发式加工，因此不容易被证据较弱的观点所说服（Griskevicius et al.，2010）。总的来说，感知的宏大对个体的影响集中在自我概念与社交行为方面，而顺化的需求则主要影响个体的认知加工模式（柳武妹，2022）。

是什么引发人们的敬畏感呢？以往研究发现，人们在接触到宏大的自然景观后会引发敬畏（Anderson et al.，2018；Collado，Manrique，2020），与建筑环境相比，沉浸在大自然中，即使是很短的时间，人们也会产生敬畏感（Ballew，Omoto，2018）。Pearce 等人（2017）进行了一项定性研究，探索了在金伯利地区（澳大利亚）度假的游客的体验，确定了能够触发敬畏感的五个旅游主题如下：（1）海洋动物（例如，看到海豚、鲸鱼、海龟、鲨鱼）；（2）自然景观的美学要素（例如，鲜艳的对比色、日落、变幻的远景）；（3）生态现象（例如，珊瑚礁和瀑布）；（4）地质景观（例如，辽阔的沿海、风光壮阔的峡谷）；（5）反思/透视（perspective）时刻（例如，在旅行中暂停并反思自己在自然中所在的位置）。在最近的研究中，人造遗址（如中国三峡大坝）已被证明与自然遗址（如中国黄山）引起相似程度的敬畏感（Wang，Lyu，2019）。不过，很多人造遗址也是内嵌在自然中的，例如长城就与连续的山脉共为一体，很难区分开来。

有意思的是,人们并不一定需要真正来到大自然的景观中才能产生敬畏感。有一些研究通过各种媒介(如图片、视频或 VR)来呈现自然或人造环境(如高层建筑)而引发敬畏感,也已经得出了各种各样的新发现(Stancato, Keltner, 2021;van Elk, Rotteveel, 2020;Wang, Lyu, 2019)。例如,VR 被发现比二维(2D)屏幕视频触发更高的敬畏(Chirico et al., 2017)。此外,Chirico 等人(2018)还发现,VR 中的不同景观会引发不同程度的敬畏。例如,与森林相比,山脉和地球唤起了更高层次的感知宏大,而森林和山脉比地球景观引起了更高的存在感(presence)。然而,与深空模拟相比,地球的混合现实模拟更有可能唤起敬畏和惊叹。在 2D 层面上,科学视频(例如,量子物理学、生物学、天文学等)都可以唤起敬畏(Johnson et al., 2019)。

除了自然景观外,还有一系列其他的前因可以产生敬畏,包括精神上的启发(spirituality)、文化性的文物(cultural artefact)、音乐和商品(Bai et al., 2017)。例如,Preston 和 Shin(2017)发现,精神体验会引发敬畏感,包括那些非宗教的体验(如自然、冥想、高峰体验、科学等)或宗教性质的体验。与此相对应的是,一项针对中国某座佛教遗产相关的山区景观进行评估的研究表明,对于参观该遗址的非佛教信徒游客来说,广袤的自然环境引发了他们的敬畏感。然而,对于那些认为自己是佛教徒的游客来说,引发其敬畏感的则是这些景点的宗教神圣性和宗教氛围(Lu et al., 2017)。乐观、反思和复杂的音乐,结合个人的音乐偏好,可以引发敬畏感并影响敬畏感的强度水平(Pilgrim et al., 2017)。当然,并不是只有积极的因素可以引发敬畏感,敬畏感也可以由威胁性刺激(例如,恐怖袭击、愤怒的神灵等)触发(Gordon et al., 2017)。

在营销领域,学者们首先关心的问题是商品/产品有没有可能引发敬畏感?Guo 等(2018)回答了这个问题,他们首先通过从推特上爬取的文本分析,发现人们在看到苹果手机、特斯拉、3D 打印机、豪华项链甚至印度纱丽时会产生敬畏感。基于敬畏感的基础文献,他们总结了激发敬畏感的产品特征,分别是永恒(Timelessness)、突破认知(Accommodation)、美(Beauty)和宏大(Vastness)。由于仰慕感(Admiration)跟敬畏感比较相似,因此他们开展了进一步的研究,还发现四个特征中的"永恒"和"突破认知"能够把敬畏感和仰慕感区分开来。

敬畏感是一种复杂情绪,集正负效价于一体,但是,总体上,敬畏感伴随的体验对个体是有益的。体验敬畏可以增加幸福感(Rivera et al., 2020);在大自然中体验到的敬畏感与个体整体幸福感（情感、身体、对生活的满意度）呈正相关（Anderson et al.，2018）；具有积极效价的敬畏会引发幸福感的瞬间提升，而与威胁评估相关的负面效价的敬畏则不然（Gordon et al.，2017）。此外，在一项有关服务等待的研究中发现，无论个体的特质敬畏水平如何，状态敬畏都可以引发等待服务的个体更多的积极情绪和更少的焦虑（Rankin et al.，2020）。同时，敬畏感已被证明可以缓解与失去财产相关的负面情绪，无论这种失去是想象的还是实际发生的，敬畏感都让人感觉好一些（Koh et al.，2019）。

从商业的角度看，敬畏感也是有益的。敬畏感可以提升人们与自然环境的关联度感知，从而对人们的亲社会与亲环境行为产生影响。例如，研究发现，敬畏可以增强人们对中国文化旅游网站的兴趣、联系和忠诚度（Su et al.，2020）。同样，敬畏的体验增强了人们对自然的心理所有权（也就是人们会因敬畏感的引发而更倾向于认为地球或自然是我们的），这会增加他们实施绿色购买行为的意愿（Wang et al.，2019）。从敬畏感的刺激源来看，人们发现野生动物激发的敬畏有助于增进人们了解自然的意愿并促进环保行为（Hicks，Stewart，2020）。即使是负面效价的敬畏，包括自然灾害引发的敬畏（例如，观看龙卷风视频），也可以增进个体的亲社会行为（Piff et al.，2015）。针对由产品引发的敬畏感的研究更是直接回答了敬畏感能够影响的消费者行为。Guo等（2018）发现由产品激发的敬畏感可以增强消费者对产品的记忆，并且能够增进消费者对这些产品的积极口碑宣传和购买意愿。

如前文所述，根据Guo等（2018）有关引发敬畏感的产品特征的这一开创性研究，"突破认知"和"永恒"是引发消费者敬畏感的最重要的产品特征，其次是"宏大"和"美"。围绕这些特征，我们可以推断出国潮感与敬畏感可能存在的相关性。

一方面，国潮品牌/产品包含典型的中华文化符号及其象征意义，会带来永恒性和宏大感知。中华文化拥有悠久的历史传承，长时间流传所体现的"永恒性"可能引发消费者的敬畏感（Bai et al.，2017）。国潮产品具有浩瀚的文化内涵（晏晨，2022），若国潮产品的设计中融入了彭璐珞和赵娜（2015）提出的神圣领域的文化元素，则更会使得国潮品牌/产品具有"宏大"的特征，这就会引发人们的敬畏感。

另一方面，国潮产品的美感和创新性也会引发敬畏感。国潮产品除了会引发消费者的审美愉悦，其所代表的中国传统文化的全新表达形式与传承方式就是典型的创新(赖立和谭培文,2023;施州 2022)。美感和创新性都是促使消费者产生敬畏感的产品特征(Guo et al., 2018;Hinsch et al., 2020)。

国潮感与敬畏感之间的关系及其机制,还没有得到实证研究的探索,鉴于敬畏感是对品牌/产品的传播和销售都非常有利的复杂情绪,国潮感引发敬畏感及后续消费者行为的主题也非常有研究价值。

3. 自豪感

自豪感是个体将注意力集中于自我,对产生积极自我表征的事件进行内部归因时所产生的一种情绪(Tracy, Robins, 2007;Huang et al.,2014)。例如,在亚运会比赛中,运动员会对自己取得的成绩感到自豪(我获得冠军是因为我自己的努力),而运动员的父母也会因这一事件与他们理想的自我表征(我是一名很出色的家长)一致而产生自豪情绪(Tracy, Robbins, 2007)。著名古希腊哲学家休谟在他的《人性论》中提出,只要我们是有意识的存在,我们就会体验实体的自我和价值,我们认为这是自我的一部分。一些实体会比其他实体更有价值,这就成了自豪感的来源(Taylor, 2016)。研究表明,自豪感是一种普遍的情感,在塑造人类经历中起着至关重要的作用(Tracy et al., 2010)。

以往对自豪感的研究将自豪感分为两种结构,它们被称为真实型自豪感(authentic pride)和傲慢型自豪感(也翻译为骄傲)(hubristic pride)(Miceli et al., 2017;Tracy, Robins, 2007)。真实型自豪感以成就感和自信为特征,通常是因为人们将成功归因于自己可控但是又不稳定的因素(如努力)而产生。人们对来之不易的成功和道德行为所产生的自豪感通常表现出他们亲社会的一面(Mercadante et al., 2021)。在特质层面上,拥有高真实型自豪感的人表现出高水平的外向性、宜人性、尽责性、情绪稳定性和经验开放性的适应性人格特征(Miceli et al., 2017),他们往往也有很强的自尊和心理健康(Bureau et al., 2013)。

相比之下,傲慢型自豪感的特点是傲慢和自我中心的感觉,通常是因为人们将成功归因于自己不可控而且稳定的因素(如天赋)而产生,这种自豪感伴随着人反社会的一面,如攻击、撒谎和不法行为(Bureau et al., 2013)。在特质层面上,拥有傲慢型自豪感的人表现在宜人性和尽责性方面都较弱(Miceli et al., 2017),表现出较弱的自尊,通常是自恋的,容易感到羞耻,更容易患有焦虑和其他精神疾病(Bureau et al., 2013)。与国潮相关的主要是真实型自豪感。

人们的自豪感由什么引发呢?以往研究从个体、集体及国家层面讨论了自豪感产生的相关因素。

在个体层面上,首先,个人成就是激发个体自豪感的重要因素。目标管理的相关文献指出,当个体在实现个人目标、取得成功时,会感到自豪(Salerno et al.,2015)。个体的成就可以包括学业成绩、职业发展、个人项目的完成等(Magee,2015)。个体通过努力工作和追求个人目标,实现自己的成就,自豪感就会获得提升。其次,个体的自我评价也是激发自豪感的重要因素。个体对自己的能力、外貌、性格等方面的积极评价,会增强自豪感(van Osch et al.,2018)。例如,当个体对自己的外貌满意,认为自己有吸引力时,会感到自豪。最后,个体的自我效能感(个体对自己能够成功完成特定任务的信心和信念)也会影响自豪感,即当个体相信自己能够应对挑战、克服困难并取得成功时,会增强自豪感(Williams,DeSteno,2008)。

在集体层面,首先,组织行为学的相关研究表明,集体的共同目标和价值观是激发集体自豪感的关键。当集体成员共同追求并实现共同目标时,集体的自豪感会增强(Berkowitz,Levy,1956)。共同目标可以是团队的成功与组织的发展,而共同的价值观可以是团队合作、公正、创新等(Russo,2012)。其次,集体的历史和文化传统也能激发自豪感。当集体的成员了解和认同集体的历史和文化传统时,集体的自豪感就会增强(Foster,Hyatt,2008)。这里说的"集体的历史"可以是这个集体的创立和发展过程,"文化传统"可以是集体的价值观、习俗和传统活动等(Schroeder,2010)。此外,当集体成员为集体的成就和声誉感到自豪时,集体的自豪感会增强(Chang et al.,2016)。

在国家层面,首先,能够让国民产生国家自豪感的是这个国家拥有的历史与文化、经济和技术实力以及公认的世界地位。历史上的伟大成就、文化的独特性和传统的延续都能够让国民感到自豪,这些包括国家的历史事件、英雄人物、文化遗产等(Du Laney,2019)。其次,国家的经济和科技发展也是激发自豪感的重要因素。当一个国家取得经济繁荣、科技创新和技术领先时,国民会因为国家的发展成就而感到自豪(Evans,Kelley,2002)。此外,当一个国家在国际舞台上拥有重要地位、发挥积极作用和受到他国尊重时,国民会因为国家的国际地位和影响力而感到自豪,这种国际地位和影响力可以体现在国际组织中的地位、国际合作中的作用和国际社会中的形象等方面(Ray,2018)。

国潮感与自豪感之间的关系值得作为一个独立的子专题进行研究,这是因为自豪感不仅对品牌有益,更重要的是对消费者个体具有积极意义。

在个体层面上,自豪感会给我们带来快乐,使我们想要体验更多的东西;自豪感能提升消费者的幸福感(Kim,Lee,2020);自豪感使我们以被社会接受和欣赏的方式行事,能够提升我们的关系价值(Leary,2004)。例如,我们在毕业、跑马拉松、拿到薪水、捐款或购买可持续产品时会经历自豪感,因为所有这些成就都可能在我们的社会群体中受到赞赏,这种自豪感会成为一种内在奖励(Kaur,Verma,2023),让我们有动力持续变好。

之所以对个体有益,是因为自豪感还与消费者自控、自律能力、独特性需求有关联。例如,被偶然激发的自豪感可以影响消费者的自控力(Wilcox et al.,2011),还能增强个体的自我效能(Psssyn,Sujan,2012)及未来成就的动机(Fredrickson,2001;Louro et al.,2005)。Salerno 等(2015)进一步验证了自豪感对自我调节(self-regulatory)行为的影响机制。此外,Huang 等人(2014)发现自豪感会增加消费者的独特性需求。当消费者感到自豪时,他们希望通过消费行为来展示自己的独特品位和个性特点。

从商业的角度而言,自豪感与消费者对品牌的积极态度有关。例如,广告中对奢侈品和社会优越感的描绘如果被视为一种自豪感的表达,就会使消费者对品牌产生积极的态度(Boeuf,2020;Septianto et al.,2020a;Septianto et al.,2020c)。有研究发现,偶然(incidental)的自豪感能够增加消费者与奢侈品品牌感知的关联度。在消费后的阶段,分享在线评论后的自豪感也被证明可以增加消费者的自我-品牌联系(Feng et al.,2021)。还有研究表明,自豪感也可能是心理所有权的先决条件(Kirk et al.,2015)。当某一品牌能够给消费者带来自豪感时,人们会因为产品所涉及的积极的自我形象而对品牌产生更高的心理拥有感。

自豪感会对消费行为产生一系列影响。最直接的研究结论就是自豪感会增加对品牌的购买意愿。具体来说,自豪感被证明会增加对奢侈品(McFerran et al.,2014)、社会公益产品(Kim,Johnson,2013)、涉及伦理道德的产品(Ladhari,Tchetgna,2017)、可持续产品(Wang 和 Wu,2016;Adıgüzel,Donato,2021)、环境友好型产品(Onwezen et al.,2014)和在线消费型产品(Rowe et al.,2017)的购买意愿。自豪感还能够让消费者在消费结束后,对于消费体验的满意度上升(Akgün et al.,2017)。还有研究发现,消费者会因为自豪感而抵制不可持续型的消费选择(Wang,Wu,2016)。这些自豪感对消费的积极作用的机制可以归结为自豪感增强了消费者的认同感、情感连接和自我形象展示。另外,自豪感会影响消费者对商品的偏好,当消费者感到自豪时,他们更有可能选择那些能够展示自己独特品位和个性的产品(Ahn et al.,2021)。这些产品通常具有独特的设计、高品质的制造或与特定品牌或文化相关的象征意义。通过购买这些引人注目的产品,消费者可以向他人展示自己的品位和身份,获得他人的认可和赞赏。同时,当消费者体验到自豪感时,他们更倾向于通过赠送礼物来表达自己的自豪感和对他人的关心(Septianto et al.,2020a)。这种赠送礼物的行为可以是一种社交互动的方式,通过给予他人特别的礼物,消费者可以展示自己的慷慨和对他人的重视。自豪感对消费者态度、忠诚和口碑行为方面也有一定的影响。研究表明,当消费者感到自豪时,他们更有动力将积极的信息传播给他人,以分享他们对产品或服务的满意度和认可(Septianto et al.,2020c;Kim,Huang,2021)。此外,自豪感对消费者态度的作用在重复购买意愿和品牌忠诚度方面也是积极的。它可以增加消费者再次购买同一品牌的意愿(Louro et al.,2005;Kim,Huang,2021),并促使他们对该品牌保持较高的忠诚度(Kim,Lee,2021)。当然,当消费者感到自豪的产品或服务出现问题时,他们更有可能将这些负面的经历和意见分享给他人,以警示他人或表达自己的不满。自豪感在这种情况下可能加剧消费者对负面口碑传播的参与(Septianto et al.,2020b)。

现有文献已经发现,国潮产品中体现的传统文化元素可以引发人们的文化认同(cultural identity,在本书中译为文化身份认同)和归属感与自豪感(施州,2022;晏晨,2022)。中国拥有悠久的历史和丰富的文化传统,这些传统在国潮中得到了创新和表达(杨翩翩等,2024),当消费者购买国潮产品或关注国潮文化时,他们能够感受到自己与中国文化的紧密联系,并体会到自己所属文化的独特之处,从而产生一种文化认同感(巫月娥,2024)。这种认同感会激发消费者的自豪情绪,因为他们感到自己是中国文化的传承者和推动者(王文娟等,2023)。

同时,国潮代表了中国在全球舞台上的崛起和影响力的增强。当消费者购买国潮产品或关注国潮文化时,他们会感到自豪,因为他们认为自己在某种程度上为中国的崛起做出了贡献(叶巍岭等,2021)。国潮所代表的品牌或文化符号成为国家的代表,消费者通过与之产生联系来表达对国家的支持和自豪。此外,国潮产品往往展示了中国在创新科技和制造实力方面的突破和进步(周鸿和田晓露,2024)。例如,一些国潮电子产品可能采用了最新的技术和先进的制造工艺,展现了中国在这些领域的实力(周鸿和田晓露,2024)。这种创新科技和制造实力的展示激发了人们的自豪感。

最后,国潮文化具有时尚和个性化特点,能够满足消费者对个人身份认同的需求。国潮产品往往以独特的设计和创新的方式呈现,突破了传统的设计框架,体现了个性化的风格(杨翩翩等,2024)。这种独特设计和创新使人们感到自豪,因为他们拥有的产品是独一无二、与众不同的(朱迪和张俊哲,2022)。例如,国潮服饰可能采用非传统的图案、色彩和剪裁,以展现个性和时尚感。这种个性化的设计和创新满足了人们对自我独特性的需求(孙楠楠,2024),通过选择这些产品来展示自己的个性和独特之处(朱迪和张俊哲,2022),表达自豪感。

目前尚未有实证的文章去论述国潮品牌在激发消费者自豪感方面所起到的作用及其机制。因此,有必要进一步探究国潮品牌与自豪感的具体关系。

4. 怀旧

怀旧是一种对个人年轻时期、成年早期、青年和童年时期甚至更早时候所经历过的人、事物或地点的偏好、一般性喜欢、积极的态度或喜欢的情感(Holbrook,Schindler,1991)。怀旧是一种积极思考的形式与一种复杂的情感(李斌等,2015)。Holak 和 Havalena(1992)认为怀旧是对于家庭苦乐参半的渴望,它被视为包含悲伤和愉悦两个层面的情绪状态。不过,来自心理学、社会学和消费行为学的学者一致认为怀旧的积极情绪要多于消极情绪(Wildschut et al.,2006;Baldwin et al.,2015;Huang et al.,2016)。

怀旧情感最早是在医学和精神病学中被研究的。Hofer 在 1688 年创造了"nostalgia"这个词,用来描述在遥远的战场上作战的瑞士士兵极度"思乡"的状态(Schroeder,2016)。他认为乡愁是一种医学构念,由两个希腊词组成:nostos,意思是回家;algos,意思是痛苦,是一种对回家的痛苦渴望(Davis,1979)。心理学和社会学研究者随后跟进了对怀旧的研究。

Holbrook 和 Schindler(1991)是第一篇在市场营销领域定义并研究怀旧的论文,他们将怀旧定义为"一种偏好(普遍的喜欢、积极的态度或有利的影响),即人们在年轻时(成年早期、青春期、童年甚至出生前)对更常见(流行、时尚或广泛传播)的对象(人、地点或事物)的体验。"Stern(1992)介绍并分析了广告语境中的两种怀旧类型——个人怀旧和集体怀旧。我们借用文献中 40 岁的约翰的故事来讲解不同的怀旧类型。通过回忆个人或直接经历的过去事件而引起的怀旧,被称为"真实(true)/现实(real)/个人(personal)/直接(direct)怀旧"(Stern,1992)。例如,当约翰看着女儿的一张老照片,回忆起她的童年时,他会经历个人怀旧。如果怀旧是基于群体中人们的共同记忆,它就被称为"集体(collective)怀旧"(Baker,Kennedy,1994)。例如,约翰对老式旋转拨号电话怀旧,是那个时代的人的共同记忆,就属于集体怀旧。假设怀旧是由遥远的过去或出生之前的事件引起的,这些事件不是个体直接经历的,而是通过人、书或媒体呈现的。在这种情况下,它被称为"模拟(simulated)/历史(historical)/替代(vicarious)/间接(indirect)怀旧"。例如,如果约翰渴望回到18世纪70年代,成为美国自由运动的一分子,那就是对历史的怀旧。

还有一些其他视角的怀旧分类方法。例如,Davis(1979)提出了个人与公共的维度来区分私人/个体/个性化怀旧和公共/集体/文化怀旧。此外,Havlena和Holak(1996)提出了个人与集体、直接与间接两个维度,还提出了四种怀旧类型——个人怀旧、人际(interpersonal)怀旧、文化怀旧和虚拟(virtual)怀旧(Holak等,2005)。Davis(1979)还提出了另一种分法,即单纯性怀旧、反身性怀旧、解释性怀旧三个类别。单纯性怀旧是基于对过去美好记忆的不加批判的依赖,以及"过去比现在更好"的观念。反身性怀旧则不同,它质疑被唤起的记忆是否准确、完整、真实地代表了过去的事件。解释性怀旧则会进一步挖掘为什么一个人会感到怀旧,从而引发批判性的自我意识。

从时间维度视角,怀旧还可以分为过去导向(past-oriented)、现在导向(present-oriented)和未来导向(future-oriented)的怀旧(Wilson,2015)。过去导向的怀旧是对一个人的家庭、童年和开始(beginnings)的渴望(Jacobsen,2020)。过去导向的怀旧是一种经典的向后看的怀旧,而现在导向和未来导向的怀旧则是非传统的怀旧形式。现在导向源于对当前环境的不适应(Nawas,Platt,1965)。现在导向的怀旧是个体普遍经历的,这是因为怀旧会带来积极的后果,如自我提升、心理健康、乐观、灵感和意义(Cheung等,2016),能够缓解当下的消极感受。未来导向的怀旧是一种个体对预期变化的反应,象征性地回到过去令人欣慰的方面(Wilson 2015)。那些非常乐观、认为自己的未来充满希望和满足的人通常不会经历面向未来的怀旧。此外,Batcho和Shikh(2016)引入了预期(anticipated)怀旧——一种通过精神时间旅行体验的情感,在现在消失之前预期自己会想念现在。例如,当约翰的女儿正在家里度假,他想到女儿将来会回到寄宿学校时,他就会怀念今天,这就是他的预期怀旧。

引发怀旧的前因可以分为三种:社会因素、内部因素和外部因素(Srivastava

et al.,2023)。

能够引起怀旧的社会因素有孤独(Merchant et al.,2013)、被孤立和社会排斥(Merchant,Rose,2013)。研究表明,当人们感到孤独时,他们更容易回忆起过去的美好时光,以寻求情感上的满足和安慰(Merchant et al.,2013;Zhou et al.,2008)。这是因为怀旧可以提供一种情感上的支持和安慰,使人们感到与过去的联系,减轻孤独感。例如,社会排斥可能导致个体感到孤独、与他人隔离和不被接纳。在这种情况下,个体可能回忆起过去的社交经历和社会联系,以寻求情感上的安慰和社会认同感。这种怀旧情感可以提供一种情感上的支持,使人们感到与过去的社交经历重新建立起来,从而减轻社会排斥带来的负面情绪(Merchant,Rose,2013;Xu,Jin,2020)。

内部因素是心理因素,如消极情绪(Wildschut et al.,2006)、怀旧倾向(Youn,2020)、对内在自我的威胁(Lasaleta,Loveland,2019)和精神健康(Singh et al.,2021)。消极情绪可能包括沮丧和焦虑等。在这种情况下,个体可能回忆起过去的积极经历和情感,以寻求情感上的满足和心理平衡(Wildschut et al.,2006)。例如,一个人可能在失业后感到沮丧和焦虑。在这种情况下,他可能回忆起过去工作中的成就和满足感,以寻求情感上的安慰和心理平衡。这种怀旧情感可以帮助他减轻消极情绪带来的负面情绪。怀旧倾向是指个体对过去时光的温馨回忆和情感联系的倾向,是一种个体特质。怀旧倾向使个体更倾向于选择那些与过去相关的产品或体验(Youn,2020)。例如,一个怀旧倾向较强的人可能更愿意去一家怀旧主题的餐厅,以追溯过去的美食体验,而不是选择一个现代化的餐厅。同时,对内在自我的威胁会触发怀旧情感。当个体感到自我的真实性受到威胁时,他们更倾向于选择那些通过复古风格引发怀旧情感的物品,以此来建立自我连续性的感觉(Lasaleta,Loveland,2019)。这种怀旧情感的触发可以帮助个体应对内在自我的威胁,提供情感上的安慰和满足。此外,有研究向受试者展示了一系列古老的印度广告,并发现高精神健康(spiritual well-being)水平对广告引发的怀旧情感和对怀旧产品的购买意愿产生了积极影响(Singh et al.,2021)。

唤起怀旧的外部因素主要为一些客观的物理因素,如恶劣的天气(van Tilburg et al.,2018)或在环境中经历的感官刺激(Reid et al.,2015)。例如,恶劣的天气会引发怀旧情感。恶劣天气会导致不适情绪,而怀旧情感可以作为一种心理机制来缓解这种不适情绪(van Tilburg et al.,2018)。在恶劣天气中,怀旧情感可以带来心理上的益处,提供一种安慰和抚慰的方式。同时,有研究让参与者闻了12种气味,并评价每种气味的熟悉度、唤起程度以及与自身有关的程度,他们发现:相比较怀旧倾向低的参与者,怀旧倾向较高的参与者报告了更多因气味而引发的怀旧情感;气味引发的怀旧情感程度与气味的唤起程度、熟悉度和与自身相关程度有关;气味引发的怀旧情感预测了更高水平的积极情绪、自尊、自我连续性、乐观、社交联系和生活意义;气味引发的怀旧情感更多地伴随着积极情绪(Reid et al.,2015)。

怀旧也是一种对消费者个人和品牌都有积极影响的情感,所以值得单列出来研究。首先,怀旧是正向情感的储藏室。学者通过分析怀旧故事的叙述内容,发现其中包含着更多积极因素(Wildschut et al.,2006)。Belk(1990)的研究支持了这一观点,他指出人们会有意识地收藏过去的、与个人情感存在某种关联的物品,因为这些物品可以让人们回忆起过去美好的时光。其次,怀旧感还可以维护和提高自我积极性、减弱对于外界的防御(Wildschut et al.,2006;Sedikides et al.,2009;薛婧和黄希庭,2011)以及降低孤独感(Zhou et al.,2008)。最后,怀旧增强个体的社会联系功能。高怀旧的个体会表现出更好的社会联结性,他们会感知到更多的关怀并有更强的人际交往能力(Wildschut et al.,2006;Wildschut et al.,2010)。怀旧感还可以增加个体感知到的生命的意义(Routledge et al.,2008;Juhl et al.,2010),从而在人们面对不稳定的混乱世界时,统一过去和现在的自我(Batcho 1995;Sedikides et al.,2009),维持或恢复自我认同感(Mills, Coleman,1994),以便人们可以更好地适应生活。

引发消费者怀旧会给品牌带来许多益处。首先,怀旧是一种触发记忆的强大情感,它在广告中的应用非常广泛。怀旧元素的加入可以在消费者中唤起对过去美好时光的回忆和情感连接(Chang, Feng,2016)。这种情感连接可以激发消费者的情感共鸣,使他们更加亲近和信任广告和广告品牌,并产生积极的情感反应,如喜悦、满足和幸福感(Srivastava et al.,2023)。怀旧广告还可以吸引消费者的注意力,并激发他们对广告内容的兴趣和参与,增加消费者对广告的阅读参与度(Muehling et al.,2014),从而提升广告效果和影响力。其次,怀旧可以增强消费者对品牌自我形象的契合感(Zhao et al.,2014)。怀旧元素可以与消费者的个人价值观、身份认同和自我概念相契合,从而增强他们对品牌的认同感。消费者更有可能选择与自己的怀旧情感相符的品牌,以展示和强化自己的个人形象。因此,怀旧可以增加消费者支付溢价的意愿(Srivastava et al.，2017）。怀旧元素可以唤起消费者对过去与慈善事业相关的情感和价值观，从而增强他们对捐赠和慈善行为的意愿。消费者更有可能选择参与同怀旧元素相关的慈善活动，并愿意为之捐赠，因为他们认为这是与自己的过去情感连接相契合的行为。最后，怀旧可以促进消费者在社交媒体平台上与品牌进行参与行为（Youn，2020）。怀旧元素可以唤起消费者对过去与品牌相关的情感和回忆，从而增加他们在社交媒体平台上与品牌进行互动的意愿。消费者更有可能在社交媒体上分享与怀旧元素相关的品牌内容，参与品牌活动，并与品牌建立更紧密的关系。长期来看，怀旧可以增强消费者对品牌传承的感知和品牌依恋（Merchant，Rose，2013）。怀旧元素可以让消费者感受到品牌在历史上的持续存在和传承，从而增加他们对品牌的信任和依恋。

国潮与怀旧的关系十分紧密。已有研究表明，国潮包含了中国传统文化元素，可以触发消费者对中国传统文化的历史怀旧以及集体怀旧（彭子滔和王苑丞，2022；孙照，2023；魏旭燕，2023；张剑和寇晓晖，2023）。具体而言，国潮引发的怀旧感可以划分为个体怀旧、集体怀旧与国家文化怀旧。

在个体怀旧与集体怀旧方面，有关于老字号与老国货品牌如何焕新成为国潮品牌的相关文献指出，国潮产品可以触发个人的怀旧感，唤起个人对过去时光的回忆和情感（孙照，2023；魏旭燕，2023；张剑和寇晓晖，2023）。例如，一些国潮服饰可能是对个人成长时期的时尚风格的再现，当人们穿上这些服饰时，会联想到自己年轻时的样子和过去的记忆，产生怀旧感（张剑和寇晓晖，2023）。再比如，如今许多主打怀旧风格的各类国潮餐厅等也是对以往经历的一种怀旧（魏旭燕，2023）。

在前文中已经指出，我们对国潮感所包含的文化典型性仅围绕中国传统文化展开，因此，我们认为，国潮品牌所带来的怀旧感更多是一种对历史文化的怀旧感。具体而言，一些国潮产品可能是对国家历史事件、历史人物、传统文化或经典艺术作品的致敬和再创造（巫月娥，2023），当人们接触到这些产品时，会感受到国家的历史传承和文化底蕴，产生对国家历史文化的怀旧感。众所周知，火爆出圈的博物馆文创产品，会让人们产生缅怀历史的感觉（任珊，2023）。这种对国家历史的怀旧感可以加强人们对国家文化的认同和自豪感。

尽管国潮产品在市场上取得了巨大成功，并且被广泛认可和接受，但对于它们对人们怀旧感的具体影响，我们仍然了解得不够。虽然从理论上分析国潮品牌可能给人们带来怀旧感，但如今关于国潮对人们怀旧感的影响的实证研究还比较缺乏,需要进一步深入探索和研究。

国潮感在个体层面对消费者产生的影响研究,是品牌战略有效性研究的基础。我们通过理论综述推演的消费者认知和情感反应研究框架,有待用规范的实证研究来检验。未来的研究将以此为基础展开,通过科学的研究方法验证国潮感与特定的消费者认知和情感反应之间的因果关系,并将其延展到消费者行为反应研究。

四、国潮品牌持续发展问题研究

针对国潮感的研究除了可以从消费者行为领域进行深入研究,还可以从企业的角度来关注国潮品牌的长期发展策略问题。本节将从国潮品牌延伸、国潮品牌持续创新和国际化传播这三个方面展开我们对未来研究的建议。

(一)国潮品牌延伸

品牌延伸是指利用已有品牌进入新的行业或推出新产品,利用消费者对于母品牌的认知、态度,降低新产品上市风险,提升消费者的接受意愿(Aaker 和 Keller,1990)。影响品牌延伸评估的因素可以被归纳为三大类:(1)母品牌的特点,如品牌质量(Aaker,Keller,1990)、品牌联想(Broniarczyk,Alba,1994)与品牌引发的情感反应(Yeung,Wyer,2005);(2)延伸产品特质,如延伸产品与母品牌的契合度(fitness)(Völckner,Sattler,2006)与产品评估方式(Monga,John,2010);(3)延伸产品的市场环境特质,如多样化寻求动机(林少龙等,2014)、积极情绪(Barone et al.,2000)、消费者思考角度(吴川等,2012)等。

此外,还有一些品牌特征的因素有可能影响品牌延伸的效果。例如,一项针对老字号品牌的研究显示,老字号的自我真实性会对品牌延伸评价产生直接的正向影响,其中,品牌联想与品牌认同在真实性与品牌延伸评价中起中介作用(徐伟和汤筱晓,2020)。同时,品牌延伸成功与否还与现有品牌的声誉和知名度有关。如果现有品牌在市场上享有良好的声誉和高度的认知度,那么品牌延伸更容易被接受和认可(Johnson et al.,2019)。消费者通常会将现有品牌的品质和形象与新产品联系在一起,从而提高对新产品的期望和信任。

以往研究已经证明感知品牌本土性对于品牌态度具有正向影响效应。具体地,如果全球品牌融入中国文化元素时,可以让本土消费者感知到其有效反映了中国传统文化,那么这种与所属群体概念的一致性,将提高本土消费者对于该品牌的偏好(黄海洋和何佳讯,2021)。同理,国潮品牌通常强调本土文化元素和传统价值观,这种本土性可能引起消费者的共鸣和认同(宗祖盼和刘欣雨,2022),这是国潮品牌受本土消费者欢迎的原因。但是,消费者对国潮品牌的积极态度在支持跨产品与市场延伸方面仅仅是因为本土性吗?其机制有什么特别之处?这是将来的研究可以关心的话题。

国潮品牌的延伸问题可以从两个方面来讨论:产品线延伸和品类延伸。其中,产品线延伸是将母品牌应用于已有品类的新细分市场,品类延伸是指将品牌应用于和已有品类不同的其他品类(Keller,2009)。我们认为,相较于普通的国货,具有国潮感的品牌在进行品牌延伸时,消费者对于其延伸产品的评价可能更加积极。这是因为,当国潮品牌进行产品线延伸时,国潮感内涵维度中的来自中华传统文化的感知典型性可能让消费者感觉到熟悉,进而对延伸产品做出积极评价(Flavell et al.,2018;Monin,2003;Veryzer,Hutchinson,1998)。而当品牌进行品类延伸时,国潮感内涵维度中的感知潮流性可能放松消费者对于延伸产品与母品牌间的契合度的要求,因为潮流性本身代表了一种突破边界的创新。这可能是国潮品牌以 IP 联名的方式在美妆、食品、家电等行业进行产品延伸的现象屡见不鲜的重要原因(宗祖盼和刘欣雨,2022;杨明月和雷尚君,2023)。

(二)国潮品牌持续创新

国潮品牌的持续创新是国家发展的要求,因为国潮品牌也是国家文化符号的载体。文化的吸引力和感染力是国家软实力的重要内容,当代社会国家之间的竞争不再依赖武力征伐,突出表现为文化软实力之争,因此,充分挖掘传统文化价值与现代文化价值的联结点,打造标志性的国家文化符号,就成为时代所需(冯月季和李菁,2019)。

国潮品牌的文化价值来自中华传统文化,所以要特别关注中华传统文化在当下时代正面临的挑战——持续创新的挑战。林华(2009)分析了中华传统文化的发展困境,他用四个衡量文化生命力的标准——传承的团体、相应的社会结构、价值观对人的影响与独特话语的活力来衡量这种困境。费孝通(2013)认为人们对自身文化应有一种"自知之明",这是为了"加强对文化转型的自主能力,取得决定适应新环境、新时代文化选择的自主地位"。

国潮品牌持续创新的研究,首先要参考有关中华传统文化如何在当代持续创新的研究成果。除了"创新"一词,中华文化创新的研究者们的用词还包括"更新""变革""创造性转化"或"现代转换"等,这些表达的共同点在于探讨传统文化对当代环境和传播受众的适应性问题。孙珊(2019)认为,要做到创造性转化,就要"把一些中国文化传统中的符号和价值系统加以改造,使经过创造地转化的符号与价值系统,变成有利于变迁的种子,同时在变迁过程中,继续保持文化的认同"。文化传播的研究者们也在方法层面进行了论述,欧阳梦陶(2022)建议从两个方面发展传统文化的传播:一是留存传统文化内部蕴含的文化产品、社会知识、精神资源;二是重建一套新的传播系统,帮助传统文化恢复自身活力。李紫砚(2021)也认为,传统文化在当代的传播不能限制在曲高和寡和精英化隔层之中,而要走入民众、走入生活,互联网的发展为此提供了适配的传播技术。传统文化的发展不能淡出当代生活,不然就会失去作用和再生产能力(晏青,2014)。

有关国潮品牌/产品的持续竞争力方面的研究非常有限,但是已经是国潮发展争议期热议的话题了,进行这方面的追踪研究十分有必要。

(三)国潮品牌的国际化

国潮品牌如何成长为全球品牌,即国潮品牌如何拓展异文化市场。这一问题在中观层面可以从全球品牌策略有效性的角度来讨论,在微观层面可以从消费者角度来切入研究。

国潮品牌的国际化目标是成为全球品牌,那么第一个问题是什么样的品牌可以称为全球品牌呢? 一般认为,在国际市场上被广泛认可并且在世界上具有高认知度的品牌,被称为全球品牌(Dimofte et al.,2008;Dimofte et al.,2010)。在学术界,对全球品牌的界定最初集中在品牌在跨文化市场使用营销战略和方案的标准化程度,以此来衡量一个品牌是否具备全球性的特征(何佳讯,2014)。之后又基于消费者感知来定义,认为全球品牌是被消费者感知为高全球性的品牌,这个定义以 Steenkamp 等(2003)提出的品牌感知全球性(PBG)构念为基础。当消费者相信品牌在多个国家销售并且在这些国家中总体上被认为是全球性的品牌,那么这个品牌就是全球品牌。这个定义认同全球品牌是一个认知构念,不同个体的评价存在差异(Dimofte et al.,2010)。

反观欧美品牌的国际化成长路径，原产国的历史文化遗产对品牌的创建与发展具有非常重要的价值。Kapferer(2006)曾总结欧洲和美国存在两种不同的品牌文化类型：西欧奢侈品牌（香奈儿、伊夫圣罗兰）以历史、艺术和工匠精神建立品牌概念是非常普遍的做法；而美国品牌（拉夫·劳伦、汤米·希尔费格）则依赖英雄个人的故事，契合美国文化的核心。鉴于此，无论是业界人士还是研究者在讨论中国品牌全球化可能的道路时，都提出要"结合东方智慧和当地文化"（奈杰尔·霍利斯，2009）的主张，兼顾或融合本土文化要素与全球文化要素是基本的战略选择方向（何佳讯，2013）。因此，我们认为，国潮品牌相较于一般的国货品牌更具备成长为全球品牌的潜质，因为国潮感包含了中国传统文化的典型性感知。

第二个问题，成为全球品牌的国潮品牌应该包含什么样的文化元素更容易获得异文化消费者的积极反应呢？彭璐珞和赵娜(2015)在研究中将文化划分成了物质性领域、象征性领域及神圣领域。其中，物质性领域是指涉及的日常生活中的物质性元素，强调功能性价值。象征性领域则指某一文化群体成员所共享的某类文化象征与符号，其含义远超其原本的功能性价值，而神圣领域则设计同一文化群体成员所共享的世界观、宇宙观、终极价值和人生意义等。已有文献发现，物质领域的文化元素组合更容易被消费者所接受，而神圣和象征领域的文化组合方式的使用则需要更加谨慎(Atran, Ginges, 2012)。

这意味着，国潮品牌想要成长为全球品牌，势必要在中国文化特色与异文化价值观之间寻找某种必要的共性或平衡。一方面需要寻找与其他成熟的全球品牌形成明显区隔的中国文化元素，另一方面又要努力使自己具有世界级品牌的基本风范（何佳讯，2013）。本土性与异文化的平衡问题涉及国际化传播中的文化混搭，不同的框架策略（framing strategy）也有可能影响国潮品牌的国际化传播。具体来说，以往研究发现，文化混搭产品采用"外国文化-母国文化"的框架策略时，会使消费者产生外国文化改变了母国文化的感知，导致消费者对产品的评价要显著低于采用"母国文化-外国文化"的框架策略，这是因为消费者感知到了其他外来文化的入侵性（聂春艳等，2018）。学者们还提出国家文化原型资源可以根据文化层次和文化类属分为4种不同的组合方式，相应地，品牌文化原型应用策略也可分为工具性审美、差异化表现、目标消费者认同、全球共识意义获取四种类型（刘英为等，2020）。在国际化传播中，品牌应该结合东道国类型（文化距离远近）、企业国际化发展阶段（初期还是快速发展期)以及企业的传播诉求(产品还是品牌)采取不同的传播策略(刘英为等,2020)。

站在东道国消费者的角度,当异文化消费者面临中国的国潮品牌时,本质上是东道国的消费者文化面临来自中国的消费文化的冲击。Steenkamp(2019)在全球/本土消费者文化研究中,以文化适应理论和文化全球化理论作为理论基础,归纳总结了当本土消费者文化与全球消费者文化相互碰撞交织时消费者产生的4种态度偏好:全球化(globalization)——消费者被全球消费者文化所同化,偏好用全球范围流行的消费文化来替代自己本土的消费文化;本土化(localization)——消费者拒绝接受来自全球的消费者文化,仍然保持对于本土消费者文化的偏好;全球本土化(globalization)——消费者既能够接纳来自全球的消费者文化,又依然保留对本土消费者文化的偏好,并且更愿意将两种文化进行融合;文化疏离(alienation)——消费者对全球、本土或者任何形式的消费者文化都不感兴趣。参照这个模式展开分类研究,国潮品牌在异文化拓展中遇到的东道国消费者的反应也可以(中)国潮-本土为框架建立起消费者分类,并且,深入不同类别消费者在人格、价值观、消费特质以及社会统计学人口等方面的特征,为国潮品牌的国际化发展提供切实可靠的依据。

学者们对具有不同特质的消费者对于文化混搭产品态度的研究,对我们的未来研究思路也有一定的参考价值。庞隽和李梦琳(2023)发现,社会身份冲突会提升消费者对融合式文化混搭产品的态度,而产品的自我验证功能在其中起中介作用。融合式文化混搭是以协调互动为特征的一类文化混搭,与其相对的概念是入侵式文化混搭,即带有明显的文化侵略特征(Shi et al.,2016)。Harush等(2016)构建了一个全球文化适应模型(global acculturation model),并研究了双文化认同整合(bicultural identity integration)如何影响具有双重文化的个体对于文化混搭产品的态度。双文化认同整合是指具有双重文化的个体如何看待其所拥有的两种文化间的关系,是矛盾对立还是和谐共存(Benet-Martinez等,2002)。具体来说,他们发现具有优势身份类型(全球化或本土化)的个体会对于文化混搭表现出消极反应,而具有均衡型身份类型(全球本土化或边缘化)个体则会对文化混搭作出积极反应。他们还指出,具有较高双文化认同整合的全球本土化个体(glocals)对于文化混搭的反应相较具有低双文化认同整合的全球本土化个体更加积极。

有关国潮的全球拓展实践先于理论研究,这些实践的经历为理论研究提供了丰富的土壤。本书的第三部分提供了两个一手案例,展现了两个完全不同行业、不同规模、不同所有制的企业在国潮品牌/产品拓展海外市场上的实践。国潮品牌的国际化道路需要业界和学界共同努力探索,道阻且长,但却是中国扩大全球影响力的必经之路。

本章结语

本文没有特定强调"国潮"即"中国潮",国潮感的传统文化典型性是指中华文化,但是,由于"国潮"一词在中文语境中提出,因此首先要研究的必然是中国潮。但是,我们想强调的是,"国潮不止中国潮",每个国家都可以有国潮品牌(产品),体现本国传统文化典型性和流行文化潮流性的融合。希望我们有关国潮的初步研究和后续探索,能够普遍地为全世界的国潮提供借鉴。

参考文献

[1] Aaker D A, Keller K L. Consumer evaluations of brand extensions[J]. Journal of marketing, 1990, 54(1): 27-41.

[2] Aaker J L, Garbinsky E N, Vohs K D. Cultivating admiration in brands: warmth, competence, and landing in the "golden quadrant"[J]. Journal of consumer psychology, 2012, 22(2): 191-194.

[3] Aaker J, Vohs K D, Mogilner C. Nonprofits are seen as warm and for-profits as competent: Firm stereotypes matter[J]. Journal of consumer research, 2010, 37(2): 224-237.

[4] Adıgüzel F, Donato C. Proud to be sustainable: upcycled versus recycled luxury products[J]. Journal of business research, 2021, 130: 137-146.

[5] Ahn H K, Kim S H, Ke W Y. You have got items to show off your pride: the effects of pride on preference for attention-grabbing products[J]. European journal of marketing, 2021, 55(8): 2101-2121.

[6] Akgün A E, Keskin H, Koçak Alan A. Emotional prototypes, emotional memory usages, and customer satisfaction[J]. The service industries journal, 2017, 37(7-8): 494-520.

[7] Anderson C L, Monroy M, Keltner D. Awe in nature heals: evidence from military

veterans, at-risk youth, and college students[J]. Emotion, 2018, 18(8): 1195.
[8] Andrei A G, Zait A, Vătămănescu E M, et al. Word-of-mouth generation and brand communication strategy: findings from an experimental study explored with PLS-SEM [J]. Industrial management & data systems, 2017, 117(3): 478-495.
[9] Ariely D, Levav J. Sequential choice in group settings: taking the road less traveled and less enjoyed[J]. Journal of consumer research, 2000, 27(3): 279-290.
[10] Asch S E. Studies of independence and conformity: I. A minority of one against a unanimous majority[J]. Psychological monographs: general and applied, 1956, 70(9): 1.
[11] Assmann J. Moses the Egyptian: the memory of Egypt in western monotheism[M]. Harvard University Press, 1997.
[12] Atran S, Ginges J. Religious and sacred imperatives in human conflict[J]. Science, 2012, 336(6083): 855-857.
[13] Bai Y, Maruskin L A, Chen S, et al. Awe, the diminished self, and collective engagement: universals and cultural variations in the small self[J]. Journal of personality and social psychology, 2017, 113(2): 185.
[14] Baker S M, Kennedy P F. Death by nostalgia: a diagnosis of context-specific cases[J]. ACR North American advances, 1994.
[15] Baldwin M, Biernat M, Landau M J. Remembering the real me: nostalgia offers a window to the intrinsic self[J]. Journal of personality and social psychology, 2015, 108(1): 128.
[16] Ballew M T, Omoto A M. Absorption: how nature experiences promote awe and other positive emotions[J]. Ecopsychology, 2018, 10(1): 26-35.
[17] Barbarossa C, De Pelsmacker P, Moons I. Effects of country-of-origin stereotypes on consumer responses to product-harm crises[J]. International marketing review, 2018, 35(3): 362-389.
[18] Barone M J, Miniard P W, Romeo J B. The influence of positive mood on brand extension evaluations[J]. Journal of consumer research, 2000, 26(4): 386-400.
[19] Barsalou L W. Ideals, central tendency, and frequency of instantiation as determinants of graded structure in categories[J]. Journal of experimental psychology: learning, memory, and cognition, 1985, 11(4): 629.
[20] Batcho K I, Shikh S. Anticipatory nostalgia: missing the present before it's gone[J]. Personality and individual differences, 2016, 98: 75-84.
[21] Batcho K I. Nostalgia: a psychological perspective[J]. Perceptual and motor skills, 1995, 80(1): 131-143.
[22] Bearden W O, Netemeyer R G, Teel J E. Measurement of consumer susceptibility to interpersonal influence[J]. Journal of consumer research, 1989, 15(4): 473-481.

[23] Belk R W. The role of possessions in constructing and maintaining a sense of past[J]. ACR North American advances, 1990.

[24] Benet-Martínez V, Haritatos J. Bicultural identity integration (BII): components, dynamics, and sociopersonality correlates[J]. Unpublished manuscript, University of Michigan, Ann Arbor, 2002.

[25] Berger J, Heath C. Where consumers diverge from others: identity signaling and product domains[J]. Journal of consumer research, 2007, 34(2): 121-134.

[26] Berger J, Rand L. Shifting signals to help health: using identity signaling to reduce risky health behaviors[J]. Journal of consumer research, 2008, 35(3): 509-518.

[27] Berkowitz L, Levy B I. Pride in group performance and group-task motivation[J]. The journal of abnormal and social psychology, 1956, 53(3): 300.

[28] Berlyne D E. Novelty, complexity, and hedonic value [J]. Perception & psychophysics, 1970, 8(5): 279-286.

[29] Beverland M B, Farrelly F J. The quest for authenticity in consumption: consumers' purposive choice of authentic cues to shape experienced outcomes[J]. Journal of consumer research, 2010, 36(5): 838-856.

[30] Blijlevens J, Creusen M E H, Schoormans J P L. How consumers perceive product appearance: the identification of three product appearance attributes[J]. International journal of design, 2009, 3(3): 27-35.

[31] Blijlevens J, Mugge R, Ye P, et al. The influence of product exposure on trendiness and aesthetic appraisal[J]. International journal of design, 2013, 7(1): 55-67.

[32] Blumer H. Fashion: from class differentiation to collective selection[M]//Fashion theory. Routledge, 2017: 232-246.

[33] Boeuf B. Boys do not cry: the negative effects of brand masculinity on brand emotions [J]. Marketing letters, 2020, 31(2-3): 247-264.

[34] Bomba P C, Siqueland E R. The nature and structure of infant form categories[J]. Journal of experimental child psychology, 1983, 35(2): 294-328.

[35] Bratanova B, Kervyn N, Klein O. Tasteful brands: products of brands perceived to be warm and competent taste subjectively better[J]. Psychologica belgica, 2015, 55(2): 57.

[36] Brewer M B. The social self: on being the same and different at the same time[J]. Personality and social psychology bulletin, 1991, 17(5): 475-482.

[37] Broniarczyk S M, Alba J W. The importance of the brand in brand extension[J]. Journal of marketing research, 1994, 31(2): 214-228.

[38] Bureau J S, Vallerand R J, Ntoumanis N, et al. On passion and moral behavior in achievement settings: the mediating role of pride[J]. Motivation and emotion, 2013, 37: 121-133.

[39] Carpenter G S, Nakamoto K. Consumer preference formation and pioneering advantage

[J]. Journal of marketing research, 1989, 26(3): 285-298.

[40] Chan C, Berger J, Van Boven L. Identifiable but not identical: combining social identity and uniqueness motives in choice[J]. Journal of consumer research, 2012, 39(3): 561-573.

[41] Chang C T, Feng C C. Bygone eras vs. the good Ol'days: how consumption context and self-construal influence nostalgic appeal selection[J]. International journal of advertising, 2016, 35(3): 589-615.

[42] Chang M J, Ko Y J, Connaughton D P, et al. The effects of perceived CSR, pride, team identification, and regional attachment: the moderating effect of gender[J]. Journal of sport & tourism, 2016, 20(2): 145-159.

[43] Chatterjee A, Vartanian O. Neuroscience of aesthetics[J]. Annals of the New York academy of sciences, 2016, 1369(1): 172-194.

[44] Chen C Y, Mathur P, Maheswaran D. The effects of country-related affect on product evaluations[J]. Journal of consumer research, 2014, 41(4): 1033-1046.

[45] Cheon B K, Christopoulos G I, Hong Y. Disgust associated with culture mixing: why and who? [J]. Journal of cross-cultural psychology, 2016, 47(10): 1268-1285.

[46] Cheung W Y, Sedikides C, Wildschut T. Induced nostalgia increases optimism (via social-connectedness and self-esteem) among individuals high, but not low, in trait nostalgia[J]. Personality and individual differences, 2016, 90: 283-288.

[47] Chirico A, Cipresso P, Yaden D B, et al. Effectiveness of immersive videos in inducing awe: an experimental study[J]. Scientific reports, 2017, 7(1): 1218.

[48] Chirico A, Ferrise F, Cordella L, et al. Designing awe in virtual reality: an experimental study[J]. Frontiers in psychology, 2018, 8: 2351.

[49] Chiu C Y, Mallorie L A, Keh H T, et al. Perceptions of culture in multicultural space: joint presentation of images from two cultures increases in-group attribution of culture-typical characteristics[J]. Journal of cross-cultural psychology, 2009, 40(2): 282-300.

[50] Choi J, Chang Y K, Lee K, et al. Effect of perceived warmth on positive judgment[J]. Journal of consumer marketing, 2016, 33(4): 235-244.

[51] Chugani S K, Irwin J R, Redden J P. Happily ever after: the effect of identity-consistency on product satiation[J]. Journal of consumer research, 2015, 42(4): 564-577.

[52] Chung M, Ko E, Joung H, et al. Chatbot e-service and customer satisfaction regarding luxury brands[J]. Journal of business research, 2020, 117: 587-595.

[53] Clark A E, Lohéac Y. "It wasn't me, it was them!" social influence in risky behavior by adolescents[J]. Journal of health economics, 2007, 26(4): 763-784.

[54] Clark T. International marketing and national character: a review and proposal for an

integrative theory[J]. Journal of marketing, 1990, 54(4): 66-79.
[55] Collado S, Manrique H M. Exposure to awe-evoking natural and built scenes has positive effects on cognitive performance and affect[J]. Environment and behavior, 2020, 52(10): 1105-1132.
[56] Cooper R G, Kleinschmidt E J. New products: what separates winners from losers?[J]. Journal of product innovation management, 1987, 4(3): 169-184.
[57] Creusen M E H, Schoormans J P L. The different roles of product appearance in consumer choice[J]. Journal of product innovation management, 2005, 22(1): 63-81.
[58] Creusen M E H, Veryzer R W, Schoormans J P L. Product value importance and consumer preference for visual complexity and symmetry[J]. European journal of marketing, 2010, 44(9/10): 1437-1452.
[59] Cuddy A J C, Fiske S T, Glick P. Warmth and competence as universal dimensions of social perception: the stereotype content model and the BIAS map[J]. Advances in experimental social psychology, 2008, 40: 61-149.
[60] Cuddy A J C, Fiske S T, Kwan V S Y, et al. Stereotype content model across cultures: towards universal similarities and some differences[J]. British journal of social psychology, 2009, 48(1): 1-33.
[61] Daskon C, Binns T. Culture, tradition and sustainable rural livelihoods: exploring the culture-development interface in Kandy, Sri Lanka[J]. Community development journal, 2010, 45(4): 494-517.
[62] Davis F. Yearning for yesterday: a sociology of nostalgia[J]. New York, 1979, 4: 2-4.
[63] Davis S T, Jahnke J C. Unity and the golden section: rules for aesthetic choice?[J]. The American journal of psychology, 1991: 257-277.
[64] Davvetas V, Halkias G. Global and local brand stereotypes: formation, content transfer, and impact[J]. International marketing review, 2019, 36(5): 675-701.
[65] Deutsch M, Gerard H B. A study of normative and informational social influences upon individual judgment[J]. The journal of abnormal and social psychology, 1955, 51(3): 629.
[66] Diamantopoulos A, Florack A, Halkias G, et al. Explicit versus implicit country stereotypes as predictors of product preferences: insights from the stereotype content model[J]. Journal of international business studies, 2017, 48: 1023-1036.
[67] Dimofte C V, Johansson J K, Bagozzi R P. Global brands in the United States: how consumer ethnicity mediates the global brand effect[J]. Journal of international marketing, 2010, 18(3): 81-106.
[68] Dimofte C V, Johansson J K, Ronkainen I A. Cognitive and affective reactions of US

consumers to global brands[J]. Journal of international marketing, 2008, 16(4): 113-135.

[69] Du Laney C. Lifecycle, affect, and healing: examining sustainability in community archives and cultural heritage projects[D]. University of North Carolina at Chapel Hill, 2019.

[70] Ellis S R. A psychometric investigation of a scale for the evaluation of the aesthetic element in consumer durable goods[M]. The University of Arizona, 1993.

[71] EM Steenkamp J B, Batra R, Alden D L. How perceived brand globalness creates brand value[J]. Journal of international business studies, 2003, 34: 53-65.

[72] Englis B G, Solomon M R. To be and not to be: lifestyle imagery, reference groups, and the clustering of America[J]. Journal of advertising, 1995, 24(1): 13-28.

[73] Escalas J E, Bettman J R. Self-construal, reference groups, and brand meaning[J]. Journal of consumer research, 2005, 32(3): 378-389.

[74] Escalas J E, Bettman J R. You are what they eat: the influence of reference groups on consumers' connections to brands[J]. Journal of consumer psychology, 2003, 13(3): 339-348.

[75] Escalas J. Self-identity and consumer behavior[J]. Journal of consumer research, 2013, 39(5): xv-xviii.

[76] Evans M D R, Kelley J. National pride in the developed world: survey data from 24 nations[J]. International journal of public opinion research, 2002, 14(3): 303-338.

[77] Fan B, Li C, Jin J. The brand scandal spillover effect at the country level: evidence from event-related potentials[J]. Frontiers in neuroscience, 2020, 13: 1426.

[78] Feng W, Irina Y Y, Yang M X, et al. How being envied shapes tourists' relationships with luxury brands: a dual-mediation model[J]. Tourism management, 2021, 86: 104344.

[79] Feng Y, Chen H, Xie Q. AI influencers in advertising: the role of AI influencer-related attributes in shaping consumer attitudes, consumer trust, and perceived influencer-product fit[J]. Journal of interactive advertising, 2023: 1-22.

[80] Fetscherin M, Tantleff-Dunn S, Klumb A. Effects of facial features and styling elements on perceptions of competence, warmth, and hireability of male professionals [J]. The journal of social psychology, 2020, 160(3): 332-345.

[81] Fishbach A, Ratner R K, Zhang Y. Inherently loyal or easily bored?: nonconscious activation of consistency versus variety-seeking behavior[J]. Journal of consumer psychology, 2011, 21(1): 38-48.

[82] Fiske S T, Cuddy A J C, Glick P, et al. A model of (often mixed) stereotype content: competence and warmth respectively follow from perceived status and competition [M]//Social cognition. Routledge, 2018: 162-214.

[83] Fiske S T. Stereotype content: warmth and competence endure[J]. Current directions in psychological science, 2018, 27(2): 67-73.

[84] Flavell J C, Tipper S P, Over H. Preference for illusory contours: beyond object symmetry, familiarity, and nameability[J]. Emotion, 2018, 18(5): 736.

[85] Follmer K B, Jones K S. Stereotype content and social distancing from employees with mental illness: the moderating roles of gender and social dominance orientation[J]. Journal of applied social psychology, 2017, 47(9): 492-504.

[86] Forehand M R, Deshpandé R. What we see makes us who we are: priming ethnic self-awareness and advertising response[J]. Journal of marketing research, 2001, 38(3): 336-348.

[87] Foster W M, Hyatt C G. Inventing team tradition: a conceptual model for the strategic development of fan nations[J]. European sport management quarterly, 2008, 8(3): 265-287.

[88] Franks J J, Bransford J D. Abstraction of visual patterns[J]. Journal of experimental psychology, 1971, 90(1): 65.

[89] Fredrickson B L. The role of positive emotions in positive psychology: the broaden-and-build theory of positive emotions[J]. American psychologist, 2001, 56(3): 218.

[90] Fuchs Jr R W, Hutchinson J W. The influence of unity and prototypicality on aesthetic responses to new product designs[J]. Journal of consumer research, 1998, 24(4): 374-394.

[91] Fuchs M, Schreier M. Paying twice for aesthetic customization? the negative effect of uniqueness on a product's resale value[J]. Journal of marketing research, 2023, 60(3): 602-624.

[92] Giddens A, Griffiths S. Sociology[M]. Polity, 2006.

[93] Gordon A M, Stellar J E, Anderson C L, et al. The dark side of the sublime: distinguishing a threat-based variant of awe[J]. Journal of personality and social psychology, 2017, 113(2): 310.

[94] Grewal L, Hmurovic J, Lamberton C, et al. The self-perception connection: why consumers devalue unattractive produce[J]. Journal of marketing, 2019, 83(1): 89-107.

[95] Griskevicius V, Shiota M N, Neufeld S L. Influence of different positive emotions on persuasion processing: a functional evolutionary approach[J]. Emotion, 2010, 10(2): 190.

[96] GUAN J. The application and development of stereotype content model and system model[J]. Advances in psychological science, 2009, 17(04): 845.

[97] Guo S, Jiang L, Huang R, et al. Inspiring awe in consumers: relevance, triggers, and consequences[J]. Asian journal of social psychology, 2018, 21(3): 129-142.

[98] Guo X, Liu H, Zhang Y. Application of the stereotype content model in marketing: a three-level review and future research[J]. Journal of contemporary marketing science, 2022, 5(2): 196-213.

[99] Hagen L. Pretty healthy food: how and when aesthetics enhance perceived healthiness [J]. Journal of marketing, 2021, 85(2): 129-145.

[100] Halkias G, Davvetas V, Diamantopoulos A. The interplay between country stereotypes and perceived brand globalness/localness as drivers of brand preference [J]. Journal of business research, 2016, 69(9): 3621-3628.

[101] Harush R, Lisak A, Erez M. Extending the global acculturation model to untangle the culture mixing puzzle[J]. Journal of cross-cultural psychology, 2016, 47(10): 1395-1408.

[102] Havlena W J, Holak S L. Exploring nostalgia imagery through the use of consumer collages[J]. ACR North American advances, 1996.

[103] He J, Wang C L. The intellectual structure in brands and branding research: a scientometric analysis[M]//Brand management in emerging markets: theories and practices. IGI Global, 2014: 1-35.

[104] Hicks J R, Stewart W P. Learning from wildlife-inspired awe[J]. The journal of environmental education, 2020, 51(1): 44-54.

[105] Hinsch C, Felix R, Rauschnabel P A. Nostalgia beats the wow-effect: inspiration, awe and meaningful associations in augmented reality marketing[J]. Journal of retailing and consumer services, 2020, 53: 101987.

[106] Holak S L, Havlena W J. Nostalgia: an exploratory study of themes and emotions in the nostalgic experience[J]. ACR North American advances, 1992.

[107] Holak S, Havlena W, Matveev A. Exploring nostalgia in Russia: testing the index of nostalgia-proneness[J]. ACR European advances, 2005.

[108] Holbrook M B, Schindler R M. Age, sex, and attitude toward the past as predictors of consumers' aesthetic tastes for cultural products[J]. Journal of marketing research, 1994, 31(3): 412-422.

[109] Holbrook M B, Schindler R M. Echoes of the dear departed past: some work in progress on nostalgia[J]. ACR North American advances, 1991.

[110] Hsiao K A, Chen L L. Fundamental dimensions of affective responses to product shapes[J]. International journal of industrial ergonomics, 2006, 36(6): 553-564.

[111] Huang X, Dong P, Mukhopadhyay A. Proud to belong or proudly different? lay theories determine contrasting effects of incidental pride on uniqueness seeking[J]. Journal of consumer research, 2014, 41(3): 697-712.

[112] Huang X, Huang Z, Wyer Jr R S. Slowing down in the good old days: the effect of nostalgia on consumer patience[J]. Journal of consumer research, 2016, 43(3):

372-387.

[113] Hung W K, Chen L L. Effects of novelty and its dimensions on aesthetic preference in product design[J]. International journal of design, 2012, 6(2): 81-90.

[114] Hutchinson J W. Discrete attribute models of brand switching[J]. Marketing science, 1986, 5(4): 350-371.

[115] Ibáñez-Sánchez S, Orus C, Flavian C. Augmented reality filters on social media: analyzing the drivers of playability based on uses and gratifications theory[J]. Psychology & marketing, 2022, 39(3): 559-578.

[116] Ivens B S, Leischnig A, Muller B, et al. On the role of brand stereotypes in shaping consumer response toward brands: an empirical examination of direct and mediating effects of warmth and competence[J]. Psychology & marketing, 2015, 32(8): 808-820.

[117] Jameson D A. Reconceptualizing cultural identity and its role in intercultural business communication[J]. The Journal of business communication (1973), 2007, 44(3): 199-235.

[118] Jeong H J, Kim J. Human-like versus me-like brands in corporate social responsibility: the effectiveness of brand anthropomorphism on social perceptions and buying pleasure of brands[J]. Journal of brand management, 2021, 28: 32-47.

[119] Johnson K A, Moon J W, Okun M A, et al. Science, God, and the cosmos: science both erodes (via logic) and promotes (via awe) belief in God[J]. Journal of experimental social psychology, 2019, 84: 103826.

[120] Johnson Z S, Mao H, Lefebvre S, et al. Good guys can finish first: how brand reputation affects extension evaluations[J]. Journal of consumer psychology, 2019, 29(4): 565-583.

[121] Juhl J, Routledge C, Arndt J, et al. Fighting the future with the past: nostalgia buffers existential threat[J]. Journal of research in personality, 2010, 44(3): 309-314.

[122] Jun P, Durairaj, M. You are where you live: the country-brand perception congruency and its implications. Working paper, 2018.

[123] Kapferer J N. The two business cultures of luxury brands[M]//Brand culture. Routledge, 2006: 60-68.

[124] Katz D, Braly K. Racial stereotypes of one hundred college students[J]. The journal of abnormal and social psychology, 1933, 28(3): 280.

[125] Katz D. Gestalt psychology: its nature and significance (2nd ed.)[M]. Ronald Press, 1950.

[126] Kaur H, Verma H V. The emotion of pride in consumer behaviour and marketing: a review, classification and future research agenda[J]. Management research review,

2023，46(4)：579-604.

[127] Keller, K.L..战略品牌管理.中国人民大学出版社,2009.

[128] Keltner D, Haidt J. Approaching awe, a moral, spiritual, and aesthetic emotion[J]. Cognition and emotion, 2003, 17(2)：297-314.

[129] Keltner D, Haidt J. Social functions of emotions at four levels of analysis[J]. Cognition & emotion, 1999, 13(5)：505-521.

[130] Kervyn N, Bergsieker H B, Grignard F, et al. An advantage of appearing mean or lazy：amplified impressions of competence or warmth after mixed descriptions[J]. Journal of experimental social psychology, 2016, 62：17-23.

[131] Kervyn N, Chan E, Malone C, et al. Not all disasters are equal in the public's eye：the negativity effect on warmth in brand perception[J]. Social cognition, 2014, 32(3)：256-275.

[132] Kettle K L, Häubl G. The signature effect：signing influences consumption-related behavior by priming self-identity[J]. Journal of consumer research, 2011, 38(3)：474-489.

[133] Kettle K L, Häubl G. The signature effect：signing influences consumption-related behavior by priming self-identity[J]. Journal of consumer research, 2011, 38(3)：474-489.

[134] Kim G, Lee J M. National pride and political participation：the case of south korea[J]. Asian perspective, 2021, 45(4)：809-838.

[135] Kim H Y, Lee Y. The effect of online customization on consumers' happiness and purchase intention and the mediating roles of autonomy, competence, and pride of authorship[J]. International journal of human-computer interaction, 2020, 36(5)：403-413.

[136] Kim J E, Johnson K K P. The impact of moral emotions on cause-related marketing campaigns：a cross-cultural examination[J]. Journal of business ethics, 2013, 112：79-90.

[137] Kim S H, Huang R. Understanding local food consumption from an ideological perspective：locavorism, authenticity, pride, and willingness to visit[J]. Journal of retailing and consumer services, 2021, 58：102330.

[138] Kirk C P, Swain S D, Gaskin J E. I'm proud of it：consumer technology appropriation and psychological ownership[J]. Journal of marketing theory and practice, 2015, 23(2)：166-184.

[139] Kirmani A, Hamilton R W, Thompson D V, et al. Doing well versus doing good：the differential effect of underdog positioning on moral and competent service providers[J]. Journal of marketing, 2017, 81(1)：103-117.

[140] Koh A H Q, Tong E M W, Yuen A Y L. The buffering effect of awe on negative

affect towards lost possessions[J]. The journal of positive psychology, 2019, 14(2): 156-165.

[141] Kolbl Ž, Arslanagic-Kalajdzic M, Diamantopoulos A. Stereotyping global brands: is warmth more important than competence? [J]. Journal of business research, 2019, 104: 614-621.

[142] Kolbl Ž, Diamantopoulos A, Arslanagic-Kalajdzic M, et al. Do brand warmth and brand competence add value to consumers? a stereotyping perspective[J]. Journal of business research, 2020, 118: 346-362.

[143] Kolbl Ž, Diamantopoulos A, Arslanagic-Kalajdzic M, et al. Do brand warmth and brand competence add value to consumers? a stereotyping perspective[J]. Journal of business research, 2020, 118: 346-362.

[144] Ladhari R, Tchetgna N M. Values, socially conscious behaviour and consumption emotions as predictors of Canadians' intent to buy fair trade products [J]. International journal of consumer studies, 2017, 41(6): 696-705.

[145] Landwehr J R, Wentzel D, Herrmann A. Product design for the long run: consumer responses to typical and atypical designs at different stages of exposure[J]. Journal of marketing, 2013, 77(5): 92-107.

[146] Lasaleta J D, Loveland K E. What's new is old again: nostalgia and retro-styling in response to authenticity threats[J]. Journal of the association for consumer research, 2019, 4(2): 172-184.

[147] Lasaleta J D, Werle C O C, Yamim A P. Nostalgia makes people eat healthier[J]. Appetite, 2021, 162: 105187.

[148] Lauer, David A. Design basics[M]. New York: Holt, Rinehart&Winston, 1979.

[149] Leary M R. Digging deeper: the fundamental nature of "Self-conscious" emotions[J]. Psychological inquiry, 2004, 15(2): 129-131.

[150] Lee H E, Cho J. What motivates users to continue using diet and fitness apps? application of the uses and gratifications approach[J]. Health communication, 2017, 32(12): 1445-1453.

[151] Leung A K, Chiu C. Multicultural experience, idea receptiveness, and creativity[J]. Journal of cross-cultural psychology, 2010, 41(5-6): 723-741.

[152] Leung F F, Kim S, Tse C H. Highlighting effort versus talent in service employee performance: customer attributions and responses[J]. Journal of marketing, 2020, 84(3): 106-121.

[153] Li X, Chan K W, Kim S. Service with emoticons: how customers interpret employee use of emoticons in online service encounters[J]. Journal of consumer research, 2019, 45(5): 973-987.

[154] Logkizidou M. The neglected unity-in-variety principle: a holistic rather than a single-

[155] Loken B, Ward J. Alternative approaches to understanding the determinants of typicality[J]. Journal of consumer research, 1990, 17(2): 111-126.

[156] Louro M J, Pieters R, Zeelenberg M. Negative returns on positive emotions: the influence of pride and self-regulatory goals on repurchase decisions[J]. Journal of consumer research, 2005, 31(4): 833-840.

[157] Lu D, Liu Y, Lai I, et al. Awe: an important emotional experience in sustainable tourism[J]. Sustainability, 2017, 9(12): 2189.

[158] Lynch L, Patterson M, Ni Bheachain C. Visual literacy in consumption: consumers, brand aesthetics and the curated self[J]. European journal of marketing, 2020, 54(11): 2777-2801.

[159] Lynn M, Snyder C R. Uniqueness seeking[J]. Handbook of positive psychology, 2002: 395-410.

[160] Magee W. Effects of gender and age on pride in work, and job satisfaction[J]. Journal of happiness studies, 2015, 16: 1091-1115.

[161] Magnusson P, Westjohn S A, Sirianni N J. Beyond country image favorability: how brand positioning via country personality stereotypes enhances brand evaluations[J]. Journal of international business studies, 2019, 50: 318-338.

[162] Maimaran M, Wheeler S C. Circles, squares, and choice: the effect of shape arrays on uniqueness and variety seeking[J]. Journal of marketing research, 2008, 45(6): 731-740.

[163] Markus H R, Kitayama S. Culture and the self: implications for cognition, emotion, and motivation[J]. Psychological review, 1991, 98(2): 224-253.

[164] Maslach C. Social and personal bases of individuation[J]. Journal of personality and social psychology, 1974, 29(3): 411.

[165] McFerran B, Aquino K, Tracy J L. Evidence for two facets of pride in consumption: Findings from luxury brands[J]. Journal of consumer psychology, 2014, 24(4): 455-471.

[166] McKeown G J. The analogical peacock hypothesis: the sexual selection of mind-reading and relational cognition in human communication[J]. Review of general psychology, 2013, 17(3): 267-287.

[167] Mercadante E, Witkower Z, Tracy J L. The psychological structure, social consequences, function, and expression of pride experiences[J]. Current opinion in behavioral sciences, 2021, 39: 130-135.

[168] Merchant A, Latour K, Ford J B, et al. How strong is the pull of the past? measuring personal nostalgia evoked by advertising[J]. Journal of advertising

research, 2013, 53(2): 150-165.

[169] Merchant A, Rose G M. Effects of advertising-evoked vicarious nostalgia on brand heritage[J]. Journal of business research, 2013, 66(12): 2619-2625.

[170] Merchant A, Rose G M. Effects of advertising-evoked vicarious nostalgia on brand heritage[J]. Journal of business research, 2013, 66(12): 2619-2625.

[171] Meyers-Levy J, Tybout A M. Schema congruity as a basis for product evaluation[J]. Journal of consumer research, 1989, 16(1): 39-54.

[172] Miceli M, Castelfranchi C, Pocobello R. The ambiguity of pride[J]. Theory & psychology, 2017, 27(4): 550-572.

[173] Mills M A, Coleman P G. Nostalgic memories in dementia—a case study[J]. The international journal of aging and human development, 1994, 38(3): 203-219.

[174] Minami A L, Ramos C, Bortoluzzo A B. Sharing economy versus collaborative consumption: What drives consumers in the new forms of exchange? [J]. Journal of business research, 2021, 128: 124-137.

[175] Monga A B, John D R. What makes brands elastic? the influence of brand concept and styles of thinking on brand extension evaluation[J]. Journal of marketing, 2010, 74(3): 80-92.

[176] Monin B. The warm glow heuristic: when liking leads to familiarity[J]. Journal of personality and social psychology, 2003, 85(6): 1035.

[177] Monzani L, Hernandez Bark A S, van Dick R, et al. The synergistic effect of prototypicality and authenticity in the relation between leaders' biological gender and their organizational identification [J]. Journal of business ethics, 2015, 132: 737-752.

[178] Mookerjee S, Cornil Y, Hoegg J A. From waste to taste: how "ugly" labels can increase purchase of unattractive produce[J]. Journal of marketing, 2021, 85(3): 62-77.

[179] Morris M W, Chiu C, Liu Z. Polycultural psychology[J]. Annual review of psychology, 2015, 66: 631-659.

[180] Morris M W, Mok A, Mor S. Cultural identity threat: the role of cultural identifications in moderating closure responses to foreign cultural inflow[J]. Journal of social issues, 2011, 67(4): 760-773.

[181] Motsi T, Park J E. National stereotypes as antecedents of country-of-origin image: the role of the stereotype content model[J]. Journal of international consumer marketing, 2020, 32(2): 115-127.

[182] Mu X M, Bai C H, Wu B, et al. The matching effect of destination country image and tourism product type: an empirical study based on the stereotype content model (SCM)[J]. Tourism tribune, 2017, 32(6): 64-74.

[183] Muehling D D, Sprott D E, Sultan A J. Exploring the boundaries of nostalgic advertising effects: a consideration of childhood brand exposure and attachment on consumers' responses to nostalgia-themed advertisements[J]. Journal of advertising, 2014, 43(1): 73-84.

[184] Mukerji, C., & Schudson, M. Popular culture[J]. Annual review of sociology, 1986, 12(1), 47-66.

[185] Nawas M M, Platt J J. A future-oriented theory of nostalgia[J]. Journal of individual psychology, 1965, 21(1): 51.

[186] Nelson-Coffey S K, Ruberton P M, Chancellor J, et al. The proximal experience of awe[J]. PloS one, 2019, 14(5): e0216780.

[187] Nostalgia now: cross-disciplinary perspectives on the past in the present[M]. Routledge, 2020.

[188] Onwezen M C, Bartels J, Antonides G. Environmentally friendly consumer choices: cultural differences in the self-regulatory function of anticipated pride and guilt[J]. Journal of environmental psychology, 2014, 40: 239-248.

[189] Özsomer A. The interplay between global and local brands: a closer look at perceived brand globalness and local iconness[J]. Journal of international marketing, 2012, 20(2): 72-95.

[190] Page C, Herr P M. An investigation of the processes by which product design and brand strength interact to determine initial affect and quality judgments[J]. Journal of consumer psychology, 2002, 12(2): 133-147.

[191] Palmeri T J, Nosofsky R M. Recognition memory for exceptions to the category rule [J]. Journal of experimental psychology: learning, memory, and cognition, 1995, 21(3): 548.

[192] Passyn K, Sujan M. Skill-based versus effort-based task difficulty: a task-analysis approach to the role of specific emotions in motivating difficult actions[J]. Journal of consumer psychology, 2012, 22(3): 461-468.

[193] Patrick V M, Hagtvedt H. Aesthetic incongruity resolution[J]. Journal of marketing research, 2011, 48(2): 393-402.

[194] Pearce J, Strickland-Munro J, Moore S A. What fosters awe-inspiring experiences in nature-based tourism destinations? [J]. Journal of sustainable tourism, 2017, 25(3): 362-378.

[195] Peracchio L A, Tybout A M. The moderating role of prior knowledge in schema-based product evaluation[J]. Journal of consumer research, 1996, 23(3): 177-192.

[196] Piff P K, Dietze P, Feinberg M, et al. Awe, the small self, and prosocial behavior [J]. Journal of personality and social psychology, 2015, 108(6): 883.

[197] Pilgrim L, Norris J I, Hackathorn J. Music is awesome: influences of emotion,

personality, and preference on experienced awe[J]. Journal of consumer behaviour, 2017, 16(5): 442-451.

[198] Preston J L, Shin F. Spiritual experiences evoke awe through the small self in both religious and non-religious individuals[J]. Journal of experimental social psychology, 2017, 70: 212-221.

[199] Raghubir P, Greenleaf E A. Ratios in proportion: what should the shape of the package be? [J]. Journal of marketing, 2006, 70(2): 95-107.

[200] Rankin K, Andrews S E, Sweeny K. Awe-full uncertainty: easing discomfort during waiting periods[J]. The journal of positive psychology, 2020, 15(3): 338-347.

[201] Ray S. Ethnic inequality and national pride[J]. Political psychology, 2018, 39(2): 263-280.

[202] Reber R, Schwarz N, Winkielman P. Processing fluency and aesthetic pleasure: is beauty in the perceiver's processing experience? [J]. Personality and social psychology review, 2004, 8(4): 364-382.

[203] Reed A. Activating the self-importance of consumer selves: exploring identity salience effects on judgments[J]. Journal of consumer research, 2004, 31(2): 286-295.

[204] Reid C A, Green J D, Wildschut T, et al. Scent-evoked nostalgia[J]. Memory, 2015, 23(2): 157-166.

[205] Ren X, Xia L, Du J. Delivering warmth by hand: customer responses to different formats of written communication[J]. Journal of services marketing, 2018, 32(2): 223-234.

[206] Riefler P, Diamantopoulos A. Consumer cosmopolitanism: review and replication of the CYMYC scale[J]. Journal of business research, 2009, 62(4): 407-419.

[207] Rivera G N, Vess M, Hicks J A, et al. Awe and meaning: elucidating complex effects of awe experiences on meaning in life [J]. European journal of social psychology, 2020, 50(2): 392-405.

[208] Roesler C. Are archetypes transmitted more by culture than biology? questions arising from conceptualizations of the archetype[J]. Journal of analytical psychology, 2012, 57(2): 223-246.

[209] Rosch E. Principles of categorization[M]//Cognition and categorization. Routledge, 1978: 27-48.

[210] Rosch E. Cognitive representations of semantic categories[J]. Journal of experimental psychology: general, 1975, 104(3): 192.

[211] Routledge C, Arndt J, Sedikides C, et al. A blast from the past: the terror management function of nostalgia[J]. Journal of experimental social psychology, 2008, 44(1): 132-140.

[212] Rowe Z O, Wilson H N, Dimitriu R M, et al. The best I can be: how self-

[213] Rudd M, Vohs K D, Aaker J. Awe expands people's perception of time, alters decision making, and enhances well-being[J]. Psychological science, 2012, 23(10): 1130-1136.

[214] Russo M. Diversity in goal orientation, team performance, and internal team environment[J]. Equality, diversity and inclusion: an international journal, 2012, 31(2): 124-143.

[215] Salerno A, Laran J, Janiszewski C. Pride and regulatory behavior: the influence of appraisal information and self-regulatory goals[J]. Journal of consumer research, 2015, 42(3): 499-514.

[216] Schaffer V, Huckstepp T, Kannis-Dymand L. Awe: a systematic review within a cognitive behavioural framework and proposed cognitive behavioural model of awe[J]. International journal of applied positive psychology, 2023: 1-36.

[217] Schmitt B H, Simonson A. Marketing aesthetics: the strategic management of branding, identity and image[M]. Simon & Schuster, 1997.

[218] Schroeder J D S. Prisoners of loss: an atlantic history of nostalgia[D]. University of Chicago, 2016.

[219] Schroeder P J. Changing team culture: the perspectives of ten successful head coaches [J]. Journal of sport behavior, 2010, 33(1).

[220] Sedikides C, Wildschut T, Routledge C, et al. Buffering acculturative stress and facilitating cultural adaptation: nostalgia as a psychological resource [M]// Understanding Culture. Psychology Press, 2013: 361-378.

[221] Septianto F, Nallaperuma K, Bandyopadhyay A, et al. Proud powerful, grateful powerless: the interactive effect of power and emotion on gift giving[J]. European journal of marketing, 2020(c), 54(7): 1703-1729.

[222] Septianto F, Northey G, Chiew T M, et al. Hubristic pride & prejudice: the effects of hubristic pride on negative word-of-mouth[J]. International journal of research in marketing, 2020(b), 37(3): 621-643.

[223] Septianto F, Seo Y, Sung B, et al. Authenticity and exclusivity appeals in luxury advertising: the role of promotion and prevention pride[J]. European journal of marketing, 2020(a), 54(6): 1305-1323.

[224] Sevilla J, Meyer R J. Leaving something for the imagination: the effect of visual concealment on preferences[J]. Journal of marketing, 2020, 84(4): 109-126.

[225] Sevilla J, Townsend C. The space-to-product ratio effect: how interstitial space influences product aesthetic appeal, store perceptions, and product preference[J]. Journal of marketing research, 2016, 53(5): 665-681.

[226] Sharma R, Kabra B. Exploring the emotion of awe[J]. Shodh Sarita, 2021, 8(29): 62-66.

[227] Shea C T, Hawn O V. Microfoundations of corporate social responsibility and irresponsibility[J]. Academy of management journal, 2019, 62(5): 1609-1642.

[228] Shi Y, Shi J, Luo Y L L, et al. Understanding exclusionary reactions toward a foreign culture: the influence of intrusive cultural mixing on implicit intergroup bias[J]. Journal of cross-cultural psychology, 2016, 47(10): 1335-1344.

[229] Shiota M N, Keltner D, Mossman A. The nature of awe: elicitors, appraisals, and effects on self-concept[J]. Cognition and emotion, 2007, 21(5): 944-963.

[230] Shoenberger H, Kim E. Explaining purchase intent via expressed reasons to follow an influencer, perceived homophily, and perceived authenticity[J]. International journal of advertising, 2023, 42(2): 368-383.

[231] Simmel G. Fashion[J]. American journal of sociology, 1957, 62(6): 541-558.

[232] Simonson I, Nowlis S M. The role of explanations and need for uniqueness in consumer decision making: unconventional choices based on reasons[J]. Journal of consumer research, 2000, 27(1): 49-68.

[233] Singh R, Sharma Y, Kumar J. A road less traveled in nostalgia marketing: impact of spiritual well-being on effects of nostalgic advertisements[J]. Journal of marketing Theory and Practice, 2021, 29(3): 289-307.

[234] Smith A D. National identity[M]. London: Penguin Books, 1991.

[235] Smith R K, Vandellen M R, Ton L A N. Makeup who you are: self-expression enhances the perceived authenticity and public promotion of beauty work[J]. Journal of consumer research, 2021, 48(1): 102-122.

[236] Solomon M R. The role of products as social stimuli: a symbolic interactionism perspective[J]. Journal of consumer research, 1983, 10(3): 319-329.

[237] Spears R. Social influence and group identity[J]. Annual review of psychology, 2021, 72: 367-390.

[238] Spears R. Social influence and group identity[J]. Annual review of psychology, 2021, 72: 367-390.

[239] Srivastava E, Maheswarappa S S, Sivakumaran B. Nostalgic advertising in India: a content analysis of Indian TV advertisements[J]. Asia pacific journal of marketing and logistics, 2017, 29(1): 47-69.

[240] Srivastava E, Sivakumaran B, Maheswarappa S S, et al. Nostalgia: a review, propositions, and future research agenda[J]. Journal of advertising, 2023, 52(4): 613-632.

[241] Stancato D M, Keltner D. Awe, ideological conviction, and perceptions of ideological opponents[J]. Emotion, 2021, 21(1): 61.

[242] Stead M, McDermott L, MacKintosh A M, et al. Why healthy eating is bad for young people's health: Identity, belonging and food[J]. Social science & medicine, 2011, 72(7): 1131-1139.

[243] Steenkamp J B E M. Global versus local consumer culture: theory, measurement, and future research directions[J]. Journal of international marketing, 2019, 27(1): 1-19.

[244] Stellar J E, Gordon A, Anderson C L, et al. Awe and humility[J]. Journal of personality and social psychology, 2018, 114(2): 258.

[245] Stern B B. Historical and personal nostalgia in advertising text: the fin de siecle effect[J]. Journal of advertising, 1992, 21(4): 11-22.

[246] Strinati D. An introduction to theories of popular culture[M]. Routledge, 2004.

[247] Sturm V E, Datta S, Roy A R K, et al. Big smile, small self: awe walks promote prosocial positive emotions in older adults[J]. Emotion, 2022, 22(5): 1044.

[248] Tajfel H E. Differentiation between social groups: Studies in the social psychology of intergroup relations[M]. Academic Press, 1978.

[249] Taylor J. Hume on pride and the other indirect passions[J]. The Oxford handbook of hume, 2016: 295.

[250] Thompson C J, Rindfleisch A, Arsel Z. Emotional branding and the strategic value of the doppelgänger brand image[J]. Journal of marketing, 2006, 70(1): 50-64.

[251] Tian K T, Bearden W O, Hunter G L. Consumers' need for uniqueness: scale development and validation[J]. Journal of consumer research, 2001, 28(1): 50-66

[252] Ton L A N, Smith R K, Sevilla J. Symbolically simple: how simple packaging design influences willingness to pay for consumable products[J]. Journal of marketing, 2023: 00222429231192049.

[253] Tong Y, Pun-Zee Hui P, Kwan L, et al. National feelings or rational dealings? the role of procedural priming on the perceptions of cross-border acquisitions[J]. Journal of social issues, 2011, 67(4): 743-759.

[254] Torelli C J, Ahluwalia R. Extending culturally symbolic brands: A blessing or a curse? [J]. Journal of consumer research, 2012, 38(5): 933-947.

[255] Torelli C J, Chiu C Y, Tam K, et al. Exclusionary reactions to foreign cultures: effects of simultaneous exposure to cultures in globalized space[J]. Journal of social issues, 2011, 67(4): 716-742.

[256] Toubia O, Netzer O. Idea generation, creativity, and prototypicality[J]. Marketing science, 2017, 36(1): 1-20.

[257] Townsend C, Sood S. Self-affirmation through the choice of highly aesthetic products[J]. Journal of consumer research, 2012, 39(2): 415-428.

[258] Townsend C, Sood S. Self-affirmation through the choice of highly aesthetic products

[J]. Journal of consumer research, 2012, 39(2): 415-428.

[259] Tracy J L, Robins R W. Emerging insights into the nature and function of pride[J]. Current directions in psychological science, 2007, 16(3): 147-150.

[260] Tracy J L, Shariff A F, Cheng J T. A naturalist's view of pride[J]. Emotion review, 2010, 2(2): 163-177.

[261] Turiel, E. The development of morality' in social, emotional and personality development in hand book of child psychology[M]. New York: Wiley Press, 1998.

[262] Valdesolo P, Shtulman A, Baron A S. Science is awe-some: the emotional antecedents of science learning[J]. Emotion review, 2017, 9(3): 215-221.

[263] Valentine T, Darling S, Donnelly M. Why are average faces attractive? the effect of view and averageness on the attractiveness of female faces[J]. Psychonomic bulletin & review, 2004, 11: 482-487.

[264] Valsesia F, Diehl K. Let me show you what I did versus what I have: sharing experiential versus material purchases alters authenticity and liking of social media users[J]. Journal of consumer research, 2022, 49(3): 430-449.

[265] Valsesia F, Nunes J C, Ordanini A. What wins awards is not always what I buy: how creative control affects authenticity and thus recognition (but not liking)[J]. Journal of consumer research, 2016, 42(6): 897-914.

[266] van de Ven N, Meijs M H J, Vingerhoets A. What emotional tears convey: tearful individuals are seen as warmer, but also as less competent[J]. British journal of social psychology, 2017, 56(1): 146-160.

[267] van Elk M, Rotteveel M. Experimentally induced awe does not affect implicit and explicit time perception[J]. Attention, perception & psychophysics, 2020, 82: 926-937.

[268] van Esch P, Black J S. Factors that influence new generation candidates to engage with and complete digital, AI-enabled recruiting[J]. Business horizons, 2019, 62(6): 729-739.

[269] van Esch P, Mente M. Marketing video-enabled social media as part of your e-recruitment strategy: stop trying to be trendy[J]. Journal of retailing and consumer services, 2018, 44: 266-273.

[270] van Esch P, Stewart Black J, Franklin D, et al. AI-enabled biometrics in recruiting: insights from marketers for managers[J]. Australasian marketing journal, 2021, 29(3): 225-234.

[271] Van Osch Y, Zeelenberg M, Breugelmans S M. The self and others in the experience of pride[J]. Cognition and emotion, 2018, 32(2): 404-413.

[272] Van Tilburg W A P, Sedikides C, Wildschut T. Adverse weather evokes nostalgia[J]. Personality and social psychology bulletin, 2018, 44(7): 984-995.

[273] Vanpaemel W, Bayer J. Prototype-based category learning in autism: a review[J]. Neuroscience & biobehavioral reviews, 2021, 127: 607-618.

[274] Veryzer Jr R W, Hutchinson J W. The influence of unity and prototypicality on aesthetic responses to new product designs[J]. Journal of consumer research, 1998, 24(4): 374-394.

[275] Vignoles V L, Chryssochoou X, Breakwell G M. The distinctiveness principle: identity, meaning, and the bounds of cultural relativity[J]. Personality and social psychology review, 2000, 4(4): 337-354.

[276] Vogl E, Pekrun R, Loderer K. Epistemic emotions and metacognitive feelings[J]. Trends and prospects in metacognition research across the life span: a tribute to anastasia efklides, 2021: 41-58.

[277] Völckner F, Sattler H. Drivers of brand extension success[J]. Journal of marketing, 2006, 70(2): 18-34.

[278] Wan H, Ji W, Wu G, et al. A novel webpage layout aesthetic evaluation model for quantifying webpage layout design[J]. Information sciences, 2021, 576: 589-608.

[279] Wang C L, Mowen J C. The separateness-connectedness self-schema: scale development and application to message construction[J]. Psychology & marketing, 1997, 14(2): 185-207.

[280] Wang H, Liu D. The differentiated impact of perceived brand competence type on brand extension evaluation[J]. Journal of business research, 2020, 117: 400-410.

[281] Wang J, Wu L. The impact of emotions on the intention of sustainable consumption choices: evidence from a big city in an emerging country[J]. Journal of cleaner production, 2016, 126: 325-336.

[282] Wang L, Lyu J. Inspiring awe through tourism and its consequence[J]. Annals of tourism research, 2019, 77: 106-116.

[283] Wang L, Zhang G, Shi P, et al. Influence of awe on green consumption: the mediating effect of psychological ownership[J]. Frontiers in psychology, 2019, 10: 2484.

[284] Ward M K, Broniarczyk S M. It's not me, it's you: how gift giving creates giver identity threat as a function of social closeness[J]. Journal of consumer research, 2011, 38(1): 164-181.

[285] Warren C, Batra R, Loureiro S M C, et al. Brand coolness[J]. Journal of marketing, 2019, 83(5): 36-56.

[286] White K, Argo J J, Sengupta J. Dissociative versus associative responses to social identity threat: the role of consumer self-construal[J]. Journal of consumer research, 2012, 39(4): 704-719.

[287] Wiium N, Aarø L E, Hetland J. Subjective attractiveness and perceived trendiness in

smoking and snus use: a study among young Norwegians[J]. Health education research, 2009, 24(1): 162-172.

[288] Wilcox K, Kramer T, Sen S. Indulgence or self-control: a dual process model of the effect of incidental pride on indulgent choice[J]. Journal of consumer research, 2011, 38(1): 151-163.

[289] Wildschut T, Sedikides C, Arndt J, et al. Nostalgia: content, triggers, functions[J]. Journal of personality and social psychology, 2006, 91(5): 975.

[290] Wildschut T, Sedikides C, Routledge C, et al. Nostalgia as a repository of social connectedness: the role of attachment-related avoidance[J]. Journal of personality and social psychology, 2010, 98(4): 573.

[291] Williams L A, DeSteno D. Pride and perseverance: the motivational role of pride[J]. Journal of personality and social psychology, 2008, 94(6): 1007.

[292] Williams, R. (2014). Keywords: a vocabulary of culture and society[M]. Oxford University Press.

[293] Wilson J L. Here and now, there and then: nostalgia as a time and space phenomenon [J]. Symbolic interaction, 2015, 38(4): 478-492.

[294] Wray R J, Jupka K, Berman S, et al. Young adults' perceptions about established and emerging tobacco products: results from eight focus groups[J]. Nicotine & tobacco research, 2012, 14(2): 184-190.

[295] Wu Y, Yang Y, Chiu C. Responses to religious norm defection: the case of Hui Chinese Muslims not following the halal diet[J]. International journal of intercultural relations, 2014, 39: 1-8.

[296] Xu W, Jin X T. Effects of social exclusion and implicit theories of personality on nostalgic consumption[J]. Social behavior and personality: an international journal, 2020, 48(3): 1-12.

[297] Yadav M, Rahman Z. The influence of social media marketing activities on customer loyalty: a study of e-commerce industry[J]. Benchmarking: an international journal, 2018, 25(9): 3882-3905.

[298] Yang D Y J, Chen X, Xu J, et al. Cultural symbolism and spatial separation: some ways to deactivate exclusionary responses to culture mixing[J]. Journal of cross-cultural psychology, 2016, 47(10): 1286-1293.

[299] Yang L, Aggarwal P. Asymmetric expectations of firms stereotyped as warm versus competent[J]. ACR North American advances, 2014.

[300] Yeung C W M, Wyer Jr R S. Does loving a brand mean loving its products? the role of brand-elicited affect in brand extension evaluations[J]. Journal of marketing research, 2005, 42(4): 495-506.

[301] Youn S. A trip down memory lane: antecedents and outcomes of ad-evoked nostalgia

on Facebook[J]. Journal of consumer behaviour, 2020, 19(4): 314 - 326.

[302] Young K. Handbook of social psychology[M]. Routledge, 2016.

[303] Zhang M, Li L, Ye Y, et al. The effect of brand anthropomorphism, brand distinctiveness, and warmth on brand attitude: a mediated moderation model[J]. Journal of consumer behaviour, 2020, 19(5): 523 - 536.

[304] Zhao G, Li W, Teng L, et al. Moderating role of consumer self-concept on the effectiveness of two nostalgia appeals[J]. Journal of promotion management, 2014, 20(1): 1 - 19.

[305] Zhou L, Du K M, Cutright K M. Befriending the enemy: the effects of observing brand-to-brand praise on consumer evaluations and choices[J]. Journal of marketing, 2022, 86(4): 57 - 72.

[306] Zhou L, Gao M, Kou Y, et al. Service with improper requests: how fellow customers interpret Employee's judgment call[J]. Journal of retailing and consumer services, 2021, 62: 102647.

[307] Zhou X, Sedikides C, Wildschut T, et al. Counteracting loneliness: on the restorative function of nostalgia[J]. Psychological science, 2008, 19(10): 1023 - 1029.

[308] Zhu R, Meyers-Levy J. The influence of self-view on context effects: how display fixtures can affect product evaluations[J]. Journal of marketing research, 2009, 46(1): 37 - 45.

[309] Zuo B, Zhang Y, Wang J. The stereotype content model and its researches[J]. Advances in psychological science, 2006, 14(01): 138.

[310] 白雪,AzharBin Abd Jamil.新时期国潮视域下文化赋能品牌创新途径研究[J].包装工程,2022,43(14):388 - 395.

[311] 卞向阳,李林臻.新时代中国服饰中的"新国风"时尚[J].美术观察,2021(02):23 - 25.

[312] 蔡洁.国潮风包装融合朱子人格美学思想的伦理设计研究[J].包装工程:1 - 11[2024 - 01 - 30]

[313] 陈羽宣.当下品牌的跨界联名——"国潮"兴起[J].大众文艺,2019(17):273 - 274.

[314] 邓佑玲.冬奥推动"国潮"走向世界[J].中国品牌,2022(04):86.

[315] 董牧孜.《舞千年》与"国潮"趋势下的舞蹈综艺创新[J].北京舞蹈学院学报,2022(03):20 - 26.

[316] 窦坤,刘新科.中国传统文化的当代价值及其传承[J].西北农林科技大学学报(社会科学版),2010,10(03):115 - 119.

[317] 费孝通.文化的生与死:经典珍藏版[M].上海:上海人民出版社,2013.

[318] 冯月季,李菁.打造国家文化符号:文化自觉视域下中国传统文化 IP 的价值建构[J].中国编辑,2019(09):33 - 37.

[319] 付茜茜.新国潮:消费语境下中华传统文化的潮流形态[J].学习与实践,2023(05):

121-131.

[320] 傅才武,岳楠.论中国传统文化创新性发展的实现路径——以当代文化资本理论为视角[J].同济大学学报(社会科学版),2018,29(01):28-38.

[321] 高传华.青年国潮国风热何以行稳致远[J].人民论坛,2020(29):134-135.

[322] 宫承波,王琳.多重美学奏和弦 国风国潮领风骚——2022年总台春晚整体审美[J].电视研究,2022(03):31-34.

[323] 郭国庆.国潮涌动下新国货崛起的营销密码[J].人民论坛,2022(03):84-87.

[324] 郭晓凌,张逸聪,刘浩.中国传统与现代文化混搭产品的消费者态度研究——一个有调节的双中介模型[J].国际商务(对外经济贸易大学学报),2022(03):140-156.

[325] 何佳讯,吴漪,谢润琦.中国元素是否有效:全球品牌全球本土化战略的消费者态度研究——基于刻板印象一致性视角[J].华东师范大学学报(哲学社会科学版),2014,46(05):131-145+182.DOI:10.16382/j.cnki.1000-5579.2014.05.016.

[326] 何佳讯,薛泽薇,方宝英等.品牌与国家联结、品牌刻板印象与消费者购买意愿的研究[J].商业经济与管理,2022(10):62-76.DOI:10.14134/j.cnki.cn33-1336/f.2022.10.005.

[327] 何佳讯.全球品牌化研究回顾:构念、脉络与进展[J].营销科学学报,2013,9(04):1-19.

[328] 何佳讯.中国品牌全球化:融合"中国元素"的品牌战略——"李宁"案例研究[J].华东师范大学学报(哲学社会科学版),2013,45(04):124-129+155-156.DOI:10.16382/j.cnki.1000-5579.2013.04.001.

[329] 何星亮.中国传统文化的象征体系[J].中南民族大学学报(人文社会科学版),2003(06):25-36.

[330] 胡培培.反思与建构:当代青年的中国传统文化认同[J].宁夏社会科学,2018(04):243-248.

[331] 胡钰.论国潮的时尚传播、消费文化与文创理念[J].当代传播,2022(06):55-58.

[332] 皇甫晓涛.从中国元素到中国潮品:"国潮"创意观念的变迁[J].传媒,2022(02):27-29.

[333] 黄海洋,何佳讯.全球品牌中国元素战略对消费者态度影响的中介与调节作用研究[J].管理学报,2021,18(10):1543-1552.

[334] 江红艳,王海忠,钟科.品牌丑闻对国家形象的溢出效应:原产国刻板印象内容的调节作用[J].商业经济与管理,2014(06):55-64.DOI:10.14134/j.cnki.cn33-1336/f.2014.06.006.

[335] 金文恺."国潮"视域下主流话语传播语态的变革[J].传媒观察,2020(04):56-62.

[336] 孔超."国潮"趋势下电影场景设计中的传统文化演绎与赋新[J].电影新作,2022(01):154-160.

[337] 孔祥富,王京京,李正军."国潮"特色产品设计研究[J].家具与室内装饰,2021(06):78-83.

[338] 赖立,谭培文.数字资本主义时代下数字消费内蕴矛盾及其消解路径[J].当代经济研究,2023,(11):28-36.

[339] 李碧红.中国传统文化元素在当代艺术中的创新表达[J].南京艺术学院学报(美术与设计),2015(03):171-177.

[340] 李斌,马红宇,李爱梅等.怀旧的触发、研究范式及测量[J].心理科学进展,2015,23(07):1289-1298.

[341] 李红岩,杜超凡."国潮"传播视域下的民族文化推广——基于对统万城文化的考量[J].社会科学家,2019(06):137-144.

[342] 李艳,刘秀,陆梅."国潮"品牌发展趋势及设计特征研究[J].设计,2020,33(09):71-73.

[343] 李紫砚.媒介生态学视阈下中国传统文化的短视频传播研究——以网络短视频"抖音"平台为例[J].新闻爱好者,2021(08):30-33.

[344] 廖宏勇,刘平云.印象与范畴:论品牌视觉符号的国潮趣味[J].装饰,2021(10):24-29.

[345] 林峰."国潮"文化火爆视域下的传播学分析[J].中国地市报人,2022(07):58-59.

[346] 林国标.习近平对中国传统文化基本精神的概括及时代意义[J].吉首大学学报(社会科学版),2021,42(03):10-17.

[347] 林华.中国传统文化研究:现状、定位与发展取向[J].江西社会科学,2009(05):227-230.

[348] 林少龙,骆少康,纪婉萍.延伸相似度对于品牌延伸的成功重要吗——消费者多样化寻觅与内在控制的调节角色[J].南开管理评论,2014,17(06):139-148.

[349] 刘婧,饶曙光.共同体美学视域下的"国潮电影"[J].当代电影,2022(06):143-148.

[350] 刘能.结构性变迁、消费社会化和政治消费主义:也谈国潮消费现象[J].新视野,2023(05):74-82.

[351] 刘英为,汪涛,聂春艳等.如何应用国家文化原型实现品牌的国际化传播——基于中国品牌海外社交媒体广告的多案例研究[J].管理世界,2020,36(01):88-104+236.

[352] 刘英为,汪涛,周玲等.中国品牌文化原型研究:理论构建与中西比较[J].营销科学学报,2018,14(01):1-20.

[353] 柳沙.国潮消费的时尚心理学诠释[J].装饰,2021(10):18-23.

[354] 柳武妹.敬畏自然影响消费者新产品选择的双刃剑效应及机制研究[J].南开管理评论,2022,25(02):157-171.

[355] 龙柏林,刘伟兵.仪式整合:中国传统文化整合的空间路径[J].新疆社会科学,2018(02):143-149+174.

[356] 马冬,任虎鹏.从"国潮热"看历史文化传播供给侧变革趋势[J].青年记者,2022(06):43-44.

[357] 马凌云."国潮"热与中华优秀传统文化的创新呈现[J].人民论坛·学术前沿,2021(24):129-131.

[358] 马荣桢.国潮品牌营销传播策略的思考[J].青年记者,2021(20):117-118.
[359] 毛睿.政治权力与视觉景观:重估郑和下西洋中的"麒麟"来华[J].北京社会科学,2020(09):114-128.DOI:10.13262/j.bjsshkxy.bjshkx.200912.
[360] 莫康孙,刁玉全."双循环"背景下创意热店的"国潮"战略[J].传媒,2022(02):14-16.
[361] 木斯,雷青,陈郁璐.基于在线评论的国潮服饰消费影响因素研究——以"中国李宁"为例[J].北京服装学院学报(自然科学版),2023,43(03):70-78.
[362] 奈杰尔·霍利斯.全球品牌[M].北京:北京师范大学出版社,2009.
[363] 聂春艳,汪涛,赵鹏等.解释框架对文化混搭产品评价的影响——比较焦点和解释策略的调节效应[J].心理学报,2018,50(12):1438-1448.
[364] 欧阳梦陶.分散与重聚:直播场域中的中国传统文化传播[J].中国文艺评论,2022(08):39-46.
[365] 庞隽,李梦琳.惺惺相惜:社会身份冲突对融合式文化混搭产品偏好的影响[J].心理学报,2023,55(09):1558-1575.
[366] 彭璐珞,赵娜.文化混搭的动理——混搭的反应方式、影响因素、心理后果及动态过程[J].中国社会心理学评论,2015(01):19-62.
[367] 彭璐珞,赵娜.文化混搭的动理——混搭的反应方式、影响因素、心理后果及动态过程[J].中国社会心理学评论,2015,(9):19-62.
[368] 彭璐珞,郑晓莹,彭泗清.文化混搭:研究现状与发展方向[J].心理科学进展,2017,25(07):1240-1250.
[369] 彭子滔,王苑丞.新与旧的交融:国潮品牌塑造过程中的多元联结研究[J].中国广告,2022(04):73-79.
[370] 任珊.河北省博物院文创产品设计研究[J].美术教育研究,2023(19):94-96.
[371] 邵昱,梁燕,郭佩萍.基于内容分析的国潮品牌微博营销研究——以品牌"李宁"为例[J].服装设计师,2022(07):43-50.
[372] 施然.国潮兴起下的老字号品牌创新研究[J].中国商论,2022(08):4-6.
[373] 施州.数字时代国潮文化公益传播的创新策略——以"敦煌诗巾"为例[J].青年记者,2022(08):118-119.
[374] 孙嘉.老国货—新国货—国潮,是商品也是文化[J].美术观察,2021(02):26-28.
[375] 孙楠楠.夔龙纹在国潮设计中的应用及路径探析[J].美术观察,2024(01):82-83.
[376] 孙珊.论新时代中国传统文化创造性转化的三重维度[J].云南民族大学学报(哲学社会科学版),2019,36(03):57-62.
[377] 孙照.文旅融合背景下红色文创产品的开发[J].江苏工程职业技术学院学报,2023,23(04):40-44.DOI:10.19315/j.issn.2096-0425.2023.04.009.
[378] 唐凯麟.传统文化三题[J].求索,2018(03):13-19.
[379] 汪民安.文化研究关键词[M].江苏人民出版社,2020.
[380] 王海忠.消费者民族中心主义的中国本土化研究[J].南开管理评论,2003(04):

31-36.

[381] 王汉瑛,邢红卫,田虹.定位绿色消费的"黄金象限":基于刻板印象内容模型的响应面分析[J].南开管理评论,2018,21(03):203-214.

[382] 王利丽,宋珮暄.古风网剧的文化空间生产与国潮创新路径[J].视听理论与实践,2023(05):42-48+88.

[383] 王文娟,王惠萱,刘天予等.何以"只此青绿"——国潮美学的视觉传播机制及设计应用研究[J].包装工程,2023,44(24):58-65.DOI:10.19554/j.cnki.1001-3563.2023.24.007.

[384] 王战,靳盼.消费文化视域下"国潮"品牌的文本呈现和文化认同策略[J].传媒观察,2021,(12):54-61.DOI:10.19480/j.cnki.cmgc.2021.12.014.

[385] 王潇潇,魏晓莉.场域视角下"国潮"文化演进与出海路径探析[J].湖北经济学院学报(人文社会科学版),2023,20(08):109-114.

[386] 王雪菲,岳琳.科技赋能下"国潮"文化节目的审美体验探析[J].江西理工大学学报,2023,44(05):82-87.

[387] 王一川.当代大众文化与中国大众文化学[J].艺术广角,2001(02):4-10.

[388] 王亦敏,雷珂.红色旅游文创产品开发形式新型化策略构建研究[J].艺术与设计(理论),2023,2(01):115-117.

[389] 王轶群."国潮"文化的内涵界定及其产品分析[J].人文天下,2020(18):44-49.

[390] 魏华,汪涛,周宗奎等.叠音品牌名称对消费者知觉和偏好的影响[J].心理学报,2016,48(11):1479-1488.

[391] 魏鹏举,白一惟.国潮热引领文化价值投资涨潮[J].经济,2023(07):53-55.

[392] 魏群,赵舒.国潮插画在平面设计中的应用与研究[J].艺术教育,2021(10):215-218.

[393] 魏旭燕.基于审美经济语境的国潮文创传播机制研究[J].艺苑,2023(06):72-78.

[394] 文镱澎.国潮热与国潮服饰品牌的发展之路[J].品牌研究,2020(04):15-16.

[395] 巫月娥.文化自信视阈下国潮品牌成长过程及影响因素——基于扎根理论的探索性研究[J].四川轻化工大学学报(社会科学版),2024,39(01):16-26.

[396] 吴波,李东进.基于刻板印象内容模型的品牌感知研究评介[J].外国经济与管理,2013,35(03):57-63+72.DOI:10.16538/j.cnki.fem.2013.03.007.

[397] 吴川,张黎,郑毓煌,等.调节聚焦对品牌延伸的影响:母品牌类型、母品牌与延伸产品匹配类型的调节作用[J].南开管理评论,2012,15(6):53-63.

[398] 吴聪.国潮文化语境下专业课程思政教学改革研究[J].河南社会科学,2022,30(05):116-124.

[399] 吴倩.国潮文化影响青年价值观的逻辑及导引路径[J].理论导刊,2022(05):116-121.

[400] 吴瑶,闫晶.基于服饰行业视角的国潮研究文献综述与发展对策[J].服装设计师,2023(12):123-129.

[401] 夏建中.当代流行文化研究:概念、历史与理论[J].中国社会科学,2000(05):91-99.

[402] 邢海燕."国潮"与"真我":互联网时代青年群体的自我呈现[J].西南民族大学学报

（人文社会科学版），2021，42（01）：126-134.

[403] 徐海波，吴余青.轻食食品包装扁平化设计风格及"国潮"趋势[J].食品与机械，2021，37（12）：107-109+187.

[404] 徐伟，汤筱晓.老字号真实性对品牌延伸评价的影响机制研究[J].财贸研究，2020，31（03）：72-80.DOI：10.19337/j.cnki.34-1093/f.2020.03.007.

[405] 许晓菲.潮牌文化与民族传统文化融合视角下的服装设计发展趋势[J].鄂州大学学报，2022，29（02）：64-65.

[406] 薛婧，黄希庭.怀旧心理研究述评[J].心理科学进展，2011，19（04）：608-616.

[407] 晏晨.当代网络空间中国潮现象的兴起与青年文化实践[J].宁夏社会科学，2022（05）：210-216.

[408] 晏青.仪式化生存：中国传统文化的传播面向与表征模式[J].福建师范大学学报（哲学社会科学版），2014（02）：113-118.

[409] 杨光影."国潮快闪"在海外：一种国际传播的"艺术地理"范式[J].艺术传播研究，2023（04）：117-128.

[410] 杨明月，雷尚君.中华优秀传统文化与潮流元素融合的现代文化产业发展趋势研究——基于国潮文化产业分析[J].价格理论与实践，2023（10）：5660+215.

[411] 杨翩翩，杨可，易小力等.国潮品牌塑造及作用机制研究[J/OL].中国地质大学学报（社会科学版）：1-16[2024-02-20].https://doi.org/10.16493/j.cnki.42-1627/c.20240024.002.

[412] 姚林青."国潮"热何以形成[J].人民论坛，2019（35）：132-134.

[413] 姚依琳，陈大公."国潮"品牌在中国传统文化语境中的时尚摄影表达[J].服装设计师，2023（10）：102-108.

[414] 叶巍岭，施天凤.什么样的可爱标识可以提升产品的感知相对质量[J].南开管理评论，2020，23（01）：118-130.

[415] 叶巍岭，张沐嵘，徐苏.国潮品牌策略定义及概念辨析[J].中国广告，2021（10）：39-46.

[416] 叶巍岭，周欣悦，黄蓉.敬畏感的复杂性及其在消费行为领域的研究展望[J].外国经济与管理，2018，40（05）：69-83.DOI：10.16538/j.cnki.fem.2018.05.006.

[417] 于文环，何琳，傅钰等.产品传统文化载荷对品牌地位的影响——来自青年消费群体的证据[J].心理学报，2023，55（09）：1542-1561.

[418] 袁芃.时尚的祛魅——时尚、现代性与消费的当代合谋的解读[J].哲学动态，2007（01）：29-34.

[419] 张剑，寇晓晖.互动仪式链视角下的品牌联名广告分析[J].视听，2023（12）：116-119.DOI：10.19395/j.cnki.1674-246x.2023.12.033.

[420] 张晓萌.冲突与兼容：中国传统文化的现代复兴[J].人民论坛·学术前沿，2020（07）：112-115.

[421] 张璇，周晓林.神经美学视角的审美愉悦加工机制[J].心理科学进展，2021，29（10）：

1847-1854.
[422] 张亚茹.国潮的崛起——论潮流品牌战略[J].轻纺工业与技术,2021,50(08):80-81.
[423] 张圆梦.中国传统文化创造性转化和创新性发展的当下思考[J].理论月刊,2018(07):155-160.
[424] 张兆端.正确认识和科学对待中华优秀传统文化——论习近平的马克思主义传统文化观[J].东北师大学报(哲学社会科学版),2017(01):47-53.
[425] 张志安,吕伟松.符号、形态与场景:面向青年的中华民族现代文明浸润式传播[J].青年探索,2023(05):5-15.
[426] 章莉莉,朱艺芸.国潮背景下的非遗传承与创新设计[J].装饰,2021(10):30-35.
[427] 赵志裕,吴莹,杨宜音.文化混搭:文化与心理研究的新里程(代卷首语)[J].中国社会心理学评论,2015(01):1-18+276-277.
[428] 郑红娥.中国制造·中国品味 民族认同下的国潮消费解析[J].人民论坛,2021(26):19-23.
[429] 郑炀,马筱茜.当代中国电影的"新国潮":国族意识、时代自觉与市场策略[J].电影新作,2021(03):29-33.
[430] 郑芋."国潮"是风还是"潮"[N].中国文化报,2019-11-23(004).
[431] 周鸿,田晓露.东方美妆"花西子"的国潮品牌构建策略研究[J].新闻传播,2024(01):58-60.
[432] 周晓红.现代社会心理学[M].江苏人民出版社,1991.
[433] 朱迪,张俊哲.二次元与虚拟文化:Z世代新型文化消费的新特点与新挑战[J].中国青年社会科学,2022,41(05):13-21.DOI:10.16034/j.cnki.10-1318/c.2022.05.013.
[434] 庄贵军,周南,周连喜.国货意识、品牌特性与消费者本土品牌偏好——一个跨行业产品的实证检验[J].管理世界,2006(07):85-94+114+172.
[435] 庄严.何谓传统文化[J].兰州学刊,1997(02):25-27.
[436] 宗祖盼,刘欣雨."国潮"的消费认同与价值尺度[J].深圳大学学报(人文社会科学版),2022,39(04):56-63.

第三章
国潮的实践案例

一、中华传统文化精髓助力现代羊绒时尚——艺术羊绒品牌"Sandriver 沙涓"的故事[①]

2014年5月,在国际知名的商学院案例库之一——IVEY案例库里出现了一个案例(案例号 UNC♯14-0518-1),题为"Sand River: Breaking into the Luxury Cashmere Market"。案例用长达39页的篇幅详细分析阐述了Sandriver 沙涓(以下简称沙涓)羊绒品牌的发展模式,并将其称为"中国服装品牌最有希望的隐形冠军"。由此,沙涓的案例代表中国小企业的非典型发展模式走进了各大商学院的课堂。

很快,沙涓得到了"隐形冠军"概念提出者赫尔曼·西蒙(Hermann Simon)教授的关注。2015年,西蒙教授给沙涓创始人郭秀玲女士发了一封邮件。邮件里说:"你的企业完全具有隐形冠军的潜质,你一定要坚持自己的理念和做法,一定要坚持全球化的步伐,无论是产业链的再造,还是所有生产线的把控,你都要坚持精工细作,你的企业成为羊绒领域的隐形冠军非常有希望!"西蒙教授正式把沙涓纳入他所研究的中国隐形冠军企业行列中,并将其写进了《隐形冠军》一书中。

10年过去了,沙涓依然没有选择规模化生产的道路,而是以"隐形冠军"的成长目标默默前行,在多元的国际化市场以及中国国内市场上同时增长,在法国、德国、美国和日本拥有超过30家海外直营和合作店。2020年,郭秀玲带着一件由

[①] 本案例作者团队为叶巍岭、张沐嵘和刘艺雯。

失传已久的内蒙古"擀毡"技术制成的羊绒服饰亮相 M&O(巴黎时尚家居设计展),整个欧美时尚圈为之惊叹,沙涓也因此被奢侈品百货"天花板"乐蓬马歇看中,受邀入驻开店。这是国际市场对中国品牌、中国制造和中国文化的一次高度认同,更是沙涓自2012年创立以来在国际化品牌发展之路上的里程碑。2024年春天,郭秀玲再次带着中国西藏的氆氇工艺和羊绒制品的创新结合,奔赴巴黎参展。

自2019年开始,如果你到中国上海外滩去走走,就会看到沙涓的老码头旗舰店,店招赫然写着:艺术羊绒。全新定义本土高品质羊绒标杆品牌的沙涓,想要打造中国现代时尚精品,在全球范围内成为真正意义上能体现中国文化特色审美趣味的"隐形冠军"。

郭秀玲认为,文化,是指在一个群体中广泛共享并且进行跨世代传播的思想和实践的会聚,在实践中的难点是挖掘合适的"文化元素"来表达。不同国家或者更广泛的区域之间存在明显差异,就意味着不同文化对个体的心理和行为会产生不同的影响。中国品牌在国际化进程中能否利用国家文化资源来打造独特的核心竞争力,中国品牌可以借用的中华传统文化元素究竟有哪些?如何识别与开发这些文化资源,又该如何去整合或者调整品牌自身的文化内核,才能更好地让中国文化原型资源助力品牌发展?跨国品牌的本土化适应过程中,是否存在一种能够穿越国界的文化混搭策略,以获取多元市场对品牌的共识?

郭秀玲喜欢媒体给她的称号:"羊绒布道者",她的这条布道之路遍布全球几个主要市场,她一直反思自己该如何以一个中国代工企业(OEM:Original Equipment Manufacture)的身份转型成 OBM(Original Brand Manufacturer),并且逐步探索出走向世界多元文化的品牌文化混搭之路,成为一个 IBM(International Brand Manufacturer)。沙涓的发展路径,是给中国的中小 OEM 提供普遍的经验,还是仅为一个特例?

(一)品牌初心:中国羊绒的艺术精品

1. 自主品牌初建

中国羊绒的发展史令人惋惜,"为他人作嫁衣裳"的故事至今仍在上演。20世纪50年代以前,中国宝贵的山羊绒资源全部以原料形式廉价出口国外,加工能力只限于擀毡、拧毛绳、编织手工毛衣、修建蒙古包等。当中国人还在为解决吃饭穿衣问题而奔波,把羊绒以羊毛的价格出口国外的时候,英国道森公司已经用中国羊绒加工羊绒衫并销往世界市场一百多年了。

20世纪80年代后,中国结束了单一的无毛绒①出口,羊绒加工业开始由初、粗加工向深、精加工发展,产量和出口明显增加。进入90年代,中国羊绒加工业进入迅猛发展期,羊绒衫及羊绒制品畅销国内外市场,无毛绒和羊绒衫价格也成倍增长。

截至2009年全球纺织网的数据显示②,中国羊绒业经过20多年的发展,到21世纪时,已经从世界第一羊绒资源大国发展成为世界羊绒生产、加工、销售和消费第一大国。中国的羊绒衫产量已位居世界首位,全国的羊绒加工企业已经发展到2 600多家,不过大部分企业还停留在贴牌加工与简单制造阶段,没有能力在设计与时尚领域打造世界级的山羊绒产品。

就在中国羊绒加工业开始发展的同时,二十几岁的草原女儿郭秀玲只身前往德国从事时尚设计和纺织技术的研究开发。郭秀玲是这么回忆她当时去德国的经历:"在德国的很多技术大咖面前,说实话我真的觉得自己就是一个刚刚离开内蒙古的小土豆。但是我恰恰忽略了一点就是,我在基础领域当中研究得已经非常深,对于德国总部来讲是非常大的贡献。所以有一天我的头儿跟我说你是我们的master(大师),其实你不是我们其中的一员,你已经变成我们的master(大师),我才真正感觉到我可以给很多同行带来很大的贡献。"

她的这段回忆带着典型的内蒙古游牧精神的自我价值觉醒,郭秀玲越来越认识到,创始人的自我价值觉醒是实现民族品牌的价值的前提。

2002年,在全球纺织"knit&wear"技术领域排名前五位且拥有200多项个人专利的郭秀玲从德国归国,于上海建立全资工厂,从事针织品研发、设计生产及进出口贸易。工厂采用国际顶级STOLL设备,拥有400多名技术员工,为众多国际顶级服装品牌代工。

2008年,全球金融危机爆发,世界经济形势急转直下,OEM模式下的供应商没有核心竞争力,也没有话语权,利润被极度挤压,工厂面临倒闭,员工面临失业。

"我觉得我犯了一个错误,我把最好的技术,国内最好的羊绒,用最低成本的劳动力做成产品后,以最低廉的价格卖给了别人。我要放弃代工这条路,中国羊绒企业不应该处在没有话语权的最底层。"于是,从2008年底开始,郭秀玲

---

① "无毛绒"是行业的一个专有名词,指去除了表面的粗毛后留下的细绒,是一种高档的纺织原料,属于"羊毛绒""羊绒原料"中的一个细分产品。

② 全球纺织.中国纺织60年:羊绒产业.全球纺织网,2009-09-23.https://www.tnc.com.cn/info/c-001001-d-130573.html.

逐步收缩业务中的 OEM 模式，用 4 年时间从主动压缩订单到拒接订单。2012年，她做了一个决定："我一定要让全世界知道，中国也有顶级的羊绒品牌。"

然后，郭秀玲彻底停掉了所有的代工订单，创立了自己的品牌"沙涓"。

2. 开启布道之路

郭秀玲认为，与奢华相伴而生的羊绒国际品牌背后不仅仅是代工企业，而且有手艺精湛的制造业员工、淳朴的牧民、来自大自然的审美，以及内蒙古草原上"寸绒寸金"的珍贵原料。她每一次介绍羊绒时，都会用同一个开头："全世界 75% 的羊绒在中国生产，但尴尬的是，这个产品的全球市场依赖着中国的原料，却听不到来自中国品牌的声音。"

于是，沙涓诞生了。Sand 即"沙"，是土壤的主要构成元素，也代表着品牌的发源地——内蒙古，代表着一望无际的沙漠和草原。River 即"河"，代表品牌的所在地——上海蜿蜒流淌的黄浦江，是滋润土地的"血液"。当干燥的北方沙土遇见上善的河流，草原情怀与海派文化交织，大地就悄然生成了孕育草木植被的魂魄。沙涓品牌的诞生是源源不断生命力的象征，是绵亘沙漠对古老胡杨树生命奇迹的见证，是品牌对羊绒精品"质本高贵"的信仰与追求。

传统的国内羊绒产品只注重保暖功能，不够重视设计，缺乏时尚感和艺术品位，以至于羊绒产业的资源优势无法通过高附加价值发挥出来。因此，沙涓在创建之初就想将中华传统文化的核心价值提炼出来，将它们转化成品牌的灵魂和基石。

（二）品牌起航：中华传统文化资源凝结成品牌原型

在郭秀玲看来，沙涓应该是一个属于中国人乃至所有华人的精品品牌，是一个志在国际市场的中国精品品牌。那么，第一步就是将中华文化精华体现在品牌资产的文化价值中。郭秀玲与团队进行了多次讨论，试图把羊绒产区的人民在长期生活实践过程中形成的、通过文化延续的某些共有特征提炼出来，将它们在品牌和产品中毫无保留地呈现。

现有研究发现，文化元素可以分为三大领域，即物质、象征和神圣领域，商业活动能够"安全"涉及的是物质和象征两个领域，梳理这两大领域的元素是判断人们对文化产生何种情绪反应的前提。其中，物质领域主要涉及的是日常生活中的一些物质性元素，其实用性功能远大于其所包含的文化意义；象征领域一般涉及的则是同一文化群体成员所共享的某类文化象征或符号，其含义远远超过其原本的实用性功能。根据文化层次的基本分类方法,创业之初的郭秀玲带领团队将沙涓品牌的文化资源进行了以下区分,见表3-1。

表3-1 沙涓创业之初的文化资源梳理

物 质 领 域		象 征 领 域	
顶级羊绒产品	羊绒	游牧精神	包容
	染色		探索
	羊绒采集		循环、反哺、升华、追本溯源、生机勃勃、物种延续
	包装		草场可持续建设
顶级设备工艺	机织工艺	工匠精神	"尚巧达善"的工作追求
	擀毡		"知行合一"的实践理念
	成品缝制		"德艺兼修"的职业信仰
	多项专利技术		
	零缺陷政策		
显著的设计特色	国际设计师	文化融合	时尚感、对潮流的把握
	归国设计师		年轻人的培养、传承和创新
	帛画非遗		中国传统文化的传承、永恒(恒定)
	上海金山农民画		海派文化
	全链条原创设计(从原料到成品)		原创性
	敦煌文化(中国色彩)		零废弃
	刺绣		
	多项专利技术		
	故宫文物		
	西藏非遗氆氇手工艺		

续 表

	物 质 领 域		象 征 领 域
不一样的营销	线上营销(视频号、抖音号、小红书)	品牌精神	实力象征、企业自信、技术高度
	国际展会,国内展会		精神消费、文化艺术追求
	画廊(装饰画)、拍卖会的参与		品牌精神
	公益活动、艺术家支持、公平贸易、蒙古族儿童教育支持、援藏复兴非遗手工艺		参与感、原真性
	走秀		分享成功经验
	顶奢酒店跨界合作(安缦)		
	商学院案例分享		
售后体验	会员活动	企业精神	成为中国羊绒"隐形冠军"
	会员服务(终生服务)		
	原产地探索(追本溯源之旅)		

这些中华文化的精髓渗透在沙涓品牌理念以及产品从设计-制作-销售的全链路流程中,凝结成沙涓创业之初宝贵的品牌资产,并在后续的品牌发展中不断生根发芽,积淀下深厚的品牌文化价值。

1. 原料采购

(1) 原料

"产品"的性格从何而来?也许从源头就开始了。沙涓在全世界最好的羊绒产地,也是郭秀玲女士的家乡——内蒙古,收集珍贵的羊绒原料。

在内蒙古高原上,绵延起伏的山脊和山谷,水和沙漠的不期而遇,漫长的白昼以及日夜巨大的温差,独特的地理环境和气候条件,使这里成为世界上最好的羊绒故乡。内蒙古盛产全球70%以上的顶级羊绒,这里的山羊绒毛具有独特的品质,它比任何一种山羊绒纤维都要纤长、细腻、轻盈,再加上羊绒独有的柔软,而且沙涓只选择纯种的内蒙古绒山羊,并在小羊羔出生后甄选出毛质优异的小山羊单独养护,从源头保证沙涓原料的纯正品质。

沙涓只选用长度大于 36 毫米、细度低于 15 微米的羊绒，即超细羊绒，纺就了纺织行业"200 支"的羊绒纱线，换句话说，就是 1 克羊绒可以被纺织成 200 米的纱线。羊绒被称为"软黄金"，这用来形容沙涓羊绒更加贴切。在羊绒中，小山羊（baby cashmere）最为稀有珍贵，小山羊绒的采集时间是每只山羊还没有超过一岁的时候。沙涓在羊绒采集方面的画面极为舒适，用特质的小贴梳，在山羊躺着的时候一片一片地梳着贴近山羊身上的一些绒毛采集而成。不同于一只羔羊的羊毛可以制成多件羊毛衫，在沙涓这里，20 只小山羊的绒毛才能够做一件羊绒披肩或毛衣，而沙涓的标志性产品双面羊绒大衣则需要 70 只小山羊的绒毛。郭秀玲从小在草原长大，她认为，"羊绒里面饱含着牧民的深情。善良淳朴的牧民祖祖辈辈在这片草原上生生不息，他们对天地、对自然的敬畏，相信羊群和牧场是自然对人类的馈赠，沙涓将牧民的真诚本质与产品的时尚设计紧密结合，然后通过产品来表达，我要将牧民们淳朴善良的思想用最有价值的方式诠释出来。"

沙涓每年投入大量的资金，让牧民倍加细致地呵护山羊宝宝，如同照料孩童般对待这个温顺可爱的物种。郭秀玲为牧民们编写了细致的操作规范，保证从各个环节在达到细致饲养的同时，还能承担起当地环境和物种的保护责任。

传统消费观念认为羊绒更适合秋冬季节，但是郭秀玲不这么认为。她认为在春夏季节，可以混合真丝亚麻和新疆棉等天然织物来设计出新品。在天然纺织品的运用上，沙涓体现了品牌独有的土地情怀和对自然的敬畏，以及天然舒适的特点。

（2）染色

在制作高级成衣的过程中，织物为了呈现当季的流行性，必经染色这道工序，如今的织物染色剂在全球环保风潮的要求下排除了有毒有害成分，但染色终究有人造化学成分，羊绒天生"娇贵"，染色过程中遇到的"酸""碱性""热"都会对羊绒造成损伤，影响手感和穿着体验。为了保证羊绒独特的柔韧性和天然性，沙涓在披肩或者羊绒衫这些产品上能看到羊绒最初的色泽，如果需要染色，也尽可能使用天然植物作为染色剂。

郭秀玲了解到，"植物染"是起源于中国的古老织物染色方法，也是中国极具代表的传统艺术。"植物染"也叫"草木染"，顾名思义，就是采用大自然中自然生长的各种含有色素的植物，取其汁液对产品进行染色的一种工艺，同时在染色过程中不使用或极少使用化学助剂。同时，天然植物染色对被染物有很高的要求,沙涓的顶级羊绒则让这项技艺大放异彩。"植物染"工艺不会破坏羊绒毛质中含有的油性,能对羊绒起到非常好的保护作用,防止虫蛀和螨虫滋生,且会让羊绒的色泽随着时间的推移变得愈发柔和美丽,真正让沙涓的每一件产品都独一无二,成为"可以传承的羊绒"。对环境和人类的发展而言,"植物染"不仅避免了化学染污染环境和损害健康的问题,而且能自然降解,实现了对自然资源的永续利用。对消费者而言,这些可以萃取染料的原生态植物,很多是名贵的中草药材,使用这些染料染制的面料,贴身穿着,不仅可以抗菌消炎、防螨防虫,更对人体有呵护保养作用。

沙涓的染色材料主要为自然植物与昆虫,如红花、茜草、苏芳、胭脂虫、紫草、木蓝、栀子等,经选料、磨碎、分级等程序,制造出适用于羊绒的各种深浅不同的颜色。染色过程中使用草木灰、豆浆等为助剂,从而摒弃传统的化工染料。从技术层面而言,天然染料与天然纤维羊绒有很好的亲和作用,纯天然的染色原料,不但可以得到各种鲜艳的高彩度色,更可以得到大量细腻、优雅的中间色,以及大自然中更丰富隽永的色彩层次,更重要的是越用越柔和、越自然、越漂亮,更符合现代审美理念。从环保层面而言,传统染色原料取自天然,无污染,可再生,可降解,而且无毒无害,对环境没有任何污染,与此同时,纯天然的染色原料对皮肤没有任何损伤,更符合环保的要求。沙涓从品牌成立至今,探索对自然资源有效的保护和利用,尽量避免化学染料的污染。

2. 设计和工艺

(1) 全链条原创设计

沙涓在研发设计的过程中秉承着全链条的原创性。从羊绒纱线开始,到产品在店里呈现时的状态,都体现了设计师最初的理念。也就是说,成衣设计师会对纱线提出要求,而且根据每年不同的流行趋势,沙涓的纱线研发团队会设计出不同的羊绒纱线。

羊绒产品给人的印象是基本款、纯色款,设计上很难想象与当季夸张的时尚挂钩。沙涓品牌和国际知名设计师小筱顺子合作,小筱顺子与三宅一生、山本耀司等殿堂级泰斗齐名,于2012年正式参与品牌的建设和产品线的全面设计,她曾说"沙涓的精技艺能把我的设计理念,落地成为实实在在的服装制品——这种技术上的实现是我于过去苦苦追求寻而不得的,即使是意大利知名的羊绒公司也没能帮我实现,但沙涓就能够做到!我们的结合是如此的自然而然,是一种上天注定的缘分",从品牌成立至今,小筱顺子在沙涓对羊绒艺术进行了出色和精准的应用,开发了一些融合东西方元素的作品。郭秀玲还启用很多"海归"设计师,品牌创业即加入的 Ashlee,毕业于世界顶级时装学院巴黎高级时装学院成衣女装专业设计,在此之前她在浙江理工大学学习服装艺术与设计,硕士毕业后在某高级成衣品牌工作,擅长研究行业和时尚趋势,国内外的教育和工作经验为她带来国际化的设计视角,对中国服装市场以及设计创新有深刻的理解,她的设计为沙涓品牌注入新的理念。

(2) 擀毡技艺

梳理、铺毛、抚摸、轻拍,再进行"擀毡"。羊绒在匠人的手中发生了奇妙的变化,手心的温度、力道、轨迹,一切都如此娴熟,这是无数次重复后的得心应手。

只有手工方能呈现这样的作品,只有匠人与羊绒的相互应和,才能让一切自然发生。在陌生的双手的面前,羊绒是桀骜不驯的,只有炉火纯青的匠人,才能让羊绒展现出温顺而富有韧性的一面。

毡子,是游牧民族生活中的必需品。做毡,是内蒙古最传统的手工艺,也是蒙古族古老文化的缩影。制毡过程工序十分复杂,需要弹毛、铺毛、喷水、抹油、卷毡、捆毡、洗毡、整形、晒毡等,还要有男人们牵拉、脚踏等十几道工序才能制作出成品。羊毛毡具备极强的保暖性能,在严酷的冬天给牧民温暖和安全。然而,随着现代科技冲击游牧生活,这种传统的手工艺正在走向消亡。

作为一名土生土长的内蒙古人,郭秀玲女士决心复原"擀毡"这一内蒙古传统手工艺,将"擀毡"工艺融入艺术羊绒中,创新性地去传承并延续珍贵的中华传统文化。从郭秀玲下决心到第一件成品出来,用了 8 年时间。她称之为"羊绒手塑艺术"。在后期的拓展中,她发掘羊绒各种不同的"性格特质",融合真丝、蕾丝、针织与梭织。以她记忆中的蒙古族毛毡工艺,成就今天具有现代审美与高品质材料复合而成的手工作品。每一件都是手工创造而成,因而每一件都是独一无二的,带着手心的温度、匠人的精神。

因为这些创新,2019 年郭秀玲被上海市总工会授予"上海工匠"的称号。

(3) 帛画

中国上海非物质文化遗产项目代表性传承人穆益林教授对中国古老的"帛画",这种近乎失传的绘画品种,进行了研究、传承和创新。中国画有 3 200 年以上的历史。前 1 600 年中,没有纸质绘画,帛画独领风骚,即中国绘画史中一半以上时间是帛画时期[①]。所以,三千多年的中国画历史中,很大一部分是由帛画写就。沙涓和艺术家穆益林先生跨界合作,将跨越 3 000 年的艺术瑰宝——帛画,移至羊绒围巾之上,如诗般绚烂的绘画作品与羊绒携手,艺术与时尚在此找到了完美的契合点。

(4) 金山农民画

金山农民画是起源于 20 世纪 50 年代末的民间艺术,从曾经的灶壁画(画在土灶的灶壁上表达对美好生活的向往),到如今的中国农民画,在乡村的墙面上呈现。岁月的更迭,只是让其内容与形式得到不断的丰富与更新,但它传达的艺术内核依旧朴实如初。乡土文化的追忆与温情,劳作之余对生活最朴实的热爱与对未来的美好追求,是金山农民画的画家们的灵感源头。沙涓艺术馆珍藏的是季芳女士的画作《吉祥猪》,以吉祥中国红作为画作底色,吉祥猪们神态不一,或低头吃食,欢喜满足;或身躯略伏,蓄势待发;或三五簇围,呼呼交流,灵性与生命的活力跃然画上,黑色斑纹更是令其憨态十足。这些艺术作品的精华也被郭秀玲的团队一一搬上艺术羊绒的舞台。

(5) 敦煌壁画

敦煌研究院选择与沙涓合作,将传承悠久的敦煌莫高窟文化与极致的羊绒围巾相结合,这不仅是二者共同的愿景,而且是千年文化与极致匠心的完美融合。风沙之间,一幅关于敦煌的画卷缓缓呈现。从初见敦煌,到衍生出丰富绚丽的敦煌研究院合作围巾及产品,再到之后跟进的敦煌公益项目,郭秀玲用了 4 年时间。2016 年是沙涓"敦煌计划"的元年,将敦煌文化艺术以全新的时尚形态向世界传播。这份伟大的中国艺术瑰宝如何应用、如何衍生、如何与产业结合,沙涓交出的答卷都超越过去所有衍生品的呈现。2017 年,沙涓"敦煌计划"全面启动,经过团队的精心策划,以一份虔诚之心,延续文化传承。2020 年,沙涓以敦煌的图案和配色为创作灵感,创作了一系列的艺术羊绒作品,让羊绒成为现代时尚艺术与千年古老文明沟通的桥梁,向世界展开了中国千年敦煌神秘、辽远、深邃、壮美的画卷,让千年古老文明继续延伸。沙涓以联珠飞马图案、矫健又洒脱的灵鹿图案、吴带当风的盛唐飞天等为创作灵感设计的艺术围巾正式推入市场,让所有人眼前一亮。

---

① 辛欣然.帛画焕发新的生命力.收藏投资导刊,2014-10-28.https://collection.sina.com.cn/plfx/20141028/1116168746.shtml.

（6）故宫宫廷文化

故宫宫廷文化将代表中华文化精髓的故宫元素依据当代审美进行提炼和萃取，让历史洪流中的艺术之美不再是一种繁复与脱离现实的美，而是走入生活日常的点睛之笔。作为艺术羊绒布道者，沙涓致力于打造更具有时尚感、更高品质的羊绒产品，通过对故宫元素的提取与再创造，将匠心质造、匠心设计的新国货推向世界。通过故宫博物院馆藏的那些后妃服饰，与古代顶尖技艺的宫匠们有了跨越时空的交流，从那些一针一线组成的纹样中，沙涓精心选取了五组最具代表性的紫禁城颜色与宫廷纹样，通过再设计与再创造的方式将这份超越时空的古典之美带到消费者身旁，于是就有了纯色刺绣的"中国传统五行色围巾"以及印花的"千里江山系列艺术围巾"。

（7）非遗刺绣工艺

刺绣工艺可能让人联想到传统文化，携手故宫文化元素的羊绒围巾融合了手工精细刺绣，但在日常的羊绒衫上，刺绣也赋予了精致的细节，胸前随意字母刺绣以及同色刺绣外套，将祖传手艺和时尚趋势融合得天衣无缝。

郭秀玲表示，我们看到产品上的刺绣，或是可爱的动物，或是鲜艳欲滴的花草，这都是内蒙古独有的"王府刺绣"，它们采用的刺绣手法十分特别，还被评为中国非物质文化遗产。内蒙古科尔沁草原在元代、明代和清代一直是蒙古王公贵族聚居的地方，图什业图王府是其中地位极高的王府之一。图什业图王府的服饰刺绣起源于清代，是王府世袭传承的蒙古族民间传统工艺美术技艺。当年有大批蒙古族妇女在王府中充当绣女，逐渐形成了风格独特的图什业图王府刺绣。为了传承刺绣技艺，带领更多的牧民脱贫致富，内蒙古自治区实行了"刺绣扶贫项目"。郭秀玲了解该项目后，立刻前去联系，主动加入扶贫计划，让产品带动非遗技艺的传承，让世界见证中国传统文化的魅力。

3. 加工制作

（1）最好的机器和技工

通过沙涓严格检测后的羊绒纱线会被送到位于上海金山的研发中心，那里汇聚了众多技术精英和纺织匠人，工厂里的技师都有超过15年的产品制造经验。研发中心采用德国进口的STOLL纺织机器，这些机器将纱线通过纱线编程员的设计编码，纺织成一片片精细的羊绒织片。郭秀玲女士年轻时在德国学习横机编程，所以，在工厂成立之初，这些羊绒织片在变成产品之前都需经过郭秀玲最终的质量监控检查和批准，才能最终进入市场。

（2）传统手缝工艺

传统的手缝工艺在中国有着非常悠久的历史，是中华民族的优良民族技艺，包括几十种复杂而精细的针法，能够突破现代机器的限制，赋予每一件高质量的沙涓产品完美的细节。比如羊绒衫袖口的小螺纹，工匠们要一个一个针脚挑过去，历练成手指的记忆，将看似简单的手艺，练习成让人敬畏的技术壁垒。沙涓工厂的工人们，用一针一线，用无数个手缝工艺、针脚套口，把对羊绒的敬畏与珍惜，化作细节上的一丝不苟和不断积累，也铸就了品牌的口碑。对传统手缝工艺的传承和保留同时也为沙涓的产品带来手工的温暖和人情味，让每位客户在触碰到产品的同时也拥抱真正的工匠精神和美学精神以及先人智慧。

（3）全工序质检

严苛的质量控制体系是沙涓纺织工坊和所有自营工厂的核心，沙涓奉行"全工序质检"的标准，对每一道工序、每一个步骤、每一块材料都必须经过一系列相关的产品检测。产品的尺寸、密度、颜色和整体外观都需要经过精心的检查，毛衣织片都需要套口，而沙涓的羊绒针织都是非常细致的细针活儿，最轻微的套口错位或者其他的细微偏差都将被报告，同时会根据沙涓品牌信奉的'产品零缺陷'政策被拒绝投入生产。

质量管控（Quality Control，QC）的重要性是郭秀玲始终挂在嘴边的经营原则，在德国学习和生活过的她深知精益制造的重要性，她一直强调的理念是：没有瑕疵就是没有浪费，就是在做一件环保的事。郭秀玲说："很多品牌有不合格的产品，这些产品最终怎么办？用了这么多资源（原材料、人工、染色），最后制造的却是一件废品，这件废品里还有着那么珍贵的羊绒。羊绒纱线零废弃是沙涓工厂一直遵循的原则，流水线上的余料、不再流行的库存衣物等一一被回收起来，即使是被剪下来的一米线头，也不能丢弃。一米长的羊绒纱线，就是一头小羊羔一年产出原绒的1/20，最好的原料，值得被最好的对待。"

在沙涓的生产流程中，一种叫作"对纱"的操作已经有许多年的历史了。一批羊绒纱线进入生产流程，每次进入下一个环节，工人都要核对原料是否有损耗，如果少了哪怕一米长的纱线，也要掉头找回来，将这一米长、几克重的羊绒废料回收。[①]

---

① 卢曦.如果羊绒有灵魂，Sandriver 参加巴黎 M&O 展.知乎，2020 - 01 - 19. https：//zhuanlan.zhihu.com/p/103487310.

生产线上每个工序的工人对这个原则了然于心，每个人都会默默地将这些原本可能被丢弃的余料收集起来。在传统的成衣制造剪裁过程中，通常会浪费掉15%～20%的面料或纤维。这些纱线余料，除了用来修补同色的羊绒织物以及钩成手套、帽子等，它们在沙涓工厂里还有另外一番奇妙的机遇。在手艺师傅的奇思妙想和灵巧双手下，这些余料仿佛被施了魔法一般，变身为一个个可爱的羊绒玩偶。就连生产过程中产生的间隔线也被用来当玩偶的填充物，发挥余热。

沙涓的优秀团队传递着根深蒂固的匠人精神，将传统手工艺和纺织特殊手法传承和发扬在产品中，向世界展现着沙涓制造的精细与品质、创新和精工、文化与内涵，这也造就了沙涓可以传承的精湛品质。

"我们的品牌理想是做艺术羊绒精品。我想，如果我是客户，花大价钱买下一个产品，收到它时肯定是非常期待的。所以，我希望产品到达顾客手里的时候，它的呈现是完美或者说接近完美的，希望客户可以体验到我们的用心。"

4. 营销传播

沙涓致力于打造中性、包容、艺术、知性的羊绒制品，兼顾艺术魅力与品质理性，以独特、高端羊绒结合手工工艺，融合欧洲新古典艺术特质和中国传统文化内涵打造高端羊绒艺术制品，为讲究品位及对生活质量有高要求的国内外中高端消费人群提供具有可穿性、艺术性、功能性及舒适性的高端羊绒服饰。在传递这些品牌特征信息时，郭秀玲没有选择大规模传播，而坚持"产品是最好的载体，公益是最好的传播"。

（1）产品是品牌理念的载体

好的产品是一切品牌成功的基础，沙涓从品牌建立开始便具有一种独特而又稀有的基因，那就是来自内蒙古草原占全世界80%以上产量的山羊绒。一只小羊要经历两个冬天才会长出羊绒，零下30摄氏度的严寒使它们在第二年贴着皮肤生长出一层短短的绒毛。相较于15厘米的羊毛，羊绒只有3～5厘米，羊绒采集所需的时间和耐心超乎想象，一只成年羊一年能产出50克羊绒，而小山羊绒（小山羊绒是12个月以内小山羊身上采集的绒，羊的一生中只能被采集一次）则更加珍贵，只有30克。这几十克绒毛，需要牧民花费一个月左右的时间采集，然而50只小羊羔一年产出的羊绒仅够做一件大衣，羊绒的稀有和珍贵程度被称为"软黄金"毫不为过。稀有和珍贵的羊绒是沙涓品牌的底色。

再贵的纸如果没有大师挥毫,也显得平平无奇。沙涓品牌自建立之初便注重研发能力和设计能力的建设,积极与国际设计大师、现代艺术家合作,成立艺术中心、设计中心以及独立工作室,进行以文化精神为核心的产品创意及艺术衍生品创意。沙涓将艺术融入产品,将文化汇聚于品牌,让更多的艺术作品成为贴近生活的羊绒产品。

沙涓希望艺术家的才华与中国传统文化精华结合,转化为可输出的文化产品。把创意和设计融为一体,提炼出"悦耳悦目"的时尚元素。积极与客户沟通,将产品的品质和服务做到极致,打造"悦心悦意"的品牌体验。通过落实具体对大自然"敬畏"和"以人为本"的关怀理念,积极塑造"悦神悦志"的品牌内涵,这是沙涓的至高追求。

内蒙古制毡手工技艺有别于机器标准化、程式化的生产,同时沙涓使用的植物染色技术既有法可循,又保留了自由灵活的创作空间,这些制作工艺均使得沙涓的羊绒制品和工业生产的服饰更具有艺术品的灵魂。

大自然的神奇馈赠、国际顶级设计师的智慧、手工技艺的发挥以及民族文化的表达,这些无疑是来自创业团队对大自然的爱与敬畏,还有对生活品质和艺术审美的追求。

(2) 跨界合作:从酒店到生活方式

沙涓产品的品质和品牌的价值观,吸引了各行各业高端品牌的合作意愿。企业顺应市场选择价值观契合并能形成联动优势的品牌进行跨界合作,以此来带动市场效应。

安缦作为创立于1988年的全球顶奢度假酒店品牌,以其隐秘的选址、因地制宜的布局、将当地传统与当代风格结合的设计、高品质的服务而闻名世界。[①] 2016年,当郭秀玲女士第一次踏进安缦的门槛,触摸到其"平和"的安缦精神内核后,沙涓就开始与全球范围内的安缦酒店建立长久的关联以及合作伙伴关系。

位于上海闵行区的养云安缦开启了沙涓与安缦的缘分。在养云安缦建设期间,沙涓便参与其设计过程,为安缦开发适合酒店整体环境基调的羊绒毯。从客人在房间内使用的毯子,到酒店包括餐厅、影院、SPA馆、户外桌椅等在内

---

① 藏书老王.中国四间安缦酒店:顶流风雅安放于传统民居.搜狐网,2021-08-14.https://www.sohu.com/a/483374861_121124715.

的各个角落使用的所有羊绒毯,均来自沙涓。在上海养云安缦试点合作后,沙涓又相继与越南老挝、美国纽约的安缦酒店展开深度合作。因此,步入每个房间,客人都能在感受安缦"慢旅行"生活方式的同时,体会到沙涓的羊绒之美。

安缦(Aman)在梵语的意思是和平。"平和"与"家的感觉"是安缦酒店的基本理念,希冀达到人与自然旷野的结合、灵魂和本地文化的共振。安缦追求的"在地化"与沙涓坚持的"自有牧场"不谋而合,二者都是为了在不破坏当地环境以及存量文化的前提下,获取最古老也是最真诚的体验和回报。[①]

沙涓羊绒艺术从与酒店的跨界合作开始,逐渐延伸至家装家居领域,推出了一系列以百分百羊绒为原材料的壁纸、窗帘等家装产品线,深受顶级豪宅装修的欢迎,真正将沙涓有温度的生活态度与生活方式融入人们的日常。

(3) 公益是最好的传播

内蒙古是品牌之"根",沙涓不忘初心,反哺故乡,不断积极践行企业社会责任和可持续发展理念。郭秀玲设立了"Sandriver 牧区小学文学艺术奖学金",向内蒙古牧区小学捐赠图书和文具。沙涓为牧民制定完善的畜牧标准和羊绒原料标准,并持续组织相关培训和考察走访,倾听他们的反馈信息,帮助他们提升畜牧知识和技能,并获得长期稳定的收益。

沙涓不仅回馈草原乡亲的真情,而且不忘通过爱护环境的方式回馈大自然的慷慨。"零"系列是沙涓品牌 2020 年全新推出的"零废弃"设计师概念主题系列,是沙涓品牌成立之初就奉行的羊绒原料"零废弃"理念的升级。此系列倡导对所有原材料 100% 的使用,制作余下的材料均会再次被利用制作为本系列产品。

羊绒纱线"零废弃"是沙涓每一位工匠了然于心的准则,散落在各段生产工序里的纱线余料或不再流行的库存衣物,都被心灵手巧的手工匠人们不断回收,并带动店铺顾客共同参与 DIY,织成一个个可爱的羊绒玩偶。

2016 年,沙涓开始投入大量人力和经费持续探索和研发植物染色技术,立志将这一源于中国的古老染色技艺带入现代生活,避免化学染色带来的环境污染和健康问题,实现自然资源的永续利用。

5. 销售环节

(1) 传递可持续发展理念

[①] Sandriver 沙涓羊绒.安缦 & SAND RIVER:灵魂的共鸣,与你欣喜相逢.Sandriver 沙涓羊绒公众号,2018-09-15.https://mp.weixin.qq.com/s/MLTTNDiNhxrHG3MYwH9GQ.

多年来，沙涓不仅用极致的服务回馈广大顾客，而且通过零售终端不断向消费者传递品牌可持续发展理念，将品牌消费者引入产品循环使用体系。如拒绝使用塑料袋、承诺所有包装均使用可回收材料、旧衣修补及回收改造计划，以及在店铺教授顾客 DIY 技巧，倡导服装使用环节的可持续，以形成供应链的闭环。

（2）是生意，也是生活

有别于传统服装的卖场形式，沙涓打造创意的生态体验店铺，提供高水准的定制及售后服务，展示"一店一风景"的现代艺术空间，将"生态，生活，生意"的理念不仅融合于服装，更多渗透在对于生活态度的表达以及爱与情感的自然流露，致力于打造一个"有温度的品牌体验空间"。此外，沙涓还通过定期高端延伸服务，增加与客户的贴身互动与黏性，把优雅舒适的羊绒穿着艺术融入消费者的生活。

6. 售后服务

终生服务政策是沙涓承诺对客户所购买的产品提供终生维护的政策，解决客户的产品打理问题。同时每年的 4 月和 9 月，沙涓会向顾客发起免费旧衣修补和回收改造项目服务，践行"可传承羊绒服装"的承诺，并向顾客传递"珍惜使用就是减少浪费"的环保理念。

（三）品牌出海：艺术羊绒精品走向国际

早在 2012 年初，沙涓就有了出海欧洲的打算。郭秀玲通过自己在德国的朋友，尝试在德国 43 家古堡中举办派对、沙龙等线下活动，欧洲许多高端用户对沙涓有了初步了解，为产品在欧洲的正式推广打下了不错的基础。令郭秀玲更欣喜的是，欧洲市场的反应非常好，顾客认同产品的文化附加值，这也让公司坚定了一个想法——获得"价值的认同"或者"品牌共鸣感"对于品牌成功迈向国际化的进程来说是不可或缺的重要环节。

1. 国际化从设计语言开始

对沙涓而言，国际设计师的加盟，为沙涓注入了良好的国际化基因，设计语言的国际化体现，让产品和品牌本身就兼具了多元文化融合的特点。国际设计师将他们眼中的中国文化元素与时尚潮流元素融合混搭，将充分融合后的商品呈现在消费者面前，他们视角里的中国文化经过提炼后，更加容易获得海外消费者的认可并唤起共鸣。

2012年,设计大师小筱顺子正式成为沙涓的设计总监,她在国际时装世界舞台上与三宅一生、山本耀司等殿堂级泰斗齐名。加入沙涓后,她主要参与了品牌建设并负责全面的产品设计。"对极"是小筱顺子设计理念的主线,也是东方文化的精髓,如天与地、男与女、白与黑、左与右等,这种设计理念在她的作品中多有体现。当她在中国上海黄浦江畔参观沙涓旗舰店时,便被羊绒服饰的灵动、飘逸深深打动。她曾说:"沙涓能把我的设计理念,落地为实实在在的服装制品,这种技术上的实现是我过去苦苦追寻而不得的;甚至我曾经与意大利的一家羊绒公司合作,他们也无法在技术上完全实现我的设计理念,但沙涓能够做到!我们的结合是如此的自然而然,是一种上天注定的缘分。"小筱顺子对羊绒艺术进行了出色及精准的应用,已将设计的源泉扩展到自然与人高度结合的层面,意在打造世界的时尚羊绒品牌。她坚信,沙涓正在做的不只是羊绒制品,更是羊绒的顶级时尚,乃至羊绒的艺术,未来前途无可限量。

法国现代艺术家弗朗西斯卡布兰达·密特朗在2012年便与沙涓结缘。弗朗西斯卡布兰达·密特朗出生在哥伦比亚一个艺术世家,她受到来自库拉索的父亲的影响,天生就对绘画充满激情。在中美洲、欧洲、黎巴嫩、摩洛哥、埃及、香港等地丰富的旅行经验,给了她无数创作灵感。她擅长用微光和色彩对比涂满画布,以粗重的画笔、冲突的色彩表达希望、爱、快乐等。她的画作不仅用于装饰,更加是栖息在一个空间,所以不会让与这些作品共享空间的人感到疲倦。她和沙涓的碰撞与融合,为全球顾客带来了全新的体验与认知:原来艺术羊绒也可以如此的轻盈与时尚!她与沙涓的合作产品包括《男人与女人》《五彩缤纷》以及《动静之魅》,这些作品均通过羊绒围巾产品的形式将艺术带入日常生活,让更多人欣赏到艺术的魅力与多姿多彩。

除了国际设计师的加盟,年轻本土设计师也为设计语言的国际化呈现贡献了不少力量。孟然,毕业于浙江理工大学服装艺术设计专业与 ESMOD PARIS 成衣女装设计专业,曾在巴黎高级成衣品牌工作,也在快时尚行业担任过主设计师。国内外融合的教育经验与工作经验,使得她可以为沙涓带来不一样的国际化视角,她对中国服装市场以及设计创新有着深刻的见解,为品牌注入了新理念。作为在中国文化熏陶下成长的年轻一代,他们无疑会是中国文化的传承者,同时,他们也生活在全球化的年代,这也促使他们的教育背景、工作经验还有文化感知都不断在进行文化融合。起用年轻的本土设计师,不仅会帮助中国文化走向世界,而且是帮助品牌迈向国际化的不二之选。

2. 因地制宜选择国际市场渠道

沙涓的国际化旅程，是从开拓跨境电商开始的。对于一家曾经以生产制造业为主的公司而言，跨境电商可谓全新的未知领域。

打造一个跨境电商平台，需要构建一个自有的、可跨境支付的网站，而这看似简单的语言描述背后，其实隐藏着很多技术和政策难题。首先，一个网站从无到有的构建就需要专业的网站搭建团队；其次，考虑到网站主要面对的是海外用户，在构建初期就需要结合国外的搜索引擎算法机制进行网页标签部署，以方便搜索引擎抓取适配内容；还有最重要的付款环节，如何能够顺利完成外币收取成为打通支付链路的第一大"拦路虎"，为了解决支付链路的问题，沙涓当时还特地到香港注册公司。

除了跨境电商外，沙涓也需要线下实体门店，毕竟质量上乘的羊绒制品，必须通过体感接触才能够更好地触动消费者，而境外实体门店的开设过程也远比想象中更为复杂。基于过往的 OEM 经验，沙涓较先锁定了欧洲市场作为国际化征程的起始点之一。

但欧洲的实体店开设环境和中国有着非常大的区别，最突出的区别在于当地承租店铺所涉及的法律条款与国内的差异，这也促使在欧洲更多的是成熟品牌选择固定门店，而新兴品牌起步初期会选择入驻众多买手店。同时，买手店在欧洲市场中已经有了较为成熟的运作体系，与买手店合作也能适当降低沙涓的运营风险。所以，在综合考虑开店成本与风险后，沙涓选择先入驻买手店，并在当地举办一些线下活动，从而逐步构建消费者对沙涓的品牌认知、品牌认可与品牌共鸣。

在全球化初期稳定后，沙涓又面临新挑战：是继续往高处走，还是往大规模发展？

如果选择扩大规模，则可以选择在全球寻找加盟代理，通过代理的资源，迅速铺开门店规模和范围，但沙涓坚信"慢下来"的智慧。快速扩大规模从短期来看似乎对品牌发展是非常有利的，无论对消费者覆盖度，还是品牌知名度的提升，都是非常好的；但是这与沙涓要打造的"艺术羊绒布道者"形象似乎不太契合，毕竟羊绒产量本身就无法做到短时间内的大规模量产，为了"快"而牺牲"高质量"是沙涓无法接受的，所以他们选择继续往高处走。

成为入驻路威酩轩（LVMH）集团旗下顶级百货商场乐蓬马歇（Le Bon Marché）的唯一中国品牌，也证明了沙涓选择的这条"慢"路线确实让它走得更远、更高了。乐蓬马歇是世界上首家百货公司，于 1852 年在 Aristide Boucicaut

及其妻子 Marguerite 的推动下在巴黎开业。他俩都希望建立"一种能够激发所有感官感受的新型商店"。这个独特的空间别具一格而不失优雅，由建筑师 Louis-Charles Boileau 和工程师 Gustave Eiffel 设计，显示出深受巴黎左岸创意活力影响的独特风格。沙涓以内蒙古家族牧场的顶级羊绒原料为基础，以上海研发中心和匠人工坊的精湛技术为基石，整合全球艺术家和设计师资源的产品设计模式，深深地打动了乐蓬马歇，助力其跻身奢侈品殿堂跨出重要一步。

截至 2020 年，沙涓在法国、德国、美国、日本拥有三十余家海外合作店。在国内沙涓选择一线城市自主经营模式，在上海、北京开设了 11 家线下直营精品店，并启动了 5 个多语种电商网站和 2 个海外 showroom。沙涓还为安缦、瑰丽等全球多家酒店提供床家居用品并开设精品店。产品涵盖男女装、童装、家居、饰品、艺术和文化衍生品等全系列羊绒产品，并以国内 1.8 倍的价格卖到了全球 12 个国家。

3. 用品牌精神的共鸣打破国界

2020 年 1 月，沙涓第一次参加 M&O，即 Maison & Object 巴黎时尚家居设计展，把"一顶蒙古包"搬到了展会现场，给众多参加展会的人留下了深刻印象。现场的火热反馈[①]让沙涓坚定了持续使用精神层面的元素与海外消费者沟通。

图 3-1　M&O 会场搭建效果图
来源：Sandriver 沙涓羊绒官方公众号。

---

① 中国日报网.进军巴黎时尚家居设计展 Sandriver 用羊绒手塑艺术对话世界.中国日报网，2019-11-26.https://baijiahao.baidu.com/s?id=1651239927356331957&wfr=spider&for=pc.

图 3-2　M&O 会场实景图
来源：Sandriver 沙涓羊绒官方公众号。

沙涓以传统的搭建方式在 M&O 会场内搭起了这个特别的蒙古包。从轮廓看，就是草原上那些蒙古包的样子。而内部的支架结构、设施的排列安放，以及顶部的安装，整个逻辑也都是代代相传的传统方式。蒙古包的形状，是底部圆柱与顶部圆锥的组合。沙涓当时的创意，是将蒙古包底部的圆柱进行"扭转"，侧面以毛毡搭建的主体如同百叶窗一般打开，让观众可以隐约看到内部的陈列——一个家的生活场景。羊绒披毯、羊绒家居服、传统手工艺和顶级羊绒原料在这里温柔地堆叠。以稻草垛捆扎堆放构成弧形座位，围绕着正中的一个羊绒池，池子里堆满了来自内蒙古的顶级羊绒原材料，方便参展客人用手指去触摸。

"这个蒙古包就是我小时候的家，就好像是把家搬到了巴黎，而这么多陌生的、专业的人，立刻就喜欢上了。我认为'家'的象征能帮助品牌迅速破圈，欧洲的居民不一定体验过内蒙古人民的生活，对于毛毡的认知也需要持续教育，但是大家知道'家'代表的是温暖、安心、可靠，那和家相关的形象展示就快速拉近了消费者与品牌的距离，大家自然而然会对沙涓产生一种亲切的共鸣感。"

一个"蒙古包"的破圈，让沙涓国际化的步伐又向前一步。

服装界有个不成文的规则，就是出重金选用"品牌代言人"，尤其在打入新兴市场或推出新品时，会选择和当地比较知名的艺人或公众人物合作，从而快速破圈，拉近与海外用户的距离，提升消费者好感度。但郭秀玲坚持选择不和知名艺人合作，而是真实地展示内蒙古牧场的环境与牧民的生活，这些元素看似普通,但正是这份最"原始"、最"天然"的呈现,让欧洲消费者买单。

羊绒作为原材料,是一种有限资源,虽然内蒙古有很多牧区,但是受到自然环境和人为因素的影响,顶级羊绒越来越少。而沙涓可以充分展示家族牧场,消费者可以直观看到天然的、未经修饰的内蒙古草原风貌,以及真实的牧民状态,还有科学化的生产流程,这些最真诚的展示,让消费者可以信赖沙涓使用的是内蒙古的顶级羊绒作为原料,再配合精湛的加工技艺,也提升了消费者对品牌高质量的认可度。

欧洲消费者对工匠精神的认可,坚定了郭秀玲对品牌国际化的信心。擀毡,是内蒙古非常传统的手工艺,羊毛毡有很好的保暖性能,能在寒冷的冬天给牧民带去温暖和安全感。创始人郭秀玲女士花费 8 年时间,在传承内蒙古传统手工艺的同时,研发创新的植物染色技术,为每一份沙涓制品注入温度。整理、铺垫、抚摸、轻拍,再进行"擀毡",羊绒在匠人的手中发生奇妙的变化,手心的温度和力道都在将"软黄金"变成更具有功能性和韧性的商品。

欧洲消费者认可沙涓传递的真诚与自然,也认可产品制作过程中的匠人精神。真实的内蒙古大草原和质朴的牧民就是品牌的最佳代言。

4. 坚定实践可持续发展理念

"可持续发展"一词从翻译上来看,出自西方文化体系,最早出现于 1980 年国际自然保护同盟的《世界自然资源保护大纲》:"必须研究自然的、社会的、生态的、经济的以及利用自然资源过程中的基本关系,以确保全球的可持续发展。"中国传统文化理念中,也一直饱含着可持续发展的智慧。例如,鼓励封山育林,定期开禁;又或者通过竭泽而渔的故事告诉大家不可过分破坏生态环境。内蒙古的牧民在长久和大自然的相处中,时刻警醒自己要敬重自然,珍惜大自然的赠予,疼惜动物和这片草场,绝对不能做伤害大自然的事。

郭秀玲从小生长在内蒙古,后又到德国进修,将西方规范化、流程化的可持续发展观念与在内蒙古从小养成的理念想融合,建立了一套完善的、属于沙涓的可持续发展系统。"零废弃"和"无塑化"这两个看似简单的规矩,要在整个生产、制造、运输与售卖的体系中严格遵循,就是一项非常不简单的工作。这需要对生产流程进行科学化的研究管理,并且在实际工作中有排除万难也要严格坚持的勇气。

"无塑化"指的是在整个生产加工和售卖流程中所有使用的塑料制品都回收再利用,不允许出现随意丢弃的情况。羊绒作为非常珍贵的原材料,在生产和运输过程中都是要严格防水、防污染的,这就需要大量使用塑料制品来进行防护,如果随意丢弃,将会对环境造成危害,这是内蒙古牧民所不愿看到的,也是可持续发展理念中不鼓励的。沙涓一直坚持回收再利用所有塑料制品,确保整个过程没有给地球环境带去污染,这也是牧民们对自然的敬意,因为自然已经恩赐了最好的草场,孕育出最好的羊羔,保护自然环境就是对大自然最好的回馈。

羊绒纱线"零废弃"也是沙涓一直遵循的原则。流水线上的余料、不再流行的库存衣物等一一被回收,即使是被剪下来的一米线头,也不能丢弃。这也源于创始人郭秀玲对于内蒙古的热爱、对于牧民的关怀,她始终坚信,从培养出优质羊羔到获得珍贵羊绒的过程中,倾注了牧民对自然的爱;在构思优秀创意并完成生产制造的过程中,充满了工匠对手工艺的热爱。这些热爱不可以被浪费,所以一丁点原料都不应该被浪费。

沙涓的工厂作坊和旗舰店里,有许多用羊绒余料制作的娃娃。"娃娃蓝色的裙子只有 20 克,在工厂里已经做不了任何东西,要报废掉。但小羊一年只有 50 克绒,这只小羊今年回馈给妈妈的一半的东西就被我们扔掉了,那不行的。"郭秀玲说道。一米长的羊绒纱线,就是一头小羊羔一年产出原绒的 1/20,生产线上每个工序的工人对这个原则了然于心,每个人都会默默地将这些原本可能会被丢弃的余料收集起来。除了用来修补同色的羊绒织物以及钩成手套、帽子等,它们还有可能变身为一个个可爱的羊绒玩偶。

英国《时装商业评论》杂志曾评论,"服装纺织业是仅次于石油业的污染最严重的产业"[①]。因为在传统的成衣制造剪裁过程中,通常会浪费掉 15%～20% 的面料或纤维。但沙涓却能坚持"零废弃"理念,并在生产过程中严格执行,这与内蒙古羊绒制品手工艺的传习习俗是息息相关的,"可持续发展"不仅是沙涓作为一个服装品牌的利益目标,更体现的是中国智慧中对环境保护的一种使命感。

沙涓鼓励消费者积极投身于环保,郭秀玲坚信这样的品牌观念影响力比广告营销更加触动人心。"旧衣回收是在挽救一个产品的生命周期,减少对材料的损耗,因为羊绒本来就是'软黄金',也是很环保的。我们要向消费者传递这样一种理念,好好对待这么珍贵的产品,三五年后还是很新的,这种意义上的传承与付出也使我们的客户满意度大大提升。"

---

① 成锦鸿,凌建平.探寻消除服装纺织业污染的路径"中国可持续时尚消费调研"启动.每日经济新闻,2020-04-15. https://baijiahao.baidu.com/s?id=1664025678360527097&wfr=spider&for=pc.

(四) 品牌未来：传统手艺十年复兴计划

2020年，郭秀玲女士带着一顶蒙古包亮相M&O，让整个欧美时尚圈为之惊叹。时隔4年，郭秀玲女士又一次带着藏地手工阿姐们、氆氇机器以及创新的氆氇作品前往M&O，让世界看见中国西藏文化与艺术羊绒相结合的魅力，这也代表着中国艺术羊绒品牌Sandriver迈向国际化的又一次里程碑式前进。这一切，源于2022年正式开启的"Sandriver氆氇十年复兴计划"。

1. 复兴西藏非遗氆氇手工艺

氆氇是藏族手工生产的一种羊毛织品，经纺纱、染色、织造、整理等工序制成，细密平整，质软光滑，是加工藏装、藏靴、床毯的主要材料。氆氇相传有2 000多年的历史，在藏族人们日常生活中所占地位如内地的棉布一样重要。[1] 2006年，氆氇织造技艺经国务院批准列入第一批国家级非物质文化遗产名录。

作为承载着藏地两千年文化的手工技艺，氆氇不仅是藏地文化的"活化石"，也是藏地人民与天地万物和谐共处的凭证。随着时代更迭，传统氆氇的应用面临日常使用场景受限的境地，氆氇手工艺传承障碍重重，甚至濒临消亡。郭秀玲立志打破藏地氆氇与现代生活的断裂感，将氆氇融入日常生活，并于2022年正式开启"Sandriver氆氇十年复兴计划"。[2]

Sandriver希望能够通过市场的力量，与当地政府和上海援藏小组合作，保护并传承中华传统手工艺，推动民族手工业提质增收，同时将传统工艺与现代设计相互融合并碰撞出新的火花。[3]

2. "上海工匠"援藏帮扶氆氇复兴

2020年9月，郭秀玲团队与上海援藏小组以及西藏江孜县政府取得联系，经过实地调研，达成了氆氇产业帮扶的合作意向。从那时起，沙涓团队便开始

---

[1] 藏地索朗.五一旅行十二件手工艺带你穿越整个西藏.藏地索朗，2023-04-29.https://baijiahao.baidu.com/s?id=1764489243342928552&wfr=spider&for=pc.

[2] 胖鲸头条.Sandriver沙涓氆氇十年复兴计划首年成果亮相，非遗重塑生活之美.胖鲸头条，2023-9-18.https://baijiahao.baidu.com/s?id=1777355135781330383&wfr=spider&for=pc.《西藏氆氇手工艺复兴计划》可至以下链接观看：https://weixin.qq.com/sph/AZMUQGnl0（该链接为Sandriver视频号管理员生成）。

[3] 浦东发布.让江孜氆氇走向世界！浦东援藏江孜小组积极推动当地产业发展.新闻晨报，2023-09-24.https://baijiahao.baidu.com/s?id=1777885400188606029&wfr=spider&for=pc.

深入藏地,致力于将中国传统文化及非遗技法再造、复兴,携手推进藏地非遗活性传承。"上海工匠"郭秀玲和她的团队多次深入西藏拉萨和日喀则等地,挨个走访乡村作坊、家庭工作坊,近距离向当地妇女手工艺人传授先进的技艺,并与当地农村合作社和地毯厂沟通交流,相互学习。[①]

在实地走访和调研中,郭秀玲女士发现,有的家庭织布机已经被烧掉或者扔掉,现存的老旧织布机也不符合当今市场的需求。她回忆有一次和一位手工艺人讨论经纱排布的问题,得知木匠在制作织机时就已经把它穿好了,而木匠是不懂纹样设计的,这种做法极大地限制了后面的

图 3-3 Sandriver 团队在乡村家庭合作社里调研氆氇

来源:Sandriver 沙涓羊绒官方公众号。

发展,但对这一点,手工阿姐们从来没有质疑过。面对这些问题,沙涓团队迅速集结织机专家与工匠来改造和升级设备,如将原来当地居民家中仅有的"两纵"织机变为"四纵",不仅增加了编织花纹的样式变化,而且大幅提升了纺织效率。

很快,沙涓在上海成立了氆氇研究中心,重新梳理氆氇历史与文化。运用国际化的经营与设计经验,团队邀请国际设计师参与氆氇创新设计,在保持藏地传统元素不变的前提下增加时尚的现代元素,开发出围巾、披肩、靠垫等生活日用品,塑造氆氇的新形象。制作氆氇的原材料也获得升级,原本用羊毛编织的氆氇质地较硬,更换为羊绒后,制品柔软顺滑、触感极佳,能够被更多消费者所接受。团队还邀请西藏手工艺人来上海金山进行一对一手工艺学习培训,帮助藏地的妇女手工艺人梳理自己的强项,并结合现代审美设计新纹样,使其编织出来的产品更适应全国乃至全球市场。

2023 年 6 月,沙涓与西藏当地手工业农民专业合作社签订了第一批 500 条围巾的订单,合作社负责人格桑是首批前往上海参与培训的氆氇手工业者之

---

① Sandriver 沙涓羊绒.上海市代表团赴西藏沙涓援藏氆氇工坊考察.Sandriver 沙涓羊绒公众号,2023-07-28.https://mp.weixin.qq.com/s/XR9N0N6Fuvk_0h-_qz3QdA.

一,合作社内还有 10 名脱贫群众在此稳定就业。每编织完成一条围巾,她们就可以获得 300 元的劳动报酬。[①]

有市场才是对匠人最好的保护。沙涓的西藏产业帮扶计划,一方面促进藏族当地女性就业,可以让她们一边在家里照顾老人、孩子,一边通过手工艺劳作获得一份不错的收入,在家门口实现就业增收,也进一步提高她们的自信心和自我社会价值认知;另一方面推动民族手工业提质增收,帮助当地振兴乡村特色产业,使氆氇传统工艺与现代设计相互融合并碰撞出新的火花。

图 3-4　许多藏区女性在沙涓的帮助下获得了更好的工作机会和生活
来源:知了 Home 官方公众号。

3."雪域·回响"秋冬大秀致敬藏地文化

2023 年 9 月 17 日,沙涓"雪域·回响"秋冬系列大秀以海拔 7 700 米的西藏中部四大雪山之一乃钦康桑峰为背景,在海拔 4 800 米的雪山下圆满落幕,创下国内单品牌走秀"海拔之最"。此次大秀,是"氆氇十年复兴计划"启动以来,沙涓团队与藏地手工艺人共同努力,历时 6 个月的设计、创意与制作,向大众交出的首年答卷——"西藏系列"。

这一"西藏系列"是沙涓团队在革新了西藏氆氇手工艺之后,形成的一个全新的创意系列。团队汇集全球优秀设计师灵感,巧妙变换织法,融入符合全球

[①] 津梁.世界时装之苑 ELLE 深度报道——从雪域高原中走出的氆氇.Sandriver 沙涓羊绒公众号,2023-11-11.https://mp.weixin.qq.com/s/LiHZ0OyUCyG8TWUUiYgg_Q.

当代审美的颜色搭配,让羊绒艺术与现代时尚注入西藏传统氆氇手工艺,使其迸发出独一无二的魅力。团队从藏地天地日月、江河山川的自然风光、布达拉宫的颜色以及建筑天地中汲取灵感,对江孜的寺庙建筑结构和壁画艺术进行深入研究,羊绒纱线采用植物染,用茜草、大黄、荞麦、核桃皮等做染料,染成赭红、黄、绿等颜色,设计出一套只属于江孜的地域美学风格,不仅重现了整个西藏服饰文化历史,而且承载着对当地文化的尊重与欣赏。[①]

正如本雅明所言:"艺术作品独一无二地现身于它所在之地,唯有这独一的存在,决定了它的整个历史。"这也是沙涓创始人郭秀玲女士将此次的"西藏系列"放在海拔 4 800 米的西藏雪山之下的原因。她认为,除了西藏当地,再也找不出能够完美演绎这一系列产品的地方了,而此次大秀的所有模特也都是来自日喀则当地的"素人",因为藏族同胞的淳朴恰恰是最好的产品演绎者。

4. 沙涓和"她"的西藏姑娘

在"十年复兴计划"开展的过程中,沙涓团队邂逅了一位在西藏靠着自学编织氆氇等手工艺产品换取收入的残疾女孩——次仁片多。这个 21 岁的藏族姑娘,在 3 岁时因残疾而无法行走,自此她也失去了上学读书的机会。但开局不幸的人生并没有让她失去生活的信心,她始终保持乐观的态度,用明媚的笑容去积极克服人生的困境。

得益于科技的发展,次仁片多通过互联网平台自学普通话和钩针编织技艺,靠着自学的技艺在家编织氆氇等手工艺产品换取收入。初期,次仁片多接到的订单数量非常少,收入微薄。在援藏产业项目的引荐下,沙涓创始人郭秀玲女士深受次仁片多故事的触动,多次带着羊绒纱线到她家中,教授其钩针技能。此外,还邀请

图 3-5 郭秀玲女士在次仁片多家中教授其钩针技能
来源:上海市金山广播电视台官方公众号。

---

① 津梁.世界时装之苑 ELLE 深度报道——从雪域高原中走出的氆氇.Sandriver 沙涓羊绒公众号,2023-11-11.https://mp.weixin.qq.com/s/LiHZ0OyUCyG8TWUUiYgg_Q.

次仁片多和她的妈妈赴上海金山匠人工坊参加学习培训。该培训课程为她个人定制，包含手工钩、手工修补、棒针等技巧。在沙涓的指导帮助下，次仁片多学习了更多的技法，也能够制作更多的手工作品。

培训期间，沙涓与次仁片多正式签订了总价值约 4 万元的 500 个羊绒布娃娃的合同，她的个人收入也得到了大幅提高。同时，通过沙涓的积极对接，其与上海养云安缦酒店建立了"次仁片多手工玩偶"长期销售合作关系，同时次仁片多的手钩大象玩偶也被北京颐和安缦酒店全部采购，作为酒店陪伴系列玩偶，送予入住的客人。①

羊绒作为山羊身上温暖而有生命力的天然材料，与藏族残疾小姑娘的手工编织相融，暖心陪伴每一份成长，带来治愈人心的力量。②

5. 中国艺术羊绒再赴巴黎

2024 年 1 月 18 日至 22 日，M&O 如期举办。沙涓现身展览中心 HALL7 黄金席位，并入围 M&O 为优质产品特别打造的 What's new 精品展区。

在展位中，一位名为格桑卓玛的藏地手工阿姐，也是第一批接触沙涓新式氆氇培训的手工艺人，席地而坐，脸上洋溢着淳朴的笑容，手中安静地转动着纺锤，羊绒在她的手中，幻化成为一卷卷手捻纱。这是格桑第一次走出国门，她通过氆氇编织的无声语言，向现场观众诉说着青藏高原的风土与阳光，也诉说着她对传统手艺内敛而深沉的情感与记忆，和来自全球的人们在那一刻达成某种情感上的共鸣。③

在 M&O 现场，格桑成了"大明星"，来来往往的观众纷纷把镜头对准了她，还主动找她合影。来自法国乐蓬马歇商场与意大利 ARMANI CASA 的负责人都被格桑的手艺打动，纷纷释放出进一步合作的信号。

值得一提的是，驻法大使卢沙野夫妇、法国艺术工会主席 Stephane Galerneau 与 M&O 展会主席前往沙涓展台向团队致以问候，格桑向一行人敬献哈达。卢沙野表示，"你们是将民族手工艺推向世界的引领者，感谢你们把西藏文化带到巴黎，让世界看见中国传统文化的魅力，欢迎你们来大使馆交流。"

---

① 江孜融媒体中心.次仁片多：用双手钩出五彩幸福梦.江孜县发布公众号，2023－11－17. https://mp.weixin.qq.com/s/YUm2K1gxQ_a5Iyhc0QyIlA.

② SANDRIVER.次仁片多│在此遇见手工羊绒陪伴玩偶，Sandriver 小红书官方账号，2023－11－22.http://xhslink.com/2fX6Sx.

③ Sandriver 沙涓羊绒.2024Masion&Objet. Sandriver 沙涓羊绒公众号，2024－01－26. https://mp.weixin.qq.com/s/z_9BfeZCBWi3zCfBZmkhRg.

从米兰来参展的 Armani 家居负责人在沙涓展台的氆氇机旁感慨:"这是真正的奢侈品。"曾到访西藏的德国观众表示,"这是真正了解西藏的正确方式,让没有到过西藏的朋友了解西藏的魅力。"[1]

图 3-6　M&O 展上,全球目光看向沙涓的氆氇编织工艺
来源:知了 Home 官方公众号。

图 3-7　卢沙野夫妇莅临 M&O 的沙涓展位
来源:知了 Home 官方公众号。

穿越 7 500 千米来到巴黎,这只是氆氇工艺的第一步。在这条非遗的复兴之路上,沙涓还将由点成线,放眼西藏氆氇手工艺辐射的产业端口,从产业源头出发,帮助当地建立系统性的原材料收集、整合流程,如小羊绒划分、科学管理、畜牧业羊种迭代等。沙涓也将由线及面,帮助藏地重新盘点产业链条,扩大辐射范围,帮助藏地服饰品牌走向世界舞台,让中国民族文化美学释放更动人的光彩。[2]

"知者创物,巧者述之守之,世谓之工"。活性地传承氆氇,是沙涓羊绒创始人郭秀玲的愿望。关于如何在一个经济落后、信息闭塞的地方布道,实现传统工匠精神的传承,郭秀玲谈到,"这里其实没有大路可走,我是在缝隙里浇灌,看着它一点点成长。"[3]

---

　　[1]　Z Media.穿越 7 500 公里 Sandriver 沙涓"藏地奢品"燃情巴黎.知了 Home 公众号,2024-01-22.https://mp.weixin.qq.com/s/eu4pcVWCUvrQHVNRmFcvxA.
　　[2]　Z Media.穿越 7 500 公里 Sandriver 沙涓"藏地奢品"燃情巴黎.知了 Home 公众号,2024-01-22.https://mp.weixin.qq.com/s/eu4pcVWCUvrQHVNRmFcvxA.
　　[3]　ELLE 世界时装之苑.从雪域高原中走出的氆氇.搜狐网,2023-11-01.https://www.sohu.com/a/733002597_102771.

二、从文综 IP 打造到文创 IP 的商业化——河南卫视，让躺在中原大地上的文化"活起来"[1]

"让收藏在禁宫里的文物、陈列在广阔大地上的遗产、书写在古籍里的文字都活起来"[2]，这是习近平总书记关于世界文化遗产的重要讲话精神。河南卫视从一系列文化综艺出圈，到旗下众多国潮文创 IP 通过商业化进入日常生活，正是让文物"活起来"的典型案例。

从创造性转化、创新性发展的要求出发，秉承着"新时代新文化"的发展定位，河南卫视从 2021 年频繁出圈的《唐宫夜宴》和《洛神水赋》开始，坚持以优秀传统文化的创新性表达作为内容支点，持续不断地挖掘以中原文化为核心的中华传统文化精髓，加之以现代化的技术与对新时代人民精神需求的洞察，创作出一个又一个令人耳目一新、赞不绝口的文综 IP。三年持续不断的高品质"中国节日"系列节目，加之"中国节气""中国发明""中国家宴""中国功夫""中国有好菜"等不断创新的文综节目，共同建构了河南卫视的"多品牌"文化节目矩阵，以丰富多元的中华传统文化为核心，系列化地向海内外观众展现了中国文化之美。而在这些节目中出圈的文化艺术作品，以《唐宫夜宴》为首，也形成了可以独立于节目运营的文创 IP 矩阵，深受观众们的推崇与喜爱。

在众人眼中，或许河南卫视的成功是一蹴而就的，是踩中了"文化自信"的那股风。但殊不知，其实在 20 多年前，河南卫视便早已坚定地选择了"文化综艺"的定位，开启了传承发扬中华文化的漫漫长路。从《梨园春》到《华豫之门》，从《武林风》再到《汉字英雄》，河南卫视默默地挖掘着传统文化的精髓，不炒作、不随俗，尽自己所能打磨优质的文化内容，为中华文化的传播贡献力量，也在文综细分领域积淀了深厚的实力与影响力。

20 年后的今天，这些节目引发了强烈的社会影响并得到一大批年轻人的喜爱，极大地激发了他们的民族自豪感与文化认同感，塑造了河南卫视强大的文综 IP 与文创 IP 矩阵，而这些社会关注也促使河南卫视开始思考激活流量背后的商业化价值。2021 年，作为河南卫视内部官方运营机构的"唐宫文创"应

---

[1] 本案例作者团队为徐娜、崔松旺、叶巍岭和翟起。
[2] 人民日报.让收藏在博物馆里的文物活起来.人民网，2023－05－18.https://baijiahao.baidu.com/s?id=1766180742380147218&wfr=spider&for=pc.

运而生，开启了国潮 IP 商业化的探索之路，形成以品牌赞助植入、品牌联名与产品共创，以及文旅融合为主的商业化形式，极大地激发了 IP 的商业化价值。2023 年，"唐宫文创"提出"文化赋能产业"的理念，希望文化的 IP 符号可以赋能到林林总总的产业里，真正将文化艺术融入当代人民的美好生活。

"路漫漫其修远兮，吾将上下而求索"，中华文化传承创新与文化 IP 的商业化之路充满了未知的挑战与困难。在未来，河南卫视要通过什么样的方式去尽可能平衡文化 IP 的经济效益与社会效益之间的关系？又如何让每个文创 IP 的商业价值可以持续增长？

让我们走进河南卫视，去倾听那些"一夜成名"的 IP 背后的故事。在他们 20 年的坚持里，有初心的坚守，也有创新的勇气，更是一个应验了"天时地利人和"的文化赋能商业的故事。

（一）河南卫视引爆国潮：文综 IP 出圈

如果说 2018 年是中国国潮的元年，那么 2021 年就是河南卫视国潮的元年。以 2021 年春节的《唐宫夜宴》为起点，元宵、清明、端午、七夕、中秋、重阳为串联，河南卫视打造出贯穿一整年的"中国节日"奇妙游系列，让沉睡在历史长河里的中华传统文化"活了过来"，以创新有趣的方式展现中华民族的厚重底蕴，引发了海内外观众的一致热烈好评，也让河南卫视的文化坚守正式进入大众的视野。同时，"中国节日"系列节目成为河南卫视的文综 IP。

1. 唐宫少女，出道即巅峰

2021 年春节有一支舞蹈，从虚拟画作武则天的唐宫夜宴中，跳入了现实世界。这支舞蹈并非来自万众瞩目的央视春晚，而是来自河南卫视春晚的一个节目《唐宫夜宴》[1]。14 名身着唐服的女舞蹈演员，化身唐代陶俑，婀娜起舞，翩翩风姿，令观众仿佛置身于大唐盛世的宫廷盛宴，跟想象的一样，又有一些不一样。舞台上跳动着的舞者拥有与当代风尚不同的别样审美，缤纷的唐装包裹着丰腴的身姿，但是精致诙谐的舞蹈编排又令她们灵动可爱，她们时而嬉笑打闹，时而梳妆打扮。5G＋AR 的高科技特效，让虚拟场景和现实舞台相结合，将歌舞放进了博物馆场景，盛唐时期的文化风貌尽情展现，美得像一场梦境。

---

[1] 《唐宫夜宴》的视频可至哔哩哔哩网站（bilibili）以下链接观看：https://www.bilibili.com/video/BV1mK4y1n7Wd/?p=5&share_source=copy_web&vd_source=cf5f6803c70c861a9988d24199f9a760。

图3-8　河南卫视2021年春晚节目《唐宫夜宴》
资料来源：河南卫视微信公众号。

谁也没有想到，这一群"复活"的唐俑，出道即巅峰，一夜成为众人追捧的经典形象，网友们甚至还为她们取了"唐宫小姐姐""唐小妹"这样一些亲切的昵称。河南卫视春晚首播当晚，微博、快手、抖音等平台对整场春晚的综合传播关注人次达到3亿以上，并在晚会播出阶段两次登上快手热搜榜第一。① 其中《唐宫夜宴》这个节目播出后，微博主话题♯唐宫夜宴♯阅读量高达4.9亿，多次登上网络热搜，长达5分多钟的舞蹈视频全网观看量20亿，成为晚会中最受瞩目的节目。② 尤其是那些圆润可爱的唐宫少女形象，不仅受到文化学者、文博爱好者的好评，而且火速在互联网上"收割"了一波迷妹迷弟。《北京舞蹈学院学报》编辑部主任张延杰认为，"观众在这群盛装出行的'胖妞儿'身上仿佛看到了那个喜欢跟闺蜜嬉笑玩闹、逛街吃喝的自己。纯正典雅的唐代妆容和服饰中，'胖妞儿'的形象成为连接传统与当代的纽带。人们在梦回大唐的过程中，感受到的是当代人的个体情感与生活体验。"③ 而在B站上，弹幕评论区炸开了锅，网友们"再来

---

① 朱小凤.快手热搜第一，全网关注超3亿，河南春晚成大型圈粉现场.大象新闻APP，2021-02-11.https：//share.hntv.tv/news/0/1359765654516928512?s_trans＝6560939281_&_s_channel＝4.
② 河南省文化和旅游厅.央媒集中评论盛赞《唐宫夜宴》：从传统画卷中奏出的文化强音.河南省人民政府网，2021-02-20.http：//m.henan.gov.cn/2021/02-20/2096110.html.
③ 舞蹈中国编辑部.权威发声｜如何看待《唐宫夜宴》出圈？.舞蹈中国公众号，2021-02-23. https：//mp.weixin.qq.com/s/3q-oHSDMwN8HWHk0aHL-OQ.

一遍"的呼声不绝于耳。

据河南卫视春晚总导演陈雷介绍,这台复古又现代的舞蹈是由2020年河南郑州歌舞剧院第十二届中国舞蹈荷花奖的参赛作品《唐俑》改编而来,创作者是河南郑州歌舞剧院的舞蹈编导陈琳。陈雷希望2021年的春晚能给大家带来更多欢乐的东西,也给观众们鼓鼓劲儿,所以在和这支舞的原创编导们沟通后,晚会没有对舞蹈内容本身做太多改动,只是稍微压缩了时长,从电视包装的视角并结合现代高科技给这支舞的呈现效果加分。而谈及创作这支舞的灵感来源,陈琳在采访中讲到,作品的来源是从河南博物馆一组唐三彩的乐俑中提炼的:"唐三彩是我们洛阳非常重要的一个文化遗产,乐俑身穿的服装就是以黄色和绿色为主。我当时看完以后,第一个感觉就是我们要还原本真,还原当时唐俑流传下来的文化,所以有了我们的这一组造型。我觉得如果给予她们生命了,把我们带到一千多年以前,她们能告诉我们什么,能给我们讲一些什么样的事情?"于是按这个思路,陈琳便沿着夜宴的发展推进舞蹈的不同情节。陈琳还提到,当赋予每个人物生命后,她们都会有自己的性格,所以14个"唐小妹"有的是噘着小嘴,有的是耍小心思,有的是站错队了……这是通过当代人的审美去讲述那个时代的事情。虽然大唐盛世的景象已经远去,但是希望现代人依然记着这是中国文化的瑰宝,不要忘记它们。①

2. 洛神水赋,破圈创新高

《唐宫夜宴》的审美冲击仅仅是河南卫视"复活"中华千年盛世审美的一个开始。同年的端午时节,河南卫视制作的"端午奇妙游"的开场舞《洛神水赋》②,由舞者何灏浩在水下舞出了另一个出圈IP——洛神。古画里的洛神,是一个神秘的存在,关于她到底有多美,只有在曹植的《洛神赋》一诗中才能体会。展现在观众面前的这支舞蹈节目,在水下表演,现代舞者化身绝美"洛神",又神似神秘的敦煌"飞天",拂袖舞水、飘逸多姿,淋漓尽致地演绎了《洛神赋》中"翩若惊鸿,婉

---

① 猛犸新闻.河南春晚预算只有500万?.观察者网公众号,2021-02-16.https://mp.weixin.qq.com/s/bajwxFj8lrbs4Hqk_Y1iPg.

② 《祈》(《洛神水赋》)的视频可至哔哩哔哩网站(bilibili)以下链接观看:https://www.bilibili.com/video/BV1HK4y197Fn/?spm_id_from=333.999.0.0&vd_source=4a79c62e0d7321c5263f18eb3d41db75.

若游龙"的刚劲有力却又柔美婀娜的女性形象。配合《千里江山图》的水下背景，短短1分54秒，呈现了一场绚烂的视觉盛宴，被观众们称赞"每一帧都是敦煌画卷"。

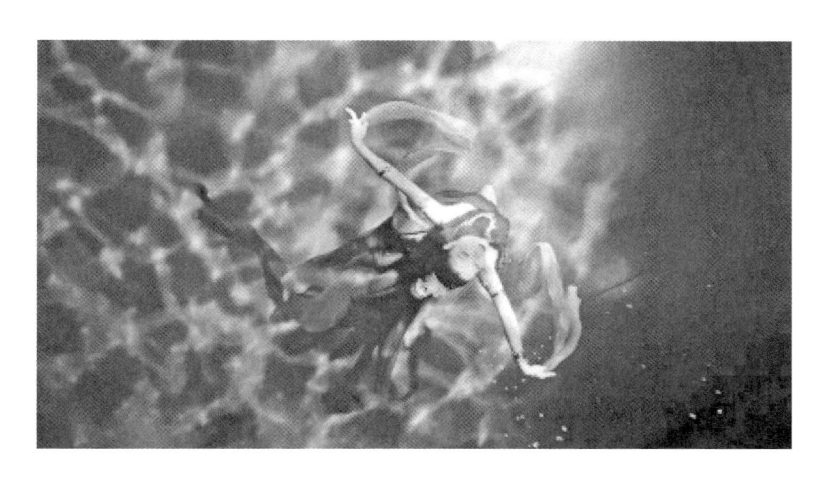

图3-9 河南卫视2021"端午奇妙游"开场舞《洛神水赋》
资料来源：河南卫视微信公众号。

继《唐宫夜宴》"出道即巅峰"之后，《洛神水赋》又一次破圈再创新高。根据河南卫视官方统计数据，自播出以来，"端午奇妙游"微博相关话题阅读量达到35亿，48小时内热搜上榜19次，视频的播放量也超过了1亿。[①]《洛神水赋》播出后，时任外交部发言人华春莹在海外社交媒体推特上发文推介，称其为"难以置信的美"。汪文斌也在个人账号中发出了同样的内容。联合国教科文组织官方微博转发相关舞蹈视频，并引用《洛神赋》中的名句"翩若惊鸿，婉若游龙，荣曜秋菊，华茂春松。髣髴兮若轻云之蔽月，飘飖兮若流风之回雪"来点评。"飞天壁画活了""大国底蕴""还有多少惊喜是我们不知道的"[②]网友们热评背后反映的是年轻一代对中国传统文化的高度认同与自豪之情。

《洛神水赋》的拍摄导演郭吉勇表示，这段舞蹈历经3次拍摄，不到2分钟的舞蹈视频在水下泡了26个小时，完成一段水下舞蹈的拍摄绝非易事。"一段

---

① 新华社客户端.习近平总书记关切事 | 水下洛神舞惊鸿唐宫夜宴曲绕梁——传统文化"破圈"创新探索观察.观察者网公众号，2021－06－18. https://mp.weixin.qq.com/s/8_I-gzYCkpUquo16VyYp3Q.

② 岳怀让.绝美出圈的《洛神水赋》，炸到国外了.澎湃新闻公众号，2021－06－14. https://mp.weixin.qq.com/s/8_I-gzYCkpUquo16VyYp3Q.

看似简单的水下视频,需要把每个环节进行拆分。从摄影师的安排,再到设备的调试组装、拍摄行程的安排、拍摄前期的测光构图……制作团队背后付出的努力,外人是看不到的。"饰演洛神的舞者何灏浩,曾经是一名专业的花样游泳运动员,在节目出圈以后,她现如今成为一名专业的舞蹈演员。水下舞蹈不同于普通舞蹈,演员不仅要练习在水下的稳定性、动作衔接的流畅性、眼睛在水中睁开的适应性,还有憋气的时长等。拍摄过程是艰难的,何灏浩说:"演员在水里需要睁开眼睛,长期处于水下,极易出现眼球毛细血管破裂,双眼都是红血丝的状态;另一方面,在水下浸泡超过四个小时,全身就已经开始发抖了,泡八个小时,身体会开始出现失温的状态。"但她愿意为了弘扬中华文化以及她热爱的水下舞蹈坚持做好它,她认为这一切都是值得的。[①] 三国时期的曹植用了中国文字特有的魅力展现洛神之美,东晋的顾恺之用中国绘画艺术使洛神的形象跃然纸上,而千年后的河南卫视用了现代化的科技和影像让这一切"活了过来"。

3. 海内激发民族自豪,海外传播中华文化

"水下洛神惊鸿一舞,唐宫夜宴三日绕梁。"不少网友表示,这才是国宝的正确打开方式,是历史遗存时尚表达的示范。[②] 从"元宵奇妙夜""端午奇妙游"到"中秋奇妙游""七夕奇妙游"……2021年,河南卫视以承载悠久内涵的中国节日为线索,不断从璀璨的中华历史文化中取材,打造出创新颠覆的优秀文化产品,不仅赢得了国家领导以及国内观众的高度认可,而且积极地向海外输出,扩大了中华文化的影响力。

《唐宫夜宴》出圈之际,获得了国家级媒体的集中盛赞:《人民日报》发微博称"惊艳!唐宫夜宴再现大唐之美";新华社高度赞赏"不迎合、不媚俗,当潮不让你最中!";[③]来自全国各地的党报、都市报和新兴自媒体都对系列节目进行了持续报道。除此之外,"唐宫夜宴"这一 IP 还与北京冬奥会"冰墩墩"、神舟十三号载人飞船等 IP 共同荣获了 2021 十大年度国家 IP[④],颁奖典礼在延安红街

[①] 胡克非."我是见到神仙姐姐了吗?"《洛神水赋》火出圈背后.中国新闻周刊,2021-06-15. https://mp.weixin.qq.com/s/ftdUhtO7tUY0ghSBiO0muA.

[②] 袁月明.新华全媒+|水下洛神惊鸿一舞 唐宫夜宴三日绕梁.新华社,2021-06-17. https://baijiahao.baidu.com/s?id=1702795562363593109&wfr=spider&for=pc.

[③] 河南省文化和旅游厅.央媒集中评论盛赞《唐宫夜宴》:从传统画卷中奏出的文化强音.正观新闻客户端,2021-02-20.https://mp.weixin.qq.com/s/KIKmmINAMogbqLV-bqmY4g.

[④] 大象新闻.《唐宫夜宴》荣获 2021 十大年度国家 IP!.映象新闻,2022-09-04.https://baike.baidu.com/reference/61953749/7d461rj1ihM0AuDI70cIZZEFOg-ujS-41fUD7YdPQt0H1kKLu8OeIj-ixTdNb1iZM19cdtQlmaeIAgqeopou_Yu6Aqm_MmoxYTWBWQ0twmeD.

举行,尽显河南卫视代表国家形象、顺应时代趋势、激发国民文化自豪感的家国情怀。

更值得一提的是,这些节目以及具有中国代表性的文化形象在海外也引发了很大的关注与赞誉。国务院新闻办、文旅部等机构的海外新媒体账号,外交部多位发言人以及我国多位驻外大使的海外新媒体账号,中国驻外使领馆官方账号纷纷点赞、转发上述节目,向世界推介河南、推介中华文化。这在一些知名海外社交平台的评论区引发了网友们的连连感叹,纷纷表示"中华传统魅力真令人赞叹!""它完美地向观众展示了唐朝的盛况""动作娴熟、轻柔。舞蹈不失儒雅和风度,足以彰显中华民族的古典传统文化底蕴和气息!"[1]极大地提升了中华文化在海外的传播影响力。

(二) 文综 IP 破圈背后:20 年的初心与坚守

没有一个现象级的成功是一蹴而就的,也没有一个伟大的作品不需要持续耕耘。从 2021 年春晚的《唐宫夜宴》到端午的《洛神水赋》陆续大"火",或许在外人眼中,河南卫视的文综出圈只是踩中了"文化自信"的那阵风。但殊不知,这背后实则是对其 20 年如一日坚持弘扬中华传统文化、坚持文化综艺定位、坚持优质内容打磨的一种回馈。如果不是这 20 年来一贯的执着与经验的深厚积淀,就换不来河南卫视打造强大的文综 IP 矩阵。

1. 坚守传承和弘扬中华传统文化的初心

(1) 不盲从的综艺差异化:文化综艺

从 20 世纪 90 年代末至今,纵观我国二十多年来的综艺发展,融合了社会话题、日常生活和娱乐放松的"娱乐型综艺"一直占据主导地位,成为深受大众欢迎的电视节目:湖南卫视 1997 年首推《快乐大本营》娱乐综艺节目,2004 年第一届《超级女声》播出;东方卫视于 1998 年推出第一期以爱情为主题的娱乐交友综艺《相约星期六》,2004 年打造真人秀娱乐综艺《我型我秀》,2010 年第一季《达人秀》开播;浙江卫视 2008 年打造《我爱记歌词》娱乐综艺,2012 年《中国好声音》第一季播出;江苏卫视 2010 年推出《非诚勿扰》,2014 年播出国内首档大型科学竞技类真人秀节目《最强大脑》。东方卫视、湖南卫视、浙江卫视、江苏

---

[1] 人民日报.火到宇宙了!华春莹、人民日报全球推荐河南!咱《唐宫夜宴》火到海外了,评论区排场!.河南卫视广播台,2021 - 03 - 03. https://mp.weixin.qq.com/s/M2miyo0pcqF2I92_weyqrA.

卫视四家电视台借助其娱乐综艺的强流量曝光优势，吸引了众多品牌的广告赞助，也被当时的广告主称为最具广告价值的"四大卫视"。①

面对这些卫视的成功，河南广电在当初思考其定位时并没有因为娱乐综艺的流量优势而选择盲从，而是基于自己独特差异化的地域优势，选择了一条看似小众边缘实则"难而正确"的道路——文化综艺。习近平总书记在河南郑州黄河流域生态保护和高质量发展座谈会上指出，"黄河文化是中华文明的重要组成部分，是中华民族的根和魂"。华夏文明源起黄河流域，黄河传承着中华儿女共同的血脉。河南地处中原，域内拥有大量的人文始祖文化，是中华文明传播的源头。一部河南史，半部中国史：洛阳呼应唐文化，开封给养了宋文化，许昌滋养了三国文化。河南不仅仅代表着中原文化，而且呈现着更为广域的中华文化，这些独特的地域资源都为河南广电打造文化综艺提供了取之不尽、用之不竭的文化素材。更重要的是，河南广电时刻清晰自己作为区域性官方媒介的角色，肩负着挖掘深厚的中原文化、传播中华文化精髓的责任。也是这份对中华文化的热爱以及弘扬文化的初心与使命感，使得河南广电在最初坚定不移地选择了文化综艺的定位，确立了文化立台的基调，提出了"文化卫视，寓道于乐"的办台理念，开启了其长达20年的文综探索之路。②

（2）坚守初心：20年持续耕耘

1994年，河南卫视推出了戏曲综艺类栏目《梨园春》；2004年相继推出文化鉴宝栏目《华豫之门》和武术搏击类节目《武林风》，开始文化定位的改版；2013年，河南卫视推出的文化综艺类节目《汉字英雄》掀起了国民"汉字热"。秉持着一份弘扬中华文化的热忱与初心，河南卫视默默地挖掘着传统文化的精髓，不炒作、不随俗，尽自己所能打磨优质的文化内容，为中华文化的传播贡献力量，也在文综细分领域积淀了深厚的实力与影响力。

在全国同类戏曲栏目普遍处于低潮的环境中，《梨园春》积极汲取河南省地方戏曲文化为创作灵感，举办全民擂台赛，充分调动起戏迷观众参与节目的积极性，也使栏目收视率不断攀升，每周赢得2亿观看量；《武林风》的内容创作来源于河南嵩山少林寺的武林文化，多样的武林套路，激烈的搏击场面，全方位、

---

① 半佛仙人.综艺四十年，左右为难.虎嗅APP，2022-01-22. https://mp.weixin.qq.com/s/3znan2IVWyQRnh_31kg8PA.
② 余锐.新媒体视阈下中国传统文化传播探析——对河南卫视"中国节日"系列节目的研究.传媒，2022.10（下）.

多角度地展现中华武学的博大精深，也成为具有国际影响力的中国武术栏目第一品牌。相较于四大卫视娱乐综艺众所周知的影响力，《梨园春》和《武林风》虽然没有获取足够广泛的关注度，也并未像2021年的国潮IP那样出圈，但它们已经在细分人群中充分展现了文化类综艺的强大潜力，也为河南卫视创作优质的文化内容积累了宝贵的经验。

（3）核心竞争力：文综创作团队

正是基于河南卫视对于弘扬中华传统文化的初心与打磨优质文化内容的坚持，吸引了一批与其同频共振、价值观高度契合的优秀媒体从业者。他们热爱并深刻理解传统文化，对自己认同并选定的道路充满信念与执着，具备创新与适度的冒险精神，最重要的是他们尽自己所能精益求精、坚持不懈。在这些国潮IP出圈之后，不同晚会的总导演们也受到了大家的关注。在对2021年河南春晚总导演陈雷以及"端午奇妙游"总导演陈佳的采访中，[1]他们曾多次提到自己作为媒体从业者，最大的责任就是通过对传统文化的创新表达来激发年轻人的民族自豪感与认同感，进而把这些文化精髓融入年轻人的生活、情感甚至行为。河南广播电视台总导演之一徐娜在分享"中国节日"系列节目创作背后的故事时，谈及她和她的团队一头扎进中原的文博典籍，碰撞构思着节目的内容；后期工作人员一帧一帧地剪辑着每一个特效和画面，容不得半点疏忽。虽然疲惫，但一想到能够为观众呈现精彩的节目，便彼此加油鼓劲、坚持前行。[2]

除此之外，河南拥有得天独厚的中国文化的优质原料，蕴含着舞蹈、音乐、戏曲等众多领域丰富的艺术灵感源泉。再加之《梨园春》等文综节目的创作经验，河南卫视也培育了超强的文化敏锐度与艺术审美能力，能够在面对存留千年之久的历史文物时，以音乐、舞蹈作为艺术表达的形式，巧妙而自然地让沉睡的传统文化"复活"，让鲜活灵动的形象跃然纸上，极具审美意味的同时又奇趣万分。

2. 管理机制改革带来持续的创新活力

在对"中国节日"系列节目导演们的采访中，他们也多次提到晚会的成功离

---

[1] 新京报记者.对话"水下洛神"：火出圈的，是中华文化.新京报，2021-06-15.https://mp.weixin.qq.com/s/58zsghYvito40Oxvhg7_7A.

[2] 大象新闻.吾華·我们这10年｜徐娜：与1400年前的洛阳少年对饮一杯.大象新闻APP，2022-10-09.https://share.hntv.tv/news/0/1578888190107672578.

不开河南广电内部"竞聘上岗机制"的管理改革,能够给予团队绝对的自主权,充分鼓励员工打破固化思维,去适应快速变化的市场环境,为激发传统文化的创新性表达营造了合适的环境与土壤。

从 2020 年开始,河南广电便打破条条框框,以项目制为抓手,吸引业务骨干担任项目负责人,组建工作室,赋予其选人用人权、自主运营权、资金支配权,最大限度地激发工作室活力。此次改革给了工作室更广的创意空间与试错范围,有助于激发员工的创新活力和工作热情。实行新的管理机制后,很多"80 后""90 后"优秀导演脱颖而出,组建起众多能挑大梁的融媒体工作室,这些工作室也为后续打造"中国节日""中国节气"等播放量过亿的"爆款"系列节目奠定了基础。

此外,为了孵化出更多"精兵强将",各个工作室均采用"竞聘上岗机制",鼓励员工在竞聘中提升能力,快速成长为优秀人才,落选人员则进入"蓄水池"待岗培训,补足短板,培养优势。不仅员工之间要竞争,工作室之间也要竞争。想要获得项目,报名的工作室就要秀出各自的内容创意与实力去竞标,这就倒逼工作室不断提升自身能力,秉持创新精神持续打磨优质内容,以体现自己独特的竞争优势。

这次改革对转变员工们的思维与工作态度起到了很大的帮助。改革前,部分老员工习惯了传统管理体系中"讲辈分""讲资历"的思维模式,认为自己是有编制、有过辉煌成绩的"老人",就不会被淘汰;还有一些老员工存在回避思维,在面对更新迭代的新业态、新环境下缺乏创新的勇气。而改革之后,河南广电要求旗下工作室巧用"活"字诀,建立"职务能设能撤、人员能调能转、薪资能升能降"的用人规范,打破人员流动壁垒,克服部分员工的落后思维,真正激发内生活力。

3."文化自信"风起:吹出 2021 年的爆火

自党的十八大以来,当中国以大国姿态加速崛起之时,以习近平同志为核心的党中央把文化建设提高到了前所未有的高度,明确提出"文化自信"的新时代命题。[①] 2016 年 7 月,在庆祝中国共产党成立 95 周年大会上,习近平总书记明确指出中国特色社会主义道路要坚持"四个自信"——道路自信、理论自信、制度自信、文化自信。而文化自信,是其中更基础、更广泛、更深厚的自信。[②]

---

① 沈壮海.推进文化自信自强(人民要论).中国共产党新闻网,2022 - 12 - 02. http://dangjian.people.com.cn/n1/2022/1202/c117092-32578985.html.
② 新华社记者.在庆祝中国共产党成立 95 周年大会上的讲话.上观新闻网,2020 - 04 - 15. https://export.shobserver.com/baijiahao/html/358873.html.

2017年10月,党的十九大上,他更进一步强调:"文化兴国运兴,文化强民族强。没有高度的文化自信,没有文化的繁荣兴盛,就没有中华民族伟大复兴。"明确将文化自信作为中华民族伟大复兴的先决条件。[1]

大环境的成熟再加之年轻一代根植于血脉中的民族自豪感与文化认同感,2021年河南卫视的"爆火"是当仁不让的随风起。但倘若没有20年如一日的初心与热爱,20年来持续不断的努力耕耘与默默坚守,并在恰当的时间节点推翻传统、勇于变革,又如何能够做好准备,在机会来临的时候用绝对的实力将它牢牢把握住呢?正如河南卫视"中国节日"系列节目主创徐娜在《吾辈·我们这十年》微演说中谈道:"我们并没有一种可以一劳永逸的破圈密码和灵丹妙药。如果说真的有一种底层的逻辑密码存在的话,那它应该是我们对于传统文化的自信认知和开放态度,是抓住了时代和人民的精神需求,更是我们河南台这些年坚守和传承中华优秀传统文化。从当家节目《梨园春》到《华豫之门》,从《汉字英雄》到'中国节日'系列节目,我们不停地做、不停地做,做到了天时地利人和。"[2]

(三) 从文综到文创:国潮 IP 的商业化探索

从2021年河南春晚的《唐宫夜宴》开始破圈,河南卫视的"中国节日"系列节目开创"网剧+网综"的新形式,用"实景拍摄+XR 虚拟现实"的影视制作方式,以舞蹈艺术的表达创新演绎中华优秀传统文化,重新定义了文化节目。这些节目引发了强烈的社会影响并收获了一大批年轻人的喜爱,极大地激发了他们的民族自豪感与文化认同感,被媒体称为中国影视文化领域的一个"现象级"事件。这些社会关注也促使河南卫视开始思考如何激活流量背后的商业化价值,又要通过什么方式去尽可能发挥国潮 IP 的经济效益。于是,"唐宫文创"应运而生。

1. 市场导向:国潮 IP 迎合当代消费者需求

河南唐宫文创科技集团有限公司(以下简称唐宫文创)成立于2021年3月,是河南卫视《唐宫夜宴》《洛神水赋》《龙门金刚》等"中国节日"系列节目 IP 的官方运营机构,是国家文化产业发展项目库重点项目。公司定位为中国传统文化的创意运营商,以文化赋能产业,展示文化大美。第一次做文创、第一次接

---

[1] 田甜.「每日一习话·金句100」文化兴国运兴 文化强民族强.央广网,2022-08-29.https://baijiahao.baidu.com/s?id=1742447293268700434&wfr=spider&for=pc.
[2] 大象新闻.吾辈·我们这10年|徐娜:与1400年前的洛阳少年对饮一杯.大象新闻APP,2022-10-09.https://share.hntv.tv/news/0/1578888190107672578.

触市场化推广和商业化规则,这些对于由一支没有任何商业经验的媒体从业者组建起来的团队是一条全新而又陌生的道路,也让他们感到压力倍增。但好在河南广电"融、转、用"的改革发展理念已经深入人心,全台上下一盘棋,齐心协力,创新突破,给了唐宫文创的团队极大的信心,也让年轻的团队在一边观察一边尝试的过程中,思考并总结出了国潮IP映射出来的三大市场需求:

(1) 以多元之美缓解个体的容貌、身材焦虑

传统文化所呈现的古典美为人们展现出美的多种可能性,让当代年轻女生在"白幼瘦"的主流审美下勇于接纳自己独特的美,很好地缓解了她们容貌、身材的焦虑。唐朝"以胖为美"的时代文化塑造了《唐宫夜宴》中软萌萌、胖嘟嘟、古灵精怪的"唐小妹"形象。与人们印象中纤细苗条的舞蹈演员不同,饰演"唐小妹"的舞者们特意在嘴里塞上棉花,服装也做了特殊处理,就是为了最大限度还原唐朝女子的丰腴之美。这也非常好地向人们证明,不刻意地追求瘦,也可以很美、很灵动,保持对于事物的好奇与有趣的个性,也不失为另一种对于美的诠释。或许,正是因为国潮为当代年轻人带去了跳脱出主流审美的另一种可能性,鼓励他们从不同视角去欣赏并理解美的多元性,也在心理上给人一种解压与松弛之感,才会使得他们更愿意接受国潮、喜爱国潮。

(2) 以文化自信催生由内而外的自我认同

当沉睡千年之久的中华文化精髓被创新性的表达所"复活",为人们展现一幅幅震撼人心的辉煌图景,血脉中的DNA被唤醒,国人们会不由自主产生"我为我是中国人而感到骄傲"的身份认同与自我价值感的确证。起源于中原文化的河南地方文化,蕴涵中华文化的精髓。得天独厚的优质文化原料,再加之现代科技与艺术审美的创新型表达,呈现出一个又一个美轮美奂、精彩绝妙的文化盛宴。《唐宫夜宴》《洛神水赋》《龙门金刚》等节目,引得网友纷纷评论,"这是专属于中国人的浪漫""太感动了,把自己给看哭了"……尽显国人身为华夏子孙的情感共鸣与身份认同。

(3) 传统文化的恒定性满足个体安全感需要

流淌在历史中的传统文化元素会勾起人们记忆中的熟悉感,这让身处在高度不确定时代下的人们感知到一种不变的确定性与安全感,从而很好地缓解因对未来不确定而产生的焦虑感。人类总是倾向于趋利避害的,消费行为也呈现出这样的倾向性。在高度变化的当下,全球范围内出现了"复刻"风的时尚趋势,如复刻版手表、汉服的流行等。因为过去的一切都是确定的、已经发生的,

当人们对于未来的不确定性产生焦虑时,回到过去就成为一个更有安全感的选择。而国潮中展现的历史文化消费趋势恰恰印证了个体对于这种安全感的需要,这种安全感能让消费者找寻到温度,体会到更深层的灵魂共鸣。

2. 内容生产:创意驱动,持续挖掘传统文化的创新性表达

内容是IP的根基,国潮IP商业化的运作离不开优质内容的持续输出。在2021年的首次出圈之后,河南卫视秉承着"新时代,新文化"的发展定位,坚持以优秀传统文化的创新性表达作为内容支点,持续不断地挖掘以中原文化为核心的中华传统文化精髓,加之以现代化的技术与对新时代人民精神需求的洞察,创作出一个又一个令人耳目一新、赞不绝口的文化内容。

(1)"中国节日"系列节目

最初,河南卫视以"中国传统节日"为切入点,打造以春节、元宵、清明、端午、七夕、中秋、重阳7个最具代表性的中国节日为核心的系列节目,取名为"奇妙游"。沿着每个节日的时间节点,每期节目都会以"网剧+网综"的串联方式,把与这个节日相关的历史文化以音乐、舞蹈等艺术形式进行流动表达,并与时代和人民的精神诉求相融合,以年轻人喜闻乐见的方式打造富有文化内涵的"奇趣"内容,让观众们能从视听的双重维度感受中华民族的深厚文化底蕴。

2021年河南春晚火速出圈的《唐宫夜宴》取材于1959年河南安阳张盛墓出土的隋代乐舞俑,一组13件,包括8件乐俑和5件舞俑,现存于河南博物院。该舞蹈通过活化14名丰腴又灵动的唐朝少女们作为夜宴的乐师,从筹备、妆容整理到赴夜宴演奏的过程,以当代人的视角去理解唐朝独有的美学风范与生活场景,虽是历史,但也令人感到分外亲切,充分引发观众的共鸣。紧接着上线的2021年《元宵奇妙夜》创造性地将文艺晚会的主场景从演播厅搬到了博物馆内,将河南历史文化中的元素与歌舞、戏曲、武术等艺术表演结合起来,采用"传统文化+现代科技"的手法,使得这场博物馆探险之旅将庄严肃静的博物馆和无言沉默的国宝文物变得活泼有趣,不仅展现了河南的文化底蕴,而且让观众更易于接受和喜爱。[1] 再到2022年的《中秋奇妙游》,围绕苏轼的千古传唱《水调歌头·明月几时有》,从中提取中秋佳节的文化内涵:相思、疗愈、团圆、逐梦。在现代的语境下,中秋的团圆不再局限于家庭的圆满,而更多了一层自我

---

[1] 李雨晨.融媒体时代文化类节目传播路径——以河南卫视"中国节日"系列节目为例.中国报业,2023-12-08.https://mp.weixin.qq.com/s/3XQHfoXdtFwRDT7dU1Yfyw.

关照的意蕴：让自己的内心圆满，才是真正的团圆。充分契合当下人们在忙碌的生活、工作中希望不断回归自我，追寻内心平和坚定的社会趋势。① 而到了2023年的《七夕奇妙游》，节目在创作思路上再次迭代——突破"古今穿越"模式，将故事背景全部设定在"当下"，讲述现当代的爱情，以人生不同阶段为线索展开叙述，从青涩懵懂的初见，到激情四溢的定情，再到最难割舍的别离，最后来到相濡以沫的陪伴，"爱"贯穿了生命始终，也见证了"成长"历程，引发观众投射自身经历，激起深刻的情感共鸣。②

"中国节日"系列节目不仅是单纯的节日庆祝，而是抓住节日核心内涵，将代表民族内涵的各种元素通过仪式化、庆典化的方式予以集中展现，利用生成与建构起的民族形象，唤醒国人的集体记忆，深化其对传统节日的仪式感和认同感。从2021年开始，"中国节日"系列节目一做就是三年，至今打造了3季，共21期节目，全网阅读量超820亿，海外平台总观看量超5 000万。③

图3-10 河南卫视"中国节日"系列节目合集

资料来源：河南卫视微博账号。

---

① 创思享.艺术|又火了！河南卫视中秋奇妙游，嫦娥仙子美出圈，网友怒赞：不愧是文化卷王！，2022-09-18.https://mp.weixin.qq.com/s/xL9zzfD1ldb_DZTl1GoO3w.
② 广电时评.主创解读河南卫视《2023七夕奇妙游》：回归"当下"，细叙爱的深意，2023-08-22.https://mp.weixin.qq.com/s/hKnJy_KP3wn7YLNR1idazQ.
③ 徐娜.媒体融合新品牌推介活动|"中国节日"系列节目：品牌发展与传播.国家广电研修，2023-06-30.https://mp.weixin.qq.com/s/QVqKb7WQLEwPj1ahpHz_rQ.

（2）"中国节气"系列节目

2022年，河南卫视延续其"文化综艺"定位，还拓展了其他主题的文化系列节目，更全方位地展现中华优秀传统文化的博大精深与深厚内涵。"中国节气"系列特别节目是与"中国节日"系列节目并道而行的文化综艺，如果说"中国节日"系列侧重展现国风舞蹈的极致美，那么"中国节气"系列更注重贴近时代生活的小而美、趣且新的戏剧故事，表达节气的内涵和寓意。"相较于传统节日而言，节气对于当代很多观众来说可能并不太熟悉，所以做这一系列主题节目，首先要具有科普的性质，更为平实和直白的讲故事方式，能够更好地进行表达。"《春分奇遇记》总导演陈雷透露。①

2023年河南卫视创意制作的《中国节气——秋分》，一经推出火爆全网，在2天内收获全网超过33亿的播放量。秋分篇运用全新的AI科技手段，立足宇宙空间视角，从中国传统文化元素入手，深度解读独属于中国人的宇宙观、自然观、生命观，阐释天人合一、道法自然、上善若水、和而不同的哲学思维，探究对当下的精神指引价值。除此之外，河南卫视还同步推出《秋染山河》12小时全竖屏航拍直播。选取山东东营黄河入海口、四川阿坝九曲黄河第一弯、内蒙古兴安盟阿尔山、吉林长白山、登封天地之中观星台、广西龙脊梯田六大地点，从

图3-11 河南卫视"中国节气"系列节目之"秋分"

资料来源：河南卫视微博账号。

---

① 大象新闻.不负春光不负卿！河南卫视开启《中国节气——春分奇遇记》.河南卫视微博号，2022-03-20.https://weibo.com/ttarticle/x/m/show#/id=2309404749152994066797&_wb_client_=1.

祖国东西南北中各个典型场景出发，立体呈现中华壮丽山河之美、时序之美、物候之美，首次采用全航拍、全竖屏直播，彰显极致美学，打造视觉盛宴，节目播出后迅速引发观众和网友热烈反响。[1]

(3)"中国家宴"系列节目

2023年9月，河南卫视与抖音平台联合打造了《中国家宴》六期系列节目，以"人的一生"作为主要脉络，内容涵盖出生(周岁宴)、成人(成人宴)、新科举子(鹿鸣宴)、成家(婚宴)、立业(军宴)、人生晚年(寿宴)；以美食为出发点，以"宴"为载体，以"风趣漫谈+影视化演绎"的叙事方式，选取宋朝，讲述李清照、黄庭坚、苏东坡、曾巩、韩世忠、陆游等宋代名人的家宴故事，开启中国家宴文化的现代化表达。

首期节目便再现了宋代才女李清照与丈夫赵明诚的爱情故事，通过两人的"婚宴"，勾勒东方宴饮仪式感。观众跟随《中国家宴》的唯美镜头，慢慢铺展李清照与赵明诚初见时的心动、婚礼时的浪漫、相守时的志趣相投等情景，开启了一场美食治愈和文化探寻的美好之旅。除了剧情之外，节目里"家宴主理人"于谦还与嘉宾们一起畅谈宋朝飨宴文化，解锁家宴背后的中国故事。比如婚宴中的"交杯酒"，从周朝延续至今；"卺"就是葫芦，"合卺"指的就是将葫芦分成两半，然后使用红线将两个瓢的柄连接起来，新郎和新娘各自拿着一个"卺"饮酒，象征着未来两个人将连成一体。与此同时，嘉宾们还基于当代视角，围绕"女追男还是男追女""择偶条件"等时下热门婚恋话题抛出自己的见

图3-12　河南卫视"中国家宴"系列节目
资料来源：河南卫视抖音官方账号。

---

[1] 大象新闻.33亿+!《中国节气——秋分》，火爆全网.河南广播电视台，2023-09-26.https://mp.weixin.qq.com/s/Gsv3F1dGOB3ZJzk4XXJHfw.

解,分享他们自己的婚宴经历,用更贴近、更丰富的视角直击嫁娶习俗,一起探寻中国传统婚宴在现代生活中的传承和创新表达。①

(4)"中国有好菜"系列节目

延续着"文化中国"的脚步,河南卫视在2023年还开辟了一档以中华美食文化为核心的系列节目——《中国有好菜》。通过美食作为小切口,以走心而接地气的方式,展现食物背后的烟火故事和城市气质,传递着美食背后的智慧与文化。节目以唐小妹探访为主线,以美食的视觉呈现为焦点,以纪录片的拍摄手法,融入微剧情和微综艺,带领观众沉浸式体验中华美食的独特魅力。

节目聚焦大城国宴经典与小城寻常烟火之味,从第一季节目来自杭州、南京、扬州、成都等城市的大厨经典传承,到第二季中的"好山好水好文化"的河南信阳,再到"山河四省特辑"中更有烟火气的惊艳美味,充分挖掘美食背后所蕴含的中国人的生活智慧,通过与美食的共鸣,打开年轻人的胃和心,为快节奏的生活带来治愈的力量。目前节目已经播出2季,共23期,收视率最高冲入全国第10,每期节目全网阅读量超过1.2亿,在全网引发热议。②

图3-13 河南卫视"中国有好菜"系列节目

资料来源:河南广播电视台微信公众号。

---

① 影视制作.风趣漫谈+影视化演绎,《中国家宴》开启家宴文化的现代化表达.影视制作杂志,2023-09-15.https://mp.weixin.qq.com/s/a4lkqvsd-CTodyQ8KtP7vg.
② 大象新闻.中华美食背后,还有哪些智慧和文化可以创新表达?.河南卫视公众号,2023-09-25.https://mp.weixin.qq.com/s/mGGi55CPJflc9GE1-Ct9og.

除此之外，在以上文化节目播放的过程中，一些艺术作品中的历史文化元素以其独特的魅力尤其受到观众们的推崇与喜爱。唐宫文创也顺势而为，抓住趋势孵化打造了可以独立于节目运营的国潮IP矩阵：除了刚开始为众人所熟知的《唐宫夜宴》和《洛神水赋》，还有《龙门金刚》《墨舞中秋帖》《有凤来仪》《黄河泥洼》等文化作品。

图3-14　河南卫视国潮IP矩阵
资料来源：唐宫文创内部提供。

3. 传播运营：探索学习，总结裂变式传播的三大策略

"中国节日"系列节目在国内掀起了弘扬传播中国传统文化的热潮，也获得了大量的流量和关注度。截至2023年6月，2021年"中国节日"系列节目全网总话题及阅读量达300亿人次，2022年获得了305亿的流量，2023年系列节目仅播出了4期，全网话题及阅读量便已超过215亿。① 由此可见，经过两年多的探索，宣发团队逐渐从追随热点到制造热点，不断总结宣发经验并提升运营能力，激发裂变式传播。

（1）用互联网思维革新传播方式

2021年以前，河南卫视的节目内容宣发还是遵循常规的宣发操作。《唐宫夜宴》在网络端爆火后，在网友的呼吁下，唐宫文创运营团队在B站、微博、快手、抖音等新媒体平台上立马开通账号跟进宣发。团队不断摸索这些平台的规则与玩法，并尝试迎合新一代互联网网民的审美来革新原有的传播方式。针对不同平台上不同用户的画像特征，团队通过针对性地策划活动、开设话题，利用

---

① 徐娜.媒体融合新品牌推介活动|"中国节日"系列节目：品牌发展与传播.国家广电研修，2023-06-30.https://mp.weixin.qq.com/s/QVxKb7WQLEwPj1ahpHz_rQ.

评论区、留言板、弹幕等功能模块,为网友们构筑起一个个圈层化的独立传播空间,并不断引导舆论走向。以"2022中秋奇妙游"为例,唐宫文创团队通过转换玩法来适应不同平台的调性与算法规则,不断拉高节目声量:联合微博策划#中秋奇妙游许愿池#活动,植入形象IP"嫦娥",吸引用户参与领取节目定制福卡;联合抖音策划"中秋贴纸",共同发起#五千颗月亮#活动。再比如《洛神水赋》这只舞蹈在首播时的名字本来是《祈》,推出的话题为#水下舞蹈演员50秒换一次气#,但随着用户围绕"洛神赋"的讨论增多,节目《祈》临时更名为《洛神水赋》,并及时调整话题走向,改为#洛神水赋演员50秒换一次气#,引导网友针对节目拍摄细节进行讨论,进一步放大了节目的传播效果。①

(2)全媒体超级矩阵升级宣推机制

"中国节日"系列节目的宣发工作整合了整个河南广播电视台的宣发资源和社会化传播资源,建立了由台"总编室"牵头的全台几十家媒体联动的超级宣传矩阵。其中包含大象新闻客户端、十多个电视频道、十来个广播频率、1家报纸、多个网站等多种形态的媒体形式。这些媒体不仅在自有平台上对"中国节日"系列节目进行高密度的宣发,更重要的是每家媒体还在河南广电总编室的统一调度下,在各家媒体的抖音、快手、微博、B站、微信等全媒体矩阵上进行同步的宣传推广,完成从原来"单兵作战"到全台力量"集体会战"的转变,形成渠道共振、内容共创、数据共享、相互导流、链路完整的宣推机制和流程。

(3)巧用碎片化内容,适应社交媒体传播

为了适应以短视频为主的网络传播环境,"中国节日"系列节目尝试将原创节目拆条、二创视频、花絮视频等方式制作成短视频,在不同社交平台进行碎片化传播。由于要适应不同的传播平台,因此视频的形态也不尽相同。以舞蹈节目《嫦娥奔月》为例,B站的《看嫦娥李倩,在琼楼玉宇中起舞弄清影》时长1分34秒,剪辑紧凑,保留了大部分的精彩片段,还补充了主舞李倩的情况;抖音端的《嫦娥姐姐明月中起舞美哭了》只用几个画面展示了舞蹈的美感,时长仅20秒。② 还有花絮视频、录制过程中路人拍摄的视频片段,很好地为网友展现了节目背后的真实故事,拉近了节目制作方与观众的亲近程度,在节目内容之外

---

① 胡煜华.融媒体时代文化传播创新的路径探析——以《"中国节日"系列节目》为例.传媒公众号,2023-03-02.https://mp.weixin.qq.com/s/b5wqzpad1EKM-LQJJWO63Q.
② 胡煜华.融媒体时代文化传播创新的路径探析——以《"中国节日"系列节目》为例.传媒公众号,2023-03-02.https://mp.weixin.qq.com/s/b5wqzpad1EKM-LQJJWO63Q.

制造了额外的传播声量。由此,短视频拉新加热,长视频提供精品内容,两者发挥了很好的互补作用。

4. 商业变现:将文化艺术融入城市生活

优质的内容加之裂变式传播的创新,为唐宫文创的国潮 IP 赢得了广泛的认知度与喜爱度,也极大地提升了 IP 的商业化价值。在 2023 年第三届中国广电媒体融合发展大会上,唐宫文创执行董事兼总经理徐娜提到,"中国节日"系列节目中的"唐宫夜宴"IP 目前正在由第三方评估公司估值中,预计估值会在 10 亿元左右,其背后的市场化前景非常广阔。[①] 经过两年多的商业化探索,唐宫文创几大文化 IP 的商业化方式形成了"中国节日"系列节目的品牌赞助植入、IP 授权+品牌联名,以及文旅融合这三种主要形式。2023 年,唐宫文创提出的理念是用"文化赋能产业",希望文化的 IP 符号可以赋能到林林总总的产业里,真正将文化艺术融入当代人民的美好生活。

(1)文综 IP 商业化:"中国节日"首当其冲

"中国节日"系列节目是河南卫视重点打造的文综 IP,策略是持续用内容创新来保持其商业合作的价值。每场"中国节日"系列节目都会采用"冠名+特约+赞助"的形式,与多个头部品牌展开合作,通过与节目巧妙地融合与植入露出,不仅夯实了品牌自身文化基础,而且帮助品牌曝光声量。以 2022 年《中秋奇妙游》为例,与中秋传统节日相关的历史文化元素"玉兔"和极兔速递中的兔子形象十分契合,得益于这一强适配性,极兔速递与"中秋奇妙游"IP 在节目当天发布联名中秋礼盒,在微博中发起契合节日场景的话题♯极兔让思念提速♯,极兔速递的兔子形象吉祥物"卯卯"还深度参与节目场景,在每个故事中帮人们实现愿望、传递思念,收获了超过 1 亿人次的阅读量和 11 多万条讨论量。整场节目帮助极兔速递品牌的网媒曝光热度提升超 70%,微博讨论热度增长高达 270 倍,强化了用户认知并彰显了品牌的温度与专业形象。[②]

除了赋能极兔速递之外,也有河南当地白酒品牌仰韶彩陶坊以植入场景的形式强化品牌文化底蕴。节目中,歌手陆虎到宋代街头仰韶彩陶坊酒馆,展现

---

① 大象新闻.中华美食背后,还有哪些智慧和文化可以创新表达?.河南卫视公众号,2023-09-25.https://mp.weixin.qq.com/s/mGGi55CPJflc9GE1-Ct9og.
② 美兰德传播咨询.IP 聚焦|塑造国潮文化新标杆,河南卫视《2022 中秋奇妙游》撬动全网近 31 亿次流量.美兰德视频大数据,2022-09-14.https://mp.weixin.qq.com/s/Vn8NYxM34VbWfqP8XOKoqA.

宋代中秋佳节的人间烟火;仰韶彩陶坊与嫦娥玉兔一起,倾听人间真挚心愿,传递天上人间思念等场景内容均实现了品牌的有效露出和内容构建,提升用户心智占位。数据显示,节目播出后,仰韶彩陶坊网媒热议度提升171.9%,与节目微信文章关联热度提升214.3%。青梅酒品牌"梅见"也关联家宴消费场景,多形式曝光旗下主推产品青梅酒,持续传达品牌文化特性。在《好久不见》这一节目中,品牌在晚会左下角以贴片形式展现,突显品牌酒文化特性;在《一封家书2022》中,以"青梅酒"标识嵌入节目场景,用文化赋能品牌。数据显示,节目播出后,品牌网媒曝光热度提升169.7%,微博讨论热度提升123.9%。①

"中国节日"系列IP凭借其巨大的公众关注度以及深厚的文化底蕴,前后吸引了包括天猫神奇的老字号、荣耀手机、泸州老窖、红旗等在内众多知名平台和品牌的合作,不仅帮助品牌方扩大传播声量,而且展现了"中国节日"系列IP强大的影响力与知名度。

图3‑15 河南卫视"中国节日"系列节目部分赞助商
资料来源:国家广电研修微信公众号。

(2) 文创IP商业化:"唐小妹"赋能品牌

唐宫文创的国潮IP拥有非常丰富的文化内涵,通过IP授权的方式与不同类型的品牌方联名,将IP二次创作转化为赋能人们各方面生活应用场景的产

---

① 美兰德传播咨询.IP聚焦|塑造国潮文化新标杆,河南卫视《2022中秋奇妙游》撬动全网近31亿次流量.美兰德视频大数据,2022‑09‑14.https://mp.weixin.qq.com/s/Vn8NYxM34VbWfqP8XOKoqA.

品,从而满足不同消费者的需求。例如,唐宫文创 IP 与饿了么联名合作"寻味 22 城国味老字号"。舞者"唐小妹"穿越至现代,试吃推广老字号国味。从山珍到火锅,从大闸蟹到生鲜水果,四方美味且听"唐小妹"的独到品评。2021 年国庆之际,传统味道以一种诙谐有趣的方式,通过国潮 IP 的二次创作,产生了新滋味。又如,在时尚领域,唐宫文创 IP 与时尚集团 HEFANG 珠宝联名合作,推出国潮珠宝。HEFANG 是由设计师孙何方创立的设计师轻奢珠宝品牌,兼具匠心工艺与时髦表达,它通过珠宝传递"闪耀自我"的精致生活理念。作为一个本土设计师,孙何方从《唐宫夜宴》中唐宫舞者标志性的蝶唇妆中汲取灵感,

图 3-16(组图) 《唐宫夜宴》IP 联名系列

资料来源:唐宫文创内部提供。

加入对于唐代蝶唇妆的解读与创作,打造出了兼具匠心工艺与时尚表达的唐宫文创×时尚芭莎×HEFANG联名限定礼盒,复刻唐代女性之美,演绎现代潮流美学。除此之外,泡泡玛特还对"唐小妹"的多个仕女形象再度进行创作,把古典和俏皮形象聚于一身,在原来的基础上又做了延展,更多形式地展现唐朝盛世时少女们的明媚与活泼,形成了唐宫夜宴舞乐笙平系列联名款手办。当传统文创遇上现代文创,产生了奇妙的化学反应,将中国文化底蕴展示得淋漓尽致!

然而,在与品牌联名的过程中,唐宫文创团队经常会遇到平衡商业化与文化内涵的挑战:如何既符合品牌和平台的商业目标,但同时又保留国潮IP特有的文化基因?比如,在与乐事,的合作中,乐事logo植入在胡旋舞鼓面上的场景就略显突兀,影响了整体的文化质感。不少网友在评论区留言"这广告打得过于生硬""植入太破坏美感,需要适可而止"等。因此,团队成员也在尝试中复盘反思、总结经验——尽量在内容创作初始就考虑商业化的可能性,有些植入可以适度妥协,但对于影响文化质感的商业化则需要坚决抵制。

通过不断地探索并与品牌方的共创合作,唐宫文创国潮IP的商业化实践不断趋于成熟。比如,康王与唐宫夜宴IP的深度合作,融合双方特色,不仅契合产品的核心卖点,而且创新了IP的节目内容:康王作为亚洲"药物去屑"的领导品牌,产品的核心卖点是解决消费者因熬夜压力而头屑头痒的尴尬社交场景。在唐宫夜宴的故事里,康王产品巧妙地结合"唐小妹"为筹备夜宴节目而熬

图3-17 《唐宫夜宴》IP×康王合作案例
资料来源:唐宫文创内部提供。

夜彩排的压力场景。因为头痒掉屑，"唐小妹"的舞蹈动作变形，魔性重复的挠头动作替代了流畅舞动，跳起了"雪花挠头舞"。而在这时康王及时"驾到"，解决了"唐小妹"的痛点，从而顺利完成了夜宴节目的彩排。整个故事被拍成短视频，在抖音中用高度契合场景的#头等大事、拜见康王#话题与产品目标人群的互动引流；在美团平台上，以最快速度到达用户手中；在传统的实体店前，和"唐小妹"一起以舞蹈引流。整个联名合作在各大渠道平台共收获超6亿的传播声量，康王销量提升77%，吸引新客突破10万。同时，康王×唐宫夜宴联名合作还获得了由中国国际广告节颁发的2022年度整合营销金案，是一次国潮IP商业化的成功实践。

截至2023年6月，通过向品牌方授权IP的方式，唐宫文创国潮IP带来的直接营收额达到1亿元。[①]

（3）文综IP持续价值打造：文旅融合

唐宫文创副总经理兼IP运营事业部总监崔松旺在采访中谈及，品牌联名的商业化方式更多是通过打造衍生的周边产品来获取经济效益，然而，他们团队清晰地认识到自己的优势不在产品，而在于优质文化内容的创作与传播。所以，整个团队也开始将目光投向"文旅融合"，希望能够把国潮IP所蕴含的文化内涵融入城市生活，不只是固定在产品中，而是充分发挥国潮IP的互动体验性，用文化思维将所有生活场景重新做一遍。

起初，唐宫文创基于"中国节日"系列节目的时间线，线上以节目中的取景地推动当地文旅，线下以国潮IP结合当地风土人情尽显祖国大好山河，打造文旅体验、文旅研学等策展型营销项目，促进当地文化旅游产业融合。例如，2023年的《元宵奇妙游》与无锡荡口古镇相结合，大量节目在当地取景，并在节目播出后根据当地特色定制专属线下演出活动，引得网友们纷纷前来拍摄地"体验河南卫视同款打卡攻略"，不仅让观众感受到"中国节日"奇妙游的美好与神奇，而且很好地促进了当地的文旅消费。还有河南卫视与唐宫文创联合打造的以"行走河南、读懂中国"为主题的"元典少年游研学项目"，集合了一批国内知名的来自人文、心理、国学等各个领域业界导师，引领青少年到社会生活中，汲取中国智慧、弘扬中国精神，让中华民族的文化基因根植青少年的言谈举止和思

---

① 徐娜.媒体融合新品牌推介活动｜"中国节日"系列节目：品牌发展与传播.国家广电研修，2023-06-30.https://mp.weixin.qq.com/s/QVqKb7WQLEwPj1ahpHz_rQ.

图 3-18　河南卫视元典少年游研学项目
资料来源：唐宫文创内部提供。

维方式之中，内化为他们的精神品质，使青少年真正成长为具备综合素质的一代新人。①

（4）文创 IP 持续孵化：城市 IP 与"马上腾龙"IP

在文旅融合的实践收获了大众的喜爱之后，唐宫文创团队开始自主开发全新的文创 IP，更好地促进文旅项目的发展。在河南信阳市，团队基于信阳悠久的茶文化创作了契合城市形象的"山哥茶妹"系列 IP，并举办了信阳的茶叶节、"美好生活看信阳"等一系列活动，整体提升城市文化形象以及知名度。

2023 年，河南卫视还推出了原创 IP"马上腾龙"，灵感取自中国古代神话人物盘古开天辟地有了水元素之后由水的灵气幻化而成的神兽，拥有掌控水属性的能力，轻盈灵动，处变不惊。古时候人们对龙马充满敬畏与崇拜之情，建造祭坛向神兽祈求祝福和庇佑。到了现代，即使沧海桑田，马上腾龙仍坚持自己的使命，传承中华文化，保一方水土的平安。这个 IP 充分契合中国 2024 龙年的主题，龙是中华民族的图腾，作为龙的传人，每个中国人的血液里都流淌着对"龙"的热爱。马上腾龙传递求知、灵动、勇敢、传承的 IP 核心价值观，旨在传扬中华民族自古以来崇尚的奋斗不止、自强不息的进取、向上的民族精神。② 同

---

① 大象新闻. "元典少年"传承经典，探索多彩世界！. 河南卫视公众号，2023-03-06. https://mp.weixin.qq.com/s/E4yAo0eIWtLf9m6aYJLfQQ.
② 大象新闻. 我们为什么叫 Ta 马上腾龙？. 河南卫视公众号，2023-10-08. https://mp.weixin.qq.com/s/6fRjNPg1w2pdk1SHmMxuTA.

215

年 11 月,唐宫请茶奇妙游暨河南卫视马上腾龙 IP 发布会在第 30 届中国国际广告节举办,充分挖掘了龙文化的内容,探究龙马精神的内核,希望能够在 2024 龙年探索更多关于龙马故事以及龙马背后所蕴含的中华优秀文化,用文化赋能产业,以文兴商。①

(四)道阻且长,唐宫文创面临的挑战

唐宫文创目前运营的河南卫视国潮 IP 主要分为两大类:一类是以"中国节日"系列为代表的文化约定期限节目,这代表的是河南卫视以深耕传统文化为定位的"文综 IP";另一类是在这些节目中出圈的以"唐宫夜宴"为首的文化艺术作品,以及以"马上腾龙"为代表的唐宫文创设计孵化的原创 IP,这些代表的是可以独立运作的"文创 IP"。

文综 IP 的商业化相对做得比较成功,这是因为文综 IP 背后的创作团队在内容创作能力上十分强大。作为官方电视台,河南卫视的任务是追求社会效益,即向全社会传播并弘扬优秀的传统文化。所以,持续创作优质的节目内容,从而更好地践行"新时代,新文化"的媒体定位是河南广电的首要目标。在"文化综艺"的定位下,河南卫视在保留原有的老品牌文综《梨园春》等节目的基础上,集中大量精力不遗余力地持续推出新的文化节目,如围绕着"中国节日"系列延伸拓展的"中国节气""中国发明""中国家宴""中国神话"等节目,组成一个强大的文综 IP 矩阵。河南卫视的文综内容创作团队坚持以将中华传统文化与当代观众真实的生活场景产生链接为原则进行创新,持续创作出高水准的节目,形成强大的文综 IP 群,这些优秀的文综 IP 又持续产出文创 IP。有人将这些文创 IP 形容成文综 IP 下的"金蛋",认为河南卫视有无比强大的持续"下金蛋"的能力,但这些蛋怎么孵化呢?

文创 IP 的商业化,就是金蛋孵化的问题。唐宫文创认为,只有将文创 IP 融于各类商品,才能将文化带入日常,既包括全世界华人的日常,也包括更大的国际市场的日常,实现中华优秀文化的润物无声式传播。一开始,文创 IP 的商业化努力仅停留在 IP 授权上,第一期围绕《唐宫夜宴》《洛神水赋》《龙门金刚》等作品组成的"文创 IP"矩阵的商业化合作中,"唐小妹"的授权获得比

---

① 唐宫文创公众号.唐宫文创"马上腾龙"IP 中国国际广告节大放异彩!.河南卫视广播电视台,2023 - 11 - 18.https://mp.weixin.qq.com/s/ykM9cChLxvteEt0cz_fkLQ.

较大的突破。但是,随着时间推移,节目热度自然下降,新的"金蛋"又不断出圈覆盖前面的热度,团队感觉商业化的速度好像有点赶不上文创IP诞生的速度。

唐宫文创团队围绕着文创IP商业化中的价值持续问题展开了讨论。一些人认为,在媒体分化和信息爆炸的时代,IP只能热一阵,趁文综IP的热潮火一把,赶紧授权出去,热度下降后转移到下一个文创IP就可以了。

但是,更多人则主张从长期价值的角度来实现文创IP矩阵的持续升值。团队研究了过往众多IP商业化的成功案例,例如坐拥庞大粉丝基数的迪士尼、漫威,又复盘了河南卫视文综IP之所以成功商业化的原因,认为一个成功IP的打造需要有持续优质内容的生产,并且有足够的投入将这些内容重复触达目标用户,形成一批具有黏性的粉丝群,IP才能够保持生命力,延续并提升其可能的商业化价值。因此,一个成功的IP就好比一个存钱罐,内容生产与传播是"存钱"的过程,商业化是"取钱"的过程,只有前期存了足够多的钱并不断向内"存钱",才能持续从中"取钱",并保持IP的商业价值。[①]

然而,文创IP的持续内容生产是很难依靠河南卫视独自来实现的。因为卫视团队的任务是保持文综IP的热度,让文综节目承担起中华优秀传统文化的传播者的使命。卫视的创作团队的目标就是不断地为文综IP输出内容,而不是围绕之前的文创IP来创作,只有这样才能保持文综节目的新鲜感和吸引力,从而将文综IP做成有足够忠实用户的优秀综艺节目。然而,对于每一期文综节目所产生的一些出圈的文创IP以及唐宫文创独立孵化原创IP,这些IP只是作为文综节目的其中一个串联元素,河南卫视后续并不会单独围绕它们进行二次内容的挖掘与再创。例如,"中国节日"系列节目在每一个中国节日都会以"唐小妹"的形象为线索进行贯穿,再努力通过内容创新来打造文综IP,而不是围绕"唐小妹"这一独立的文创IP做二次内容生产。年兽系列也面临同样的问题,"马上腾龙"这个IP在龙年新年过后,就失去了热度,后续也不会再做投入,那么这种IP的商业转化就存在"一次性生意"的现象。

唐宫文创作为河南卫视文创IP的官方运营机构,在早期商业化的过程中,只是单纯地将文创IP授权给品牌方,通过联名活动或者产品设计来保持其IP

---

① 刘润.做IP的底层逻辑.刘润公众号,2023-10-23 https://mp.weixin.qq.com/s/xwaecESTdZPbe9W4s9e_oQ.

热度。但运营一段时间后,唐宫文创团队发现,文创 IP 授权只是一个"取钱"的过程,如果不做持续内容生产这一"存钱"的动作,这些文创 IP 的商业化价值就会被消耗殆尽。只有围绕已有的 IP 二次生产内容,才能够从长期价值的角度来实现文创 IP 矩阵的持续升值。

但这对于只有十几人的唐宫文创团队来说,几乎是一个"不可能"的任务。有没有可能找到合作伙伴,一起来做文创 IP 的持续内容二创呢?他们决定从"唐小妹"与"马上腾龙"入手进行探索……

本章结语

艺术羊绒品牌"Sandriver 沙涓"从 OEM(Original Equipment Manufacturer,原产地加工制造商)转型成长成为 OBM(Original Brand Manufacturer,原产地品牌制造商),并且以中国精品的定位走向世界市场,沙涓的品牌理想是传承中国工匠精神,传播中国民族文化美学。"知者创物,巧者述之守之,世谓之工"。活性地传承毡毯,是沙涓羊绒创始人郭秀玲的愿望。关于如何在一个经济落后、信息闭塞的地方布道,实现传统工匠精神的传承,郭秀玲谈到,"这里其实没有大路可走,我是在缝隙里浇灌,看着它一点点成长。"把这些深埋于民间的匠心带到世界市场的过程中,寻找和提炼的过程是一个挑战,结合现代工艺创新是更大的挑战。毡毯工艺已然起步,不知道还有什么新的挑战在等待?

河南卫视秉持对中华文化的坚守与商业化道路的创新尝试,凭着自己的实力收获了广大网友的认可与喜爱。文化综艺节目《唐宫夜宴》一夜成名后,唐宫文创应运而生,担负起文创 IP——"唐小妹"的商业化职责。随着河南卫视打造文综 IP 的能力越来越强,每个中国节日都有内容创新,也在不断诞生文创 IP。唐宫文创在获得 IP 商业化的初步成功后,所面临的压力也在变大,如何让每个文创 IP 的商业价值可持续增长,成为唐宫文创面临的挑战。

参考文献

[1] 全球纺织网.中国纺织 60 年:羊绒产业.全球纺织网,2009 - 09 - 23.https://www.tnc.

［2］辛欣然.帛画焕发新的生命力.收藏投资导刊,2014-10-28.https：//collection.sina.com.cn/plfx/20141028/1116168746.shtml.

［3］卢曦.如果羊绒有灵魂,Sandriver参加巴黎M&O展.知乎,2020-01-19.https://zhuanlan.zhihu.com/p/103487310.

［4］藏书老王.中国四间安缦酒店：顶流风雅安放于传统民居.搜狐网,2021-08-14.https://www.sohu.com/a/483374861_121124715.

［5］Sandriver沙涓羊绒.安缦&SAND RIVER：灵魂的共鸣,与你欣喜相逢.Sandriver沙涓羊绒公众号,2018-09-15.https://mp.weixin.qq.com/s/MLTTNDjNhxrHG3MYwH9GQ.

［6］中国日报网.进军巴黎时尚家居设计展Sandriver用羊绒手塑艺术对话世界.中国日报网,2019-11-26.https://baijiahao.baidu.com/s?id=1651239927356331957&wfr=spider&for=pc.

［7］成锦鸿,凌建平.探寻消除服装纺织业污染的路径"中国可持续时尚消费调研"启动.每日经济新闻,2020-04-15.https://baijiahao.baidu.com/s?id=1664025678360527097&wfr=spider&for=pc.

［8］藏地索朗.五一旅行十二件手工艺术带你穿越整个西藏.藏地索朗,2023-04-29.https://baijiahao.baidu.com/s?id=1764489243342928552&wfr=spider&for=pc.

［9］胖鲸头条.Sandriver沙涓氆氇十年复兴计划首年成果亮相,非遗重塑生活之美.胖鲸头条,2023-9-18.https://baijiahao.baidu.com/s?id=1777355135781330383&wfr=spider&for=pc.

［10］浦东发布.让江孜氆氇走向世界！浦东援藏江孜小组积极推动当地产业发展.新闻晨报,2023-09-24.https://baijiahao.baidu.com/s?id=1777885400188606029&wfr=spider&for=pc.

［11］Sandriver沙涓羊绒.上海市代表团赴西藏沙涓援藏氆氇工坊考察.Sandriver沙涓羊绒公众号,2023-07-28.https://mp.weixin.qq.com/s/XR9N0N6Fuvk_0h-_qz3QdA.

［12］津梁.世界时装之苑ELLE深度报道——从雪域高原中走出的氆氇.Sandriver沙涓羊绒公众号,2023-11-11.https://mp.weixin.qq.com/s/LiHZ0OyUCyG8TWUUiYgg_Q.

［13］江孜融媒体中心.次仁片多：用双手钩出五彩幸福梦.江孜县发布公众号,2023-11-17.https://mp.weixin.qq.com/s/YUm2K1gxQ_a5Iyhc0QyIlA.

［14］SANDRIVER.次仁片多｜在此遇见手工羊绒陪伴玩偶,Sandriver小红书官方账号,2023-11-22.http：//xhslink.com/2fX6Sx.

［15］Sandriver沙涓羊绒.2024Masion&Objet.Sandriver沙涓羊绒公众号,2024-01-26.https://mp.weixin.qq.com/s/z_9BfeZCBWi3zCfBZmkhRg.

［16］Z Media.穿越7500公里Sandriver沙涓"藏地奢品"燃情巴黎.知了Home公众号,2024-01-22.https://mp.weixin.qq.com/s/eu4pcVWCUvrQHVNRmFcvxA.

［17］ELLE世界时装之苑.从雪域高原中走出的氆氇.搜狐网,2023-11-01.https://www.sohu.com/a/733002597_102771.

[18] 人民日报.让收藏在博物馆里的文物活起来.人民网,2023-05-18.https://baijiahao.baidu.com/s?id=1766180742380147218&wfr=spider&for=pc.

[19] 朱小凤.快手热搜第一,全网关注超3亿,河南春晚成大型圈粉现场.大象新闻APP,2021-02-11.https://share.hntv.tv/news/0/1359765654516928512?s_trans=6560939281_&s_channel=4.

[20] 河南省文化和旅游厅.央媒集中评论盛赞《唐宫夜宴》:从传统画卷中奏出的文化强音.河南省人民政府网,2021-02-20.http://m.henan.gov.cn/2021/02-20/2096110.html.

[21] 舞蹈中国编辑部.权威发声|如何看待《唐宫夜宴》出圈?.舞蹈中国公众号,2021-02-23.https://mp.weixin.qq.com/s/3q-oHSDMwN8HWHk0aHL-OQ.

[22] 猛犸新闻.河南春晚预算只有500万?.观察者网公众号,2021-02-16.https://mp.weixin.qq.com/s/bajwxFj8lrbs4Hqk_Y1iPg.

[23] 新华社客户端.习近平总书记关切事|水下洛神舞惊鸿唐宫夜宴曲绕梁——传统文化"破圈"创新探索观察.观察者网公众号,2021-06-18.https://mp.weixin.qq.com/s/8_I-gzYCkpUquo16VyYp3Q.

[24] 岳怀让.绝美出圈的《洛神水赋》,炸到国外了.澎湃新闻公众号,2021-06-14.https://mp.weixin.qq.com/s/8_I-gzYCkpUquo16VyYp3Q.

[25] 胡克非."我是见到神仙姐姐了吗?"《洛神水赋》火出圈背后.中国新闻周刊,2021-06-15.https://mp.weixin.qq.com/s/ftdUhtO7tUY0ghSBiO0muA.

[26] 袁月明.新华全媒+|水下洛神惊鸿一舞 唐宫夜宴三日绕梁.新华社,2021-06-17.https://baijiahao.baidu.com/s?id=1702795562363593109&wfr=spider&for=pc.

[27] 河南省文化和旅游厅.央媒集中评论盛赞《唐宫夜宴》:从传统画卷中奏出的文化强音.正观新闻客户端,2021-02-20.https://mp.weixin.qq.com/s/KIKmmINAMogbqLV-bqmY4g.

[28] 大象新闻.《唐宫夜宴》荣获2021十大年度国家IP!.映象新闻,2022-09-04.https://baike.baidu.com/reference/61953749/7d461rj1ihM0AuDI70cIZZEFOg-ujS-41fUD7YdPQt0H1kKLu8OeIj-ixTdNb1iZM19cdtQlmaeIAgqeopou_Yu6Aqm_MmoxYTWBWQ0twmeD.

[29] 人民日报.火到宇宙了!华春莹、人民日报全球推荐河南!咱《唐宫夜宴》火到海外了,评论区排场!.河南卫视广播台,2021-03-03.https://mp.weixin.qq.com/s/M2miyo0pcqF2I92_weyqrA.

[30] 半佛仙人.综艺四十年,左右为难.虎嗅APP,2022-01-22.https://mp.weixin.qq.com/s/3znan2IVWyQRnh_31kg8PA.

[31] 余锐.新媒体视阈下中国传统文化传播探析——对河南卫视"中国节日"系列节目的研究.传媒,2022.10(下).

[32] 新京报记者.对话"水下洛神":火出圈的,是中华文化.新京报,2021-06-15.https://mp.weixin.qq.com/s/58zsghYvito4OOxvhg7_7A.

[33] 大象新闻.吾辈·我们这10年|徐娜:与1400年前的洛阳少年对饮一杯.大象新闻

APP,2022-10-09.https://share.hntv.tv/news/0/1578888190107672578.

[34] 沈壮海.推进文化自信自强(人民要论).中国共产党新闻网,2022-12-02.http://dangjian.people.com.cn/n1/2022/1202/c117092-32578985.html.

[35] 新华社记者.在庆祝中国共产党成立95周年大会上的讲话.上观新闻网,2020-04-15.https://export.shobserver.com/baijiahao/html/358873.html.

[36] 田甜.「每日一习话·金句100」文化兴国运兴文化强民族强.央广网,2022-08-29.https://baijiahao.baidu.com/s?id=1742447293268700434&wfr=spider&for=pc.

[37] 李雨晨.融媒体时代文化类节目传播路径——以河南卫视"中国节日"系列节目为例.中国报业,2023-12-08.https://mp.weixin.qq.com/s/3XQHfoXdtFwRDT7dU1Yfyw.

[38] 创思享.艺术|又火了！河南卫视中秋奇妙游,嫦娥仙子美出圈,网友怒赞：不愧是文化卷王！,2022-09-18.https://mp.weixin.qq.com/s/xL9zzfD1ldb_DZTl1GoO3w.

[39] 广电时评.主创解读河南卫视《2023七夕奇妙游》：回归"当下",细叙爱的深意,2023-08-22.https://mp.weixin.qq.com/s/hKnJy_KP3wn7YLNR1idazQ.

[40] 徐娜.媒体融合新品牌推介活动|"中国节日"系列节目：品牌发展与传播.国家广电研修,2023-06-30.https://mp.weixin.qq.com/s/QVqKb7WQLEwPj1ahpHz_rQ.

[41] 大象新闻.不负春光不负卿！河南卫视开启《中国节气——春分奇遇记》.河南卫视微博号,2022-03-20.https://weibo.com/ttarticle/x/m/show#/id=2309404749152994066797&_wb_client_=1.

[42] 大象新闻.33亿+！《中国节气——秋分》,火爆全网.河南广播电视台,2023-09-26.https://mp.weixin.qq.com/s/Gsv3F1dGOB3ZJzk4XXJHfw.

[43] 影视制作.风趣漫谈+影视化演绎,《中国家宴》开启家宴文化的现代化表达.影视制作杂志,2023-09-15.https://mp.weixin.qq.com/s/a4lkqvsd-CTodyQ8KtP7vg.

[44] 大象新闻.中华美食背后,还有哪些智慧和文化可以创新表达?.河南卫视公众号,2023-09-25.https://mp.weixin.qq.com/s/mGGi55CPJflc9GE1-Ct9og.

[45] 胡煜华.融媒体时代文化传播创新的路径探析——以《"中国节日"系列节目》为例.传媒公众号,2023-03-02.https://mp.weixin.qq.com/s/b5wqzpad1EKM-LQJJWO63Q.

[46] 美兰德传播咨询.IP聚焦|塑造国潮文化新标杆,河南卫视《2022中秋奇妙游》撬动全网近31亿次流量.美兰德视频大数据,2022-09-14.https://mp.weixin.qq.com/s/Vn8NYxM34VbWfqP8XOKoqA.

[47] 大象新闻."元典少年"传承经典,探索多彩世界!.河南卫视公众号,2023-03-06 https://mp.weixin.qq.com/s/E4yAo0eIWtLf9m6aYJLfQQ.

[48] 大象新闻.我们为什么叫Ta马上腾龙?.河南卫视公众号,2023-10-08.https://mp.weixin.qq.com/s/6fRjNPg1w2pdk1SHmMxuTA.

[49] 唐宫文创公众号.唐宫文创"马上腾龙"IP中国国际广告节大放异彩!.河南卫视广播电视台,2023-11-18.https://mp.weixin.qq.com/s/ykM9cChLxvteEt0cz_fkLQ.

[50] 刘润.做IP的底层逻辑.刘润公众号,2023-10-23 https://mp.weixin.qq.com/s/xwaecESTdZPbe9W4s9e_oQ.